高质量发展需要新的生产力理论来指导，而新质生产力已经在实践中形成并展示出对高质量发展的强劲推动力、支撑力，需要我们从理论上进行总结、概括，用以指导新的发展实践。

　　概括地说，新质生产力是创新起主导作用，摆脱传统经济增长方式、生产力发展路径，具有高科技、高效能、高质量特征，符合新发展理念的先进生产力质态。它由技术革命性突破、生产要素创新性配置、产业深度转型升级而催生，以劳动者、劳动资料、劳动对象及其优化组合的跃升为基本内涵，以全要素生产率大幅提升为核心标志，特点是创新，关键在质优，本质是先进生产力。

——习近平

《在二十届中央政治局第十一次集体学习时的讲话》

（2024年1月31日）

《求是》2024年第11期

★ 中宣部2024年主题出版重点出版物 ★

新质生产力
赋能中国式现代化

New Quality Productive Forces
Empower Chinese Path to Modernization

洪银兴　　任保平◎著

人民出版社

策划编辑：郑海燕
封面设计：牛成成
责任校对：周晓东

图书在版编目（CIP）数据

新质生产力赋能中国式现代化 ／ 洪银兴，任保平著.
北京 ：人民出版社，2024. 7. -- ISBN 978－7－01－026697－8

Ⅰ. D61

中国国家版本馆 CIP 数据核字第 2024VL7000 号

新质生产力赋能中国式现代化

XINZHI SHENGCHANLI FUNENG ZHONGGUOSHI XIANDAIHUA

洪银兴　任保平　著

人 民 出 版 社 出版发行
（100706　北京市东城区隆福寺街 99 号）

中煤（北京）印务有限公司印刷　新华书店经销

2024 年 7 月第 1 版　2024 年 7 月北京第 1 次印刷
开本：710 毫米×1000 毫米 1/16　印张：18.5
字数：258 千字

ISBN 978－7－01－026697－8　定价：96.00 元

邮购地址 100706　北京市东城区隆福寺街 99 号
人民东方图书销售中心　电话（010）65250042　65289539

目　　录

导论　全面准确理解新质生产力理论

生产力和生产关系理论是马克思主义经济学范式的重要特征。无论是革命还是建设，都可以在生产力和生产关系的矛盾运动中得到说明。改革开放以来，根据生产关系一定要适应生产力性质的原理，着力改革生产关系支持了经济的长期高速增长。根据生产力和生产关系螺旋式上升的原理，进入新发展阶段，社会要进一步发展，不能停留在已有的生产关系适应生产力发展上，还需要生产力的进一步升级。这就是推进中国式现代化的新征程，明确到 2035 年基本实现现代化。习近平总书记提出的发展新质生产力，是推动新征程中国式现代化的强大新动能。

一、新征程的中国式现代化需要生产力的新突破

现代化作为中国人的百年梦想，实际上反映的是人民对美好生活的向往。正如习近平总书记所说：一个国家走向现代化，既要遵循现代化一般规律，更要符合本国实际，具有本国特色。① 中国式现代化作为世界现代化进程中的重要组成部分，折射出现代化的诸多共性，反映了现代化过程中的一般性规律。我国作为处于社会主义初级阶段的发展中大国，尊

---

① 习近平：《中国式现代化是强国建设、民族复兴的康庄大道》，《求是》2023 年第 16 期。

重现代化的一般性规律，重视从其他国家现代化的成败得失中总结经验，关注世人普遍认可的现代化一般标准。之所以提出中国式现代化命题，是因为世界上不存在定于一尊的现代化模式，不存在放之四海而皆准的现代化标准。每个国家都有自己的国情和自己的文化，各自的现代化道路有自己的特色，打上不同社会制度的烙印。已有的实现了现代化的国家都是资本主义国家。中国是在社会主义国家推进现代化，是在发展中的大国推进现代化。中国的发展阶段、政治制度、经济体制和文化背景迥异于西方国家，现代化不可能是西方现代化的"翻版"。从中国的国情出发，走出一条有别于西方式的现代化道路，既要发挥自己的后发优势，更要发挥自己的制度优势。中国现代化的目标、道路从中国国情出发，就有两大优势：一是后发优势。在引进国外现代化技术的同时，避开先行现代化国家所走过的弯路。二是制度优势。中国的社会主义基本经济制度和举国体制对高质量推进现代化具有制度优势。

习近平总书记依据中国国情，明确指出："我们推进的现代化，是中国共产党领导的社会主义现代化，必须坚持以中国式现代化推进中华民族伟大复兴，既不走封闭僵化的老路，也不走改旗易帜的邪路，坚持把国家和民族发展放在自己力量的基点上、把中国发展进步的命运牢牢掌握在自己手中。"[①]达到和超过资本主义国家的生产力水平是一个动态的概念，现今的社会主义国家的生产力水平可能已经超过当年马克思预言实现社会主义时英国所达到的水平，新中国的生产力水平也显著超过了旧中国。但不能说社会主义已经有了自己的物质技术基础。原因是从马克思以后到现在，资本主义国家的生产力水平又有了较大的发展。虽然资

---

① 《习近平在省部级主要领导干部"学习习近平总书记重要讲话精神，迎接党的二十大"专题研讨班上发表重要讲话强调　高举中国特色社会主义伟大旗帜　奋力谱写全面建设社会主义现代化国家崭新篇章》，《人民日报》2022 年 7 月 27 日。

本主义国家的经济增长速度较慢,但它们的基数大。在这种情况下,社会主义国家的经济增长速度必须更快,而且需要经过较长的时期,才能最终赶上并超过资本主义国家的生产力水平。

党的二十大指出:高质量发展是全面建设社会主义现代化国家的首要任务。高质量发展需要坚实的物质技术基础。这种物质技术基础就是生产力基础,进一步地说是以新质生产力为代表的先进生产力。

经济学家对经济现代化的研究可以分为两种研究范式。一种范式是以发达国家为对象,研究其所走过的现代化历程。最为典型的是1971年诺贝尔经济学奖获得者库兹涅茨的现代经济增长理论。他在考察欧美发达国家近百年经济发展进程的基础上提出,自19世纪后半叶开始,发达国家经济增长的主要源泉一直是科学技术,这个时代的重大创新就是科学被广泛运用于经济生产领域。他把这个时代称为现代经济增长阶段,经济发展成为现代化的中心问题。另一种范式是以发展中国家为对象,研究其追赶发达国家的发展进程。以1979年诺贝尔经济学奖获得者刘易斯和舒尔茨为代表。他们的基本思想是从存在的二元结构出发,以发达国家现代化为蓝本,推动工业化和改造传统农业。不能忽视的是中国发展经济学家张培刚教授所作的贡献,他在其哈佛大学作的博士学位论文《农村的工业化》中指出:所谓现代化,首先的也是最本质的,必须包括工业化的基本内容;但除此之外,它还包括其他如政治思想、生活观念、文化修养等方面许多新的内容,其中不少内容又是由工业化这一大变革过程所必然引起而发生的。不管是哪种现代化范式,共同点都是依靠科技进步实现生产力发展。

已有的现代化理论基本上属于过去时,而社会主义发展中国家的现代化理论则属于现在时和将来时,需要依据国情和所处的发展阶段进行创造和建构。中国特色社会主义进入新时代后推进的现代化,既要体现社会主义的要求,也要反映中国进入新时代后的经济特征,走中国特色社会主义的现代化道路。一般来说,社会主义革命可以在经济落后的国家产生并取得胜利。但是,社会主义不能在经济落后的国家最终建成。在人类历史的长河中,社会主义社会高于资本主义社会并最终战胜资本主义物质基础是生产力水平超过资本主义。对中国这样的发展中大国来说,高于资本主义条件下的劳动生产率是社会主义战胜资本主义的条件。

党的二十大报告明确指出,我国 2035 年基本实现社会主义现代化,要求人均 GDP 达到中等发达国家水平。目前,中等发达国家的人均 GDP 已经达到 3 万美元,而中国 2023 年人均 GDP 才 1.27 万美元。对我国的现代化来说,按如此大规模的人口计算,人均 GDP 达到中等发达国家水平就必须有更高的 GDP 总量。这意味着中国要基本实现现代化,是以更快的经济增长速度赶上并最终超过资本主义发达国家。这就需要生产力尤其是处于国际前沿的生产力取得突破性进展。

我国在确定社会主义初级阶段时把社会主要矛盾明确为:人民日益增长的物质文化需要同落后社会生产之间的矛盾。依据这一主要矛盾,发展成为硬道理,经济建设成为中心,引领我国实现了 30 多年年均近 10%的高速增长。基于改革开放的巨大成就,一方面,社会生产力水平明显提高,社会生产能力在很多方面进入世界前列。另一方面,对于人民需要,我国稳定解决了十几亿人的温饱问题,并全面建成了小康社会,人民美好生活需要日益广泛,不仅对物质文化生活提出了更高要求,而且在民主、法治、公平、正义、安全、环境等方面的要求日益增长。这样我国社会主要矛盾转化为人民日益增长的美好生活需要和不平衡不充分的发展之间的矛盾。矛盾的主要方面是发展的不平衡和不充分。所谓发展的不充分,最为突出的是由创新能力不足产生的核心技术供给不充分,由供给体系质量不高产生的有效供给不足。所谓发展的不平衡,涉及生态环境不堪重负的短板、农业现代化的短板、地区发展不平衡的短板等。改变这种发展不平衡不充分状况最为重要的是改变发展方式,依托新质生产力实现高质量发展。

现代化需要的生产力是建立在现代科学技术基础上的先进生产力。其实,先进社会生产力是动态的概念。就像马克思所说,大工业的技术基础是革命的。过去的先进社会生产力是机器大工业,现在的先进生产力是以数字化为代表的新兴的高科技产业和绿色产业,改革开放使我国缩短了与发达国家的科技差距。但是不可否认我国在科技和产业方面与发达国家仍然存在很大差距。尤其是在产业高端化水平上。因此,推进中国式现代化不能停留在跟跑,需要在更多领域与之并跑和领跑。

以上分析充分表明,进入新征程的中国式现代化需要生产力的重大突破,需要新的动能推动。这就是以下分析的新质生产力。

二、新质生产力的科学内涵

2023 年 7 月起,习近平总书记先后在四川、黑龙江等地考察时提出新质生产力概念:要以科技创新引领产业全面振兴。整合科技创新资源,引领发展战略性新兴产业和未来产业,加快形成新质生产力。他同时还要求:"积极培育新能源、新材料、先进制造、电子信息等战略性新兴产业,积极培育未来产业,加快形成新质生产力,增强发展新动能。"[1]2023年 12 月,中央经济工作会议明确提出要以科技创新推动产业创新,特别是以颠覆性技术和前沿技术催生新产业、新模式、新动能,发展新质生产力。

---

[1] 《习近平主持召开新时代推动东北全面振兴座谈会强调　牢牢把握东北的重要使命　奋力谱写东北全面振兴新篇章》,《人民日报》2023 年 9 月 10 日。

新质生产力概念是习近平总书记首创的,是对马克思主义经济学生产力性质理论的守正创新,是生产力理论的重大突破。马克思主义的一个重要原理是生产关系一定要适应生产力性质。其中,生产关系性质反映制度性质,生产力性质反映生产力的质态。

生产力性质和质态有新旧的区别。在生产力和生产关系的生产方式中,生产力是推动社会进步最活跃、最革命的要素。也就是说,生产力水准(即质态)不是静止的、一成不变的,而是不断地产生新质生产力。每个经济时代的新质生产力的"新"都有时代特征。就如马克思、恩格斯在《共产党宣言》中所讲的自然力的征服、机器的采用、化学在工业和农业中的应用、轮船的行驶、铁路的通行、电报的使用,就是当时的新质生产力。依托这些新质生产力,英国率先进入现代化阶段。

对生产力本身有质和量的评价,与投入要素的量和质相关。新质生产力反映了这些生产力要素质的提升。需要指出的是,不是所有的科技创新都能称为新质生产力。只是产生量变的科技创新还不能形成新质生产力,只有能够产生质变的科技创新才能形成新质生产力。但是产生质变的新质生产力是由量变累积而成的。

发展新质生产力从一定意义上说是新旧动能的转换。现阶段各国、各地区的经济竞争实际上是新质生产力水平的竞争。颠覆性和前沿科技催生新产业、新模式、新动能,推动生产力质的提升。进入新发展阶段推进中国式现代化,无疑需要反映现代科技水平的新质生产力支撑。这是中国式现代化的新动能。因此,习近平总书记关于新质生产力概念的提出对中国式现代化的航向有重要的指导意义。这也是发展中大国由追赶型现代化逐步转向赶超型现代化的可靠保证。

根据习近平总书记关于新质生产力的定义以及当前世界范围内科技和产业革命的趋势,可以从以下两个方面把握新质生产力的先进生产力质态。

（一）从新动能角度把握新质生产力

当前,新质生产力从新动能角度具体表现为新科技、新能源和新产业,以及促使这三个方面融合发展的数字经济。

第一,新科技产生科技生产力

科技是第一生产力。新科技是发展新质生产力的核心要素。科技的生产力作用不仅仅在于产业的科技含量,更重要的是由量变到质变所产生的新科技的质态,即具有革命性的科技创新。世界范围几次科技和产业革命都产生新的生产力,每个时期新科技推动生产力质的飞跃都是新质生产力。作为革命性突破,新科技生产力成为每个经济时代的新动能:第一次产业革命产生的热力、第二次产业革命产生的电力、第三次产业革命产生的网力。哪个国家只要抓住了当时的新科技提供的新机遇,哪个国家就能进入现代化国家的行列。当前正在推进的数字经济产生的算力正在成为新时代推进现代化的新动能。

作为新质生产力的新科技属于国际前沿的科技,是颠覆性科技。发展新质生产力,涉及研发并整合好科技创新资源发展新科技,应用新科技实现产业化。科技进步日新月异。中国式现代化需要新质生产力推动,需要发展国际最新科技。不仅要跟踪,更要与发达国家并跑,并且在重要科技领域领跑。为此,特别需要关注世界科技发展的新趋势。麦肯锡公司提出的2023年最受关注的科技趋势包括:(1)人工智能革命,如应用型人工智能等;(2)构建数字未来,如下一代软件开发等;(3)计算和连接的前沿,如先进的连接技术、云以及边缘计算、量子技术等;(4)尖端工程技术,如未来出行、未来生物工程、太空技术等;(5)可持续发展,如电气化和可再生能源、其他与气候相关的技术等。中国科协发布了2023年重大科学问题、工程技术难题和产业技术问题,涉及人工智能、新能源、高性能材料、生命科学等领域。所有这些重大科学技术问题不仅要受到关注,更要有所突破。使原创性、颠覆性科技创新成果竞相涌现，培育发展新质生产力的新动能。

第二，新能源产生绿色生产力

中国式现代化是人与自然和谐共生的现代化。人与自然和谐共生不是不要发展，而是建立在绿色发展基础之上的发展。这就是习近平总书记指出的：绿色发展是高质量发展的底色，新质生产力本身就是绿色生产力。① 绿色生产力既涉及新能源及其带来的能源革命，也涉及绿色技术所产生的绿水青山就是金山银山的效应。

从能源的角度，已有的工业革命成果被称为"化石能源的时代"。化石能源至今仍然是各个产业的能源基础，但已经属于旧质生产力。说它是旧质生产力，如里夫金所说，主要有三点：第一，进入 21 世纪，石油和其他化石能源日渐枯竭；第二，靠化石燃料驱动的技术已陈旧落后，以化石能源为基础的整个产业结构运转乏力；第三，使用化石能源的工业活动造成的碳排放破坏了地球和气候生态系统，并危及人类健康。这就提出了寻求新能源的能源革命的要求，而"互联网技术和可再生能源结合起来"将是改变世界的第三次工业革命。②

习近平总书记已经明确宣示了我国碳达峰和碳中和的时间表。"双碳"目标下的新能源开发和利用本身就属于新质生产力，会带动科技和产业的革命性变化。由此催生以新能源（绿色能源）、新材料为基础的新科技和工业革命。党的二十大报告指出，要"协同推进降碳、减污、扩绿、增长"。增长和绿色协同推进的关键在于科技进步，由此发展的绿色技术创造新质生产力。当然在以化石能源为基础的能源结构阶段采用的节

---

① 习近平：《发展新质生产力是推动高质量发展的内在要求和重要着力点》，《求是》2024年第11期。

② 里夫金：《第三次工业革命》，中信出版社2013年版，"前言"第3页。

能减排的新科技也应该归于新质生产力。

第三,新产业产生产业生产力

新质生产力依托新科技,落脚点在新产业。要加强科技创新和产业创新对接,加强以企业为主导的产学研深度融合,提高科技成果转化和产业化水平,不断以新技术培育新产业、引领产业升级。

根据波特的竞争力理论,国家和地区竞争力表现为产业竞争力。现代竞争力是以产业为度量单位的。以科技创新为依托的产业创新决定并反映生产力的质的提升。发展战略性新兴产业的水准及其所占的比重反映了社会生产力的性质是旧的还是新的。

一般是先有科技革命后有产业革命。过去新科技革命从产生到产业上的相应变革,一般需要经过数十年的间隔期。现在,产业革命几乎与科技革命同时进行,新科技直接转化为新产业。科技日新月异,新产业的生命周期也明显缩短。这意味着发展新质生产力,不仅需要科技创新与产业创新相融合,发展战略性新兴产业;还需要根据科技发展的新趋势,加强应用基础研究和前沿研究,超前研究未来科技,提前布局未来产业。

第四,数字经济产生数字生产力

数字经济是当前阶段新质生产力的综合质态,新科技、新能源、新产业都离不开数字经济。数字经济是信息和知识的数字化形成的数据成为关键生产要素,以现代信息网络为重要载体、以有效利用信息通信技术为提升效率和优化经济结构重要动力的广泛经济活动。当前世界范围的数字经济正在成为国际经济和科技竞争的新赛道。因此习近平总书记指出:"综合判断,发展数字经济意义重大,是把握新一轮科技革命和产业变革新机遇的战略选择。"①

① 《习近平著作选读》第二卷,人民出版社2023年版,第536页。

当前,数字经济之所以成为新质生产力的代表,主要是其包含了全新的三个要素:一是"数据"成为关键的生产要素;二是算力成为继热力、电力、网力以后的新动力;三是算法成为现代科技的新方法。这三个方面赋能各个产业就是新质生产力效应。按此特点,算力越是强大、算法越是先进、数字技术越是尖端,数字平台规模越大、应用越是广泛,数字经济的新质生产力作用就越大。现在依托数字经济的新质生产力正越来越多地体现在云技术、大数据、新一代互联网、物联网、人工智能等前沿尖端技术领域。数字产业为产业结构整体升级提供了新动能。

现在数字经济推动中国式现代化的新质生产力作用还有很大的空间,无论是数字产业化还是产业数字化都需要充分利用其新质生产力的成果,由此提出数字经济迭代升级的要求。所谓迭代,就是既有现代的,又有新一代的。强调现代的数字经济,就是要求一方面当前数字经济的应用范围和场景有待进一步扩大,尤其是充分利用现代数字技术,在一些领先领域如 5G 技术上持续保持优势,在一些瓶颈和"卡脖子"领域如芯片、光刻机、操作系统、机器人等方面取得突破。另一方面注重发展新一代的数字经济,进一步推动经济数字化升级,培育新的生产力。努力在新一代互联网、云技术、大数据、物联网、人工智能等前沿尖端技术领域进入国际前沿。

(二)从生产力要素角度把握新质生产力

在马克思的理论中生产力包括劳动者、劳动资料和劳动对象三个要素。在不同经济发展阶段,生产力三要素有不同的特点。新质生产力以劳动者、劳动资料、劳动对象及其优化组合的跃升为基本内涵。[1]

---

[1]　习近平:《发展新质生产力是推动高质量发展的内在要求和重要着力点》,《求是》2024年第 11 期。

首先是劳动者要素质态的跃升。劳动者要素可分为简单劳动和复杂劳动。由于新质生产力是以新科技为基本特征,与此相对应,复杂劳动者对发展新质生产力起决定性作用,表现为人才是发展新质生产力的第一要素;同时,简单劳动者也会有质的提升。

其次是劳动资料质态的跃升。根据马克思的理论,区分经济时代,不是看生产什么,而是看用什么劳动资料。每个时代的新质生产力体现在生产工具突破性改进及广泛性应用上。尤其是进入大机器生产以后,这个特征越来越明显。现阶段的新质生产力以数字化平台和智能化工具作为劳动资料,如智能手机、互联网平台、云计算、机器人、无人机等。提供这些新生产方式和劳动资料的产业同时成为新质生产力的载体。

最后是劳动对象质态的跃升。劳动对象主要涉及能源、原材料和自然资源。人类所使用的劳动对象很大程度上是对大自然的索取。新征程的中国式现代化需要人与自然和谐共生。相应的劳动对象质态跃升;一是要在能源使用上进行能源革命,以清洁能源替代化石能源;二是开发并应用绿色技术提供青山绿水和生态产品;三是开发利用节能环保可再生材料。

基于上述三个方面的跃升,新质劳动者、新质劳动资料、新质劳动对象的优化组合产生了新质全要素生产率。

三、新质生产力成为中国式现代化的新动能

根据党的二十大报告,2035 年基本实现现代化,在经济上的指标是:人均国内生产总值迈上新的大台阶,达到中等发达国家水平;实现高水平科技自立自强,进入创新型国家前列;建成现代化经济体系,形成新发展格局,基本实现新型工业化、信息化、城镇化、农业现代化,以及建设现代

化产业体系。新质生产力为推进中国式现代化提供了广阔的应用场景，从而能为实现这些现代化目标提供强大的新动能。

（一）产业结构现代化

2023年三次产业增加值占国内生产总值比重，第一产业为7.1%、第二产业为38.3%、第三产业为54.6%。在此基础上的产业结构现代化是各次产业质的提升，利用新质生产力的成果实现高端化。

习近平总书记要求：打好产业基础高级化、产业链现代化的攻坚战。[①] 高级化的产业基础是新质生产力提供的。前几次产业革命提供的产业基础分别是机械化、电气化和信息化。当前新科技和产业革命提供的产业基础是数字化和智能化。关键技术有人工智能、云计算、量子通信、智能和绿色等。其路径就是习近平总书记要求的："要把握数字化、网络化、智能化方向，推动制造业、服务业、农业等产业数字化，利用互联网新技术对传统产业进行全方位、全链条的改造，提高全要素生产率，发挥数字技术对经济发展的放大、叠加、倍增作用。"[②]

首先是推进新型工业化，推动制造业高端化、智能化、绿色化发展。利用数字经济和智能化成果，建设制造强国、质量强国、网络强国、数字中国。

其次是服务业数字化、智能化，构建优质高效的服务业新体系。尤其是利用互联网平台，推动现代服务业同先进制造业、现代农业深度融合，构建安全稳定的供应链。

最后是促进农业高质高效，补农业现代化短板，建设农业强国。转

---

① 《习近平主持召开中央财经委员会第五次会议强调　推动形成优势互补高质量发展的区域经济布局　发挥优势提升产业基础能力和产业链水平》，《人民日报》2019年8月27日。
② 《习近平著作选读》第二卷，人民出版社2023年版，第537页。

变农业发展范式,由追求农业剩余范式转向"品质和附加值"范式,一是利用生物技术成果,从种子开始优化农产品品质;二是推动农业全产业链数字化智能化,提高农业效益;三是利用电商平台,畅通农产品市场。

产业数字化实际上是新质生产力赋能各个产业,着力点是数字经济与实体经济的深度融合,首先是与产业深度融合,使各个产业得到数字化改造,促进利用最新数字技术创新新产业。其次是与企业深度融合,促进企业运营数字化。就如某个制造业企业家所说的:核心业务全在网上,管理都靠软件,产品都能智能化。最后是与技术创新深度融合,加快技术的数字化、智能化转型,尤其是攻克前沿性的人工智能,云技术、工业互联网等数字技术并扩大其应用场景。

(二)建设现代化产业体系

新质生产力依托新科技,落脚在新产业。中国式现代化的产业基础就是建设现代化产业体系。建设现代化产业体系的方向就是习近平总书记指出的:要及时将科技创新成果应用到具体产业和产业链上,改造提升传统产业,培育壮大新兴产业,布局建设未来产业,完善现代化产业体系。① 新质生产力概念及其内涵实际上赋予了现代化产业体系新的内涵。现代化产业体系指的是未来产业—战略性新兴产业—传统产业—未来产业依次递进的体系。这也是中国式现代化所要建设的现代化产业体系的核心内容。

根据习近平总书记关于新质生产力的重要论述,以新科技为依托建设现代化产业体系主要涉及以下三方面:

---

① 习近平:《发展新质生产力是推动高质量发展的内在要求和重要着力点》,《求是》2024年第11期。

第一，培育战略性新兴产业

发展新质生产力的现实途径是科技创新和产业创新在深度融合中发展新兴产业，也就是科技创新的最新成果直接发展战略性新兴产业，并逐步成为主导产业。这是培育发展新动能，培育新质生产力的方向。

面对新科技和产业革命的挑战，各个国家都采取了积极的应对措施。如美国的再工业化实质上也是适应新质生产力要求发展战略性新兴产业和未来产业。我国进入新时代的现代化需要抓住新科技和产业革命的新机遇，同发达国家在发展战略性新兴产业上并跑，并且要站上世界科技和产业的制高点。

具有新质生产力意义的战略性新兴产业包括：移动互联网、智能终端、大数据、云计算、高端芯片等新一代信息技术产业；围绕新能源、气候变化、空间、海洋开发的新产业；绿色经济、低碳技术等新兴产业；生命科学、生物技术带动形成庞大的健康、现代农业、生物能源、生物制造、环保等产业。习近平总书记关于新质生产力的重要讲话中进一步明确：积极培育新能源、新材料、先进制造、电子信息等战略性新兴产业，2023年中央经济工作会议明确要求打造生物制造、商业航天、低空经济等若干战略性新兴产业。

第二，超前布局未来产业

新科技和产业革命融合的直接影响和重要特征是，产业生命周期缩短。今天是战略性新兴产业，明天就可能不新了。由此提出超前布局和培育未来产业的迫切性。未来产业处于产业生命周期的早期，或者说是萌芽期，是新兴产业的早期形态。随着技术的成熟、扩散，超前部署和培育未来产业所培育和发展的新质生产力，能够促进产业的转型升级，逐步使未来产业成为战略性新兴产业，进一步成为主导产业，从而使现代化产业体系不断升级。

根据国际专业性机构的预测,未来产业主要涉及:(1)以人工智能、量子信息、未来网络与通信、物联网、区块链为代表的新一代信息技术产业。(2)生物技术产业。以基因编辑、脑科学、合成生物学、再生医学等为代表的生命科学领域孕育新的变革,生物技术与信息深度融合已成必然,精准医疗、智慧医疗等成为发展热点。(3)绿色低碳产业。作为全球未来能源的氢能、储能、太阳能、核能和其他低碳能源的开发利用,结合智能电网技术等,正在改变能源结构。(4)战略空间产业。深空、深海、深地等战略空间科技与产业发展逐步走向"整体统一"的地球系统时代。世界各主要经济体虽然没有使用"新质生产力"概念,但均在对数字技术创新发展以及由此可能推动的产业变革进行超前布局。我国2023年中央经济工作会议要求开辟量子、生命科学等未来产业新赛道。

第三,改造提升传统产业

产业基础高级化不仅指产业高端化,对传统产业升级也有重要意义。传统产业面广量大,传统产业不等于低端产业,但其产业基础不升级就要被淘汰。这里需要准确界定传统产业的含义,所谓传统产业指满足传统需求的产业,绝不是指停留在传统技术基础上的产业。2023年中央经济工作会议明确要求广泛应用数智技术、绿色技术,加快传统产业转型升级。

(三)高水平科技的自立自强

习近平总书记强调,新质生产力特点是创新,关键在质优。发展新质生产力是实现高水平科技创新自立自强的可靠保证。

本来根据发展经济学家的观点,后发国家的现代化可以通过引进和模仿从发达国家获取技术。但是实践证明,后发国家现代化引进先进技术的后发优势只是在其与先行现代化国家有较大差距时才成立的。后发国家的科技和产业现代化水平越接近发达国家,越引不进高端技术。尤其是当中国的科技水平显著提升,接近现代化水平时,就会遇到发达国家断供、"卡脖子"等阻碍我国科技进步的堵截。这就是习近平总书记所强调的:"近代以来,西方国家之所以能称雄世界,一个重要原因就是掌握了高端科技。真正的核心技术是买不来的。正所谓'国之利器,不可以示人'。只有拥有强大的科技创新能力,才能提高我国国际竞争力。"[1]因此,进入现代化新征程的中国科技要自立自强,产业要自主可控。这意味着我国的科技和产业需要与发达国家进入同一的新质生产力赛道。发达国家研发的新科技、发展的新产业同样都是我国需要研发和发展的。

第一,科技创新与发达国家并跑,就是与国际接轨。库兹涅茨说:不管创新资源的来源如何,"任何单个国家的经济增长都有其国外的基础"。科技和产业的"时代划分是以许多国家所共有的创造发明为依据的。这是现代经济增长的一条特殊真理"[2]。在现代具有划时代意义的共有的创造发明是数字化、智能化、绿色化科技。这些新科技同样成为我国科技创新的主攻方向,只有在并跑中的科技创新才能进行平等的新科技相关问题的国际交流和对话,提升自己的科技创新能力,突破发达国家对我国断供和"卡脖子"技术。

第二,在重要科技领域领跑。所谓领跑就是与未来接轨,直接瞄准国际最新技术取得突破性进展。例如发展数字经济和人工智能,这是反映当前最新科技水平的新产业和新动能,在数字经济这个新赛道上与发达国家并跑领跑,进入国际前沿,必将加快我国的现代化进程。只有这样,

---

① 中共中央文献研究室编:《习近平关于科技创新论述摘编》,中央文献出版社2016年版,第39—40页。

② [美]西蒙·史密斯·库兹涅茨:《现代经济增长》,戴睿、易诚译,北京经济学院出版社1989年版,第250—251页。

才能实现中国式现代化的目标。

第三,从量变到质变发展新质生产力。虽然,新质生产力定义为颠覆性科技体现的生产力的质变,科技及生产力的量变不是新质生产力,但是科技和生产力的量变是发展新质生产力的必要过程。质变到量变放大新质生产力效应,量变到质变培育新一代新质生产力。克拉克将创新过程分为三个阶段:(1)基础性创新:科学新发现产生重大的创新成果,它推翻了现有方法,根本性地改变了技术各个组成部分之间的关系,创造出全新的技术路线,对技术和市场都会产生影响。这种创新相当于我们说的颠覆性科技。(2)改良性创新,它是建立在新发现的成果和现有的市场之上的创新。一个重大的科学发现可能产生多项新技术;它每时每刻都在发生。(3)营销性创新。这是为了在市场上进一步放大新质生产力效应。

第四,高水平科技自立自强的基础性安排。这种基础性制度安排主要涉及基础制度和基础设施两个方面:

一是基础性制度,也就是支持和促进科技创新的制度安排。具体包括:首先,根据科技是第一生产力,实施科教兴国战略。其次,根据人才是第一资源,实施人才强国战略。最后,根据创新是第一动力,实施创新驱动发展战略。

二是新的基础设施建设,也就是建设发展新质生产力的新基础设施。发展新质生产力对数字化、智能化的新基础设施和通用技术提出了强烈需求。当年的互联网平台的建设就是让全社会通过互联网平台跨入了数字经济的大门。今天同样需要加快与新质生产力互联互通的基础设施(如云技术、区块链等)建设,以新基建打开未来科技和产业发展的新大门,并支撑新质生产力发展。主要涉及基于新一代信息技术演化生成的基础设施,深度应用互联网、大数据、人工智能等技术,支撑传统基础设施转型升级的融合基础设施,支撑科学研究、技术开发、产品研制的具有公益属性的基础设施等。

四、适应和促进新质生产力发展的新型生产关系

根据生产关系一定要适应和促进生产力性质的原理,建立适应和促进新质生产力发展的生产关系。发展新质生产力,必须进一步全面深化改革,形成与之相适应的新型生产关系。新型生产关系涉及两个方面:一是适应新质生产力的生产关系调整;二是为促进发展新质生产力推动的生产关系调整。

(一)与新质生产力相适应的生产关系

在社会主义基本经济制度框架内适应新质生产力的生产关系调整,重点在数字经济与市场经济的深度融合,推动市场经济现代化。完善市场经济的基础制度就是习近平总书记在党的二十大报告中指出的,"完善产权保护、市场准入、公平竞争、社会信用等市场经济基础制度"①。数字经济与市场经济的深度融合体现适应新质生产力要求的生产关系调整和优化。

第一,建立与数字经济相适应的新型财产权制度。以往所讲的财产权一般都是讲的物质产权。在新质生产力背景下,知识产权、数据产权得以凸显。一方面,转向创新驱动,需要严格的知识产权保护制度;另一方面,数据成为关键生产要素,需要对数据产权确权,并且在实现其价值中受到保护。

———————————

① 《习近平著作选读》第一卷,人民出版社 2023 年版,第 24 页。

第二,作为市场经济基础制度的市场准入。主要涉及以下三个方面问题:一是有市场可入。二是进入市场无限制,既无市场垄断,也无行政垄断,还没有所有制歧视。三是统一的负面清单准入制度。新质生产力背景下,需要建立数据要素市场,利用数字经济平台融合企业和市场的功能,实现数据在部门间的融通共享,消除数据要素部门间、区域间、平台间、企业间流通的壁垒,使信息、物流流通更加顺畅,形成市场准入的空间拓展机制。

第三,公平竞争的要求是竞争有序。保障各类市场主体平等使用生产要素,公平参与市场竞争,激发市场活力。数字经济中平台和网络代替市场后,平台垄断和无序扩张会破坏公平竞争。相应地,需要建立针对平台的反垄断和反不正当竞争,利用数字技术提高对新型数字经济垄断和不正当竞争行为的甄别和判定能力,把反垄断从线下转到线上,完善线上市场的公平竞争机制。完善以反垄断法、反不正当竞争法为主体的数字经济竞争治理基础性法律法规,依托数据公平开放防止数据垄断。

第四,社会信用制度是市场经济的基石。数字经济在为完善社会信用制度提供平台和技术手段的同时,经济行为人的失信行为又有新的表现。数字经济领域的失信问题不仅需要利用数字经济提供的技术,也需要相应的制度安排。需要借助数字技术创新监管方式,全面推进社会信用体系数字化转型。以数字技术推动构建信用治理新格局,有效解决信任问题,利用区块链、大数据、人工智能等新一代数字技术,适应数字经济发展规律,扩大数字技术在信用机制中的应用场景,建立健全以信用为基础的新型监管机制。

此外,还需要适应新质生产力,健全要素参与收入分配机制,更好地体现知识、技术、人才的市场价值。

(二)促进发展新质生产力的新型生产关系

促进发展新质生产力的生产关系的关键是形成激励创新的体制机制。国际经济竞争甚至综合国力竞争,说到底就是创新能力的竞争。习近平总书记指出:"当今世界,谁牵住了科技创新这个'牛鼻子',谁走好了科技创新这步先手棋,谁就能占领先机、赢得优势。"①由上述新质生产力的内涵可知,现阶段起主导作用的创新是科技和产业相融合的创新。人才是创新的第一要素,也是发展新质生产力的第一要素。因此,促进发展新质生产力的生产关系突出创新驱动及相应地建设人才高地,集聚高端创新人才,促进各类创新要素进入发展新质生产力新赛道。这就是党的二十大提出的加快建设世界重要人才中心和创新高地,着力形成人才国际竞争的比较优势。其新特点在于以下几个方面:

第一,建立产学研深度融合的创新平台和机制。新质生产力落实在处于国际前沿的颠覆性科技及由此形成的战略性新兴产业和未来产业上。这意味着发展新质生产力不能只是科技创新,也不能只是产业创新,而是科技创新和产业创新的深度融合。相应的创新主体不只是企业,还有作为知识创新主体的大学。而且无论是企业及其企业家,还是大学及其科学家都不能孤立地凭自己的喜好进行创新。发展新质生产力需要科技创新和产业创新深度融合,围绕产生战略性新兴产业和未来产业的核心技术的科技创新进行协同创新。一方面,战略性新兴产业和未来产业的核心技术来源于基础研究成果,从事基础研究的研究型大学和科研机构是培育和发展新质生产力的基地,因此需要高度重视研究型大学的基础研究及其成果转化,促进新科技向新产业的转化。对大学来说,其基础研究的创新要以培育新质生产力为导向,创新未来产业技术为导向。其

---

① 中共中央文献研究室编:《习近平关于科技创新论述摘编》,中央文献出版社 2016 年版,第 26 页。

高水平基础研究需要得到政府的支持和企业的超前投资。另一方面,企业作为创新的投资主体需要成为孵化新技术新产业的主体,不只是为研发新技术提供市场导向,还需要为新质生产力导向市场,培育新科技新产业的消费者。科技创新和导向市场直接互动,就不存在传统的市场导向的创新模式中所要经历的"试错"阶段,因而可以加快创新的过程,减少创新的风险。这样,在大学与企业共建的产学研协同创新平台上,不仅是知识创新主体与技术创新主体互动合作,还包括科技创新与创造消费者的协同,既引导科学新发现孵化新技术的导向,又引导市场对技术创新的导向,使创新的技术和产业既进入前沿,又有市场价值。从这一意义上说,产学研协同创新平台本身就是新质生产力的创新高地。

第二,建立科技和产业创新高地。各类科技园、产业园是科技和产业融合的创新高地,也是发展新质生产力的创新高地。发展新质生产力需要升级各类科技园、产业园。具体途径是迭代升级。把代表旧质生产力的项目和产业逐步移出科技园、产业园,做强新质生产力项目,吸引下一代新质生产力项目,直接发展体现新一代新质生产力的新的科技园和产业园,如以人工智能为特色的科技产业园。

第三,营造鼓励创新、宽容失败的良好氛围和机制。尤其是未来产业从创意到培育都存在很大的不确定性,存在较大的风险。为鼓励创新需要建立大众创业、万众创新的机制。这种机制既涉及鼓励提出创意,又涉及对创意的客观评价和选择,还涉及相应的采纳和风险资金支持。

第四,激励科技企业家成长。发展新质生产力所要集聚的高端创新人才,既涉及高端科技人才,也涉及高素质劳动者。这里特别突出科技企业家的作用。企业是创新主体,不等于说所有企业都能成为创新主体,关键是企业中要有创新的组织者。这个组织者就是科技企业家。创新有风险,厌恶风险就没有创新。因此企业家的创新精神就被归结为敢于承担风险的精神。对科技企业家来说，只是具备创新精神还是不够的。科技企业家不只是主要的投资者，更是孵化新技术的引导者。在科技创新中，科技企业家，一方面具有企业家的创新素质，敢冒风险；另一方面具有科学家的素质，能够洞察科学新发现的科学价值，敏锐地发现并引领新质生产力的趋势。由于当今发展的新质生产力是科技创新和产业创新的融合，科技企业家需要具有围绕创新组合生产要素（创新要素）尤其是协调产学研各方的能力。只有这样，才能使创新得以成功。

第五，发展新质生产力基础在教育。技术日新月异，教育不但不能落后，还要与技术赛跑。在当下的现代化进程中，正在迅速推进的数字化和智能化，不可避免地会导致社会分工、技能要求及相应的就业的全面流动性。如果说已有的科技在很大程度上替代简单劳动的岗位，那么人工智能将会在很大程度上替代复杂劳动岗位。由此提出"教育与技术赛跑"的要求：一方面，科技创新人员的知识要不断更新。为适应新质生产力需要，高等和职业教育的专业、学科内容需要超前布局。例如，近期美国多所研究型大学要求各个学科都要以人工智能等新科技进行学科建设，就是为培育新质生产力采取教育先行。另一方面通过终身教育克服数字鸿沟之类的新科技鸿沟，促使劳动者适应新质生产力发展不断提升就业能力，培育适应新质生产力的劳动者大军。

第一章　新质生产力是先进生产力的质态

改革开放以来,根据生产关系一定要适应生产力性质的原理,改革生产关系支持了经济的长期高速增长。我国进入新发展阶段的重要标志是经济由高速增长转向高质量发展。高质量发展需要新的生产力理论来指导。新质生产力是创新起主导作用,摆脱传统经济增长方式、生产力发展路径,具有高科技、高效能、高质量特征,符合新发展理念的先进生产力质态。① 这就是习近平总书记提出的新质生产力理论。新质生产力概念及其理论的提出,是对马克思主义生产力、生产关系理论的守正和创新,也是对贯彻新发展理念的发展实践的理论总结和概括,已经和正在展示出对高质量发展的强劲推动力、支撑力。

第一节　马克思主义经济学生产力理论的守正和创新

生产力性质和质态有新旧的区别。在社会生产方式中,生产力是最

---

① 习近平:《发展新质生产力是推动高质量发展的内在要求和重要着力点》,《求是》2024年第11期。

活跃、最革命的要素。生产力质态不是静止不变的,而是不断地产生新质生产力。生产力由量变到质变就产生新质生产力。每个经济时代的生产力的"新"都有时代特征。马克思在揭示资本主义生产关系与生产力发展之间的矛盾时提出了一系列的生产力发展问题。马克思身处机器大工业时代,其所分析的发展生产力理论对当前准确认识新质生产力的理论和实践有重要的指导价值。

一、生产力要素实现质的跃升

马克思指出:"不论生产的社会的形式如何,劳动者和生产资料始终是生产的因素。但是,二者在彼此分离的情况下只在可能性上是生产因素。凡要进行生产,它们就必须结合起来。"①马克思的生产力理论将劳动过程要素做了以下规定:"劳动过程的简单要素是:有目的的活动或劳动本身,劳动对象和劳动资料。"②这一规定后来发展为生产力三要素:劳动者、劳动对象和生产工具。马克思认为生产力是最活跃最革命的因素,具体就体现在这些要素的变动上。发展生产力固然包括这三个要素在量上投入的增加,但更为重要的是其质的提升。就如习近平总书记指出的新质生产力以劳动者、劳动资料、劳动对象及其优化组合的跃升为基本内涵。

第一,劳动者要素质态的跃升。在生产力诸要素中,劳动者是起决定性作用的要素。其作用不仅在于其劳动量的增加,更重要的是劳动能力的提高。在马克思的劳动要素理论中,劳动者不仅仅是直接劳动者,还是从事技术和管理的劳动者,这就是马克思的"总体工人"的概念。马克思

---

① 《马克思恩格斯选集》第2卷,人民出版社2012年版,第309页。
② 《马克思恩格斯选集》第2卷,人民出版社2012年版,第170页。

说:"随着劳动过程的协作性质本身的发展,生产劳动和它的承担者即生产工人的概念也就必然扩大。为了从事生产劳动,现在不一定要亲自动手,只要成为总体工人的一个器官,完成他所属的某一种职能就够了。"①马克思认为,作为总体劳动的科技劳动和管理劳动是复杂劳动,复杂劳动是"自乘的"和"多倍的"简单劳动。其创造的价值是简单劳动者的多倍。后来的理论在评价劳动者的生产力作用时用了人力资本的概念。尤其是新增长理论的代表诺贝尔经济学奖得主卢卡斯在评价20世纪80年代出现的以信息化为代表的新经济时明确认为,人力资本是经济发展的决定性要素。

从马克思的劳动者要素规定出发,根据发展新质生产力的实践,在新质生产力中劳动者要素的跃升体现在以下两个方面:

一是人才成为第一要素。人才是创新的第一要素,也是发展新质生产力的第一要素。国际竞争中的比较优势不再是劳动力的数量优势,而是创新人才要素。这就是习近平总书记所说的:"综合国力竞争归根到底是人才竞争。"②建设人才高地,培育和集聚高端创新人才,提升各类创新人才的创新能力,能够促进各类创新要素进入发展新质生产力新赛道。

二是从事简单劳动的劳动者的技能也会随之提升。劳动者的技能需求即适应新质生产力技术和产业的就业岗位需求。劳动者的技能供给则要靠教育,不仅涉及基础教育,也涉及职业教育,克服劳动者就业的新科技鸿沟(如数字鸿沟),促使劳动者适应新质生产力的发展不断提升就业能力,培育适应新质生产力的劳动者大军。

第二,劳动资料质态的跃升。在马克思看来,"劳动资料不仅是人类

---

① 《马克思恩格斯选集》第2卷,人民出版社2012年版,第236页。
② 中共中央文献研究室编:《习近平关于科技创新论述摘编》,中央文献出版社2016年版,第107页。

劳动力发展的测量器,而且是劳动借以进行的社会关系的指示器。"①也就是说,"各种经济时代的区别,不在于生产什么,而在于怎样生产,用什么劳动资料生产"②。劳动资料反映一定经济时代的科技及其应用水平。每个时代的新质生产力体现在生产工具突破性改进及广泛性应用上。在马克思看来,自然科学在生产中的应用是从机器大生产开始的。马克思说:"劳动资料取得机器这种物质存在方式,要求以自然力来代替人力,以自觉应用自然科学来代替从经验中得出的成规。"③如前几次科技和产业革命产生的蒸汽机、电动机。依托这些新质生产力,发达国家进入现代化阶段。

我国进入推进中国式现代化的新征程需要反映现代科技水平的新质生产力支撑,从而形成中国式现代化的新动能。现阶段新质生产力提供的劳动资料是以数字化平台和智能化工具,如智能手机、互联网平台、云计算、机器人、无人机等反映劳动资料质态的跃升。提供这些新生产方式和工具的产业就成为新质生产力的载体。

第三,劳动对象质态的跃升。在采掘工业、狩猎业、捕鱼业、农业中,劳动对象是天然存在的,是自然界原有的自然物,即未经过人的协助就作为人类劳动的一般对象的自然物,如土地等自然资源。除此以外,一切产业部门所处理的对象都是原料,即已被劳动滤过的劳动对象,本身已经是劳动产品。马克思从经济上将外界自然条件分为两大类:一类是生活资料的自然富源,例如土壤的肥力、渔产丰富的水等;另一类是劳动资料的自然富源,如奔腾的瀑布,可以航行的河流,森林、金属、煤炭等。这两类自然富源在不同的发展阶段起着不同的决定性作用。"在文化初期,第

---

① 《马克思恩格斯选集》第2卷,人民出版社2012年版,第172页。
② 《马克思恩格斯选集》第2卷,人民出版社2012年版,第172页。
③ 《马克思恩格斯选集》第2卷,人民出版社2012年版,第217页。

一类自然富源具有决定性的意义；在较高的发展阶段，第二类自然富源具有决定性的意义。"[1]

劳动对象与绿色发展密切相关。进入新发展阶段，劳动对象质态的跃升表现在由向大自然索取转变为与自然和谐共生，表现在以下两个方面。

一是能源革命。已有的工业革命成果被称为"化石能源的时代"。化石能源至今仍然是各个产业的能源基础，但已经属于旧质生产力。基于化石能源日渐枯竭，靠化石燃料驱动的技术和产业结构已陈旧落后、运转乏力，所造成的碳排放破坏了地球和气候生态系统，提出了寻求新能源（清洁能源）的能源革命的要求。新能源开发和利用产生的新质生产力，催生以清洁能源和新材料为基础的新科技和工业革命。

二是践行绿水青山就是金山银山的理念。走生态优先、绿色发展之路，加快绿色科技创新和先进绿色技术推广应用，改善自然条件，突破资源的稀缺性。发展绿色低碳产业和供应链，构建绿色低碳循环经济体系。与此相应，围绕新能源、气候变化、空间、海洋开发的绿色经济、低碳技术等新兴产业蓬勃兴起。

上述三个要素的跃升实际上成为新质生产力的新质劳动者、新质劳动资料和新质劳动对象。这些新质要素的优化组合就产生全要素生产率。原因是不同要素有不同的生产率；各自对整体生产率的提升有不同的影响力（权重）；各种要素的供给能力不完全相同。由此需要一定的制度安排和要素组合来提高全要素生产率，这种制度安排和优化组合也可看作新质生产力。

---

① 《马克思恩格斯选集》第2卷，人民出版社2012年版，第239页。

二、科技创新与产业创新的深度融合是发展新质生产力的关键

根据马克思的概括,决定劳动生产力的因素包括:"工人的平均熟练程度,科学的发展水平和它在工艺上应用的程度,生产过程的社会结合,生产资料的规模和效能,以及自然条件。"①他同时又指出,社会生产力来源于三个方面:"归结为发挥作用的劳动的社会性质,归结为社会内部的分工,归结为脑力劳动特别是自然科学的发展。"②在《1857—1958 年经济学手稿》中,马克思明确指出"生产力中也包括科学"③。作为生产力要素的"科学的发展水平和它在工艺上应用的程度"包含两个方面:一是科学的发现,也就是知识的创造;二是科学的应用。马克思把前者称为知识形态的生产力,后者称为直接的生产力,这就是他说的:"一般社会知识,已经在多么大的程度上变成了直接的生产力,从而社会生活过程的条件本身在多么大的程度上受到一般智力的控制并按照这种智力得到改造。它表明,社会生产力已经在多么大的程度上,不仅以知识的形式,而且作为社会实践的直接器官,作为实际生活过程的直接器官被生产出来。"④科学毕竟不是技术,在未与生产结合之前,它是以知识形态存在的一般生产力;科学只有转化为技术并应用于生产,才物化为直接的生产力。正是科学与技术结合在一起的科学技术成为发展生产力的要素。在现代生产力的发展中科学技术上升为第一生产力。

---

① 《马克思恩格斯选集》第 2 卷,人民出版社 2012 年版,第 100 页。
② 《马克思恩格斯选集》第 2 卷,人民出版社 2012 年版,第 453 页。
③ 《马克思恩格斯全集》第 46 卷下册,人民出版社 1980 年版,第 211 页。
④ 《马克思恩格斯选集》第 2 卷,人民出版社 2012 年版,第 785 页。

科学在资本主义产生以前就已存在,但在此以前并没有成为生产力的要素。为什么只是在进入资本主义生产方式阶段后,科学才成为生产力要素呢?马克思在《资本论》手稿中的回答是:只是在进入资本主义生产阶段后,科学因素第一次被有意识地和广泛地加以发展,应用并体现在生活中。"生产过程成了科学的应用,而科学反过来成了生产过程的因素即所谓职能。每一项发现都成了新的发明或生产方法的新的改进的基础。"①在《资本论》手稿中还可以看到这么一个观点:"只有资本主义生产方式才第一次使自然科学为直接的生产过程服务,同时,生产的发展反过来又为从理论上征服自然提供了手段。科学获得的使命是:成为生产财富的手段,成为致富的手段。"②这就是说,科学,人类理论的进步,只有在被自觉地广泛应用时,才成为生产力要素。其表现是:"这种资本主义生产第一次在相当大的程度上为自然科学创造了进行研究、观察、实验的物质手段。由于自然科学被资本用做致富手段,从而科学本身也成为那些发展科学的人的致富手段,所以,搞科学的人为了探索科学的实际应用而互相竞争。另一方面,发明成了一种特殊的职业。因此,随着资本主义生产的扩展,科学因素第一次被有意识地和广泛地加以发展、应用并体现在生活中,其规模是以往的时代根本想象不到的。"③

科学作为生产力要素表现为把自然科学应用于物质生产过程。也就是说,科学是通过人的途径和物的途径变成直接生产力的。具体表现在以下方面:首先是推动工艺过程的变革。"科学的应用一方面表现为靠经验传下来的知识、观察和职业秘方的集中,另一方面表现为把它们发展

---

① 《马克思恩格斯文集》第 8 卷,人民出版社 2009 年版,第 356 页。
② 《马克思恩格斯文集》第 8 卷,人民出版社 2009 年版,第 356—357 页。
③ 《马克思恩格斯文集》第 8 卷,人民出版社 2009 年版,第 359 页。

为科学,用以分析生产过程,把自然科学应用于物质生产过程。"①就像在机器生产中,每个分工环节"由力学、化学等等在技术上的应用来解决"。其次是生产工具的变革。"随着科学不断取得成就和科学的应用,固定资本中每年经常应该补偿的那部分以更具有生产效率的形式被再生产出来。"②表现为"旧的机器、工具、器械等等就会被效率更高的、从功效来说更便宜的机器、工具和器械等等所代替……旧的资本也会以生产效率更高的形式再生产出来"③。最后是改善自然条件,突破资源的稀缺性。对自然资源的科技进步来说,有两个层次的问题:首先利用自然资源的科技进步。就土地来说,土地肥力首先指自然肥力,"在自然肥力相同的各块土地上,同样的自然肥力能被利用到什么程度,一方面取决于农业化学的发展,另一方面取决于农业机械的发展。这就是说,肥力虽然是土地的客体属性,从经济方面说,总是同农业中化学和机械的发展水平有关,因而也随着这种发展水平的变化而变化"④。马克思当时还发现,"化学的每一个进步不仅增加有用物质的数量和已知物质的用途,从而随着资本的增长扩大投资领域。同时,它还教人们把生产过程和消费过程中的废料投回到再生产过程的循环中去,从而无须预先支出资本,就能创造新的资本材料"⑤。这就是循环经济的思想。

马克思的上述分析实际上指出了科学成为生产力要素从而成为生产力的必要条件是科学被用于生产过程。科学不在生产中应用,而束之高阁,就不是生产力。科学在生产中得到应用,技术连同科学一起成为生产力。

---

① 《马克思恩格斯文集》第8卷,人民出版社2009年版,第358页。
② 《马克思恩格斯文集》第8卷,人民出版社2009年版,第555页。
③ 《马克思恩格斯文集》第8卷,人民出版社2009年版,第698页。
④ 《马克思恩格斯选集》第2卷,人民出版社2012年版,第624页。
⑤ 《马克思恩格斯选集》第2卷,人民出版社2012年版,第271—272页。

基于科学及其应用的生产力作用,新质生产力理论特别强调科技创新的作用。新发展理念明确创新是发展的第一动力。科技创新催生新产业、新模式、新动能,就成为发展新质生产力的核心要素。在概念上,不是所有的科技创新都能称为新质生产力,只有能够产生质变的颠覆性技术和前沿科技才能称为新质生产力。但是科技创新的量变不能忽视,是发展新质生产力的必要过程。

作为生产力的科技创新最终都要落实到产业创新上。马克思讲科学技术作用时也关注到了技术创新对产业的影响。一个部门采用新技术会带动全社会其他部门的技术进步,这就是马克思说的,"一个工业部门生产方式的变革,会引起其他部门生产方式的变革"①。

一般是先有科技革命后有产业革命。过去科技革命与产业革命在时间上会有较长的间隔期。也就是说,从产生科技革命到产业上的相应变革,一般需要经过数十年。现在产业革命与科技革命同时进行,新科技直接转化为新产业。以科技创新为依托的产业创新决定并反映生产力的质的提升。所发展的战略性新兴产业的水准及其所占比重反映社会生产力性质是旧的还是新的。正是在这一意义上,习近平总书记所说的发展新质生产力以科技创新为依托,以产业创新为落脚点。

新质生产力是在坚持了马克思主义生产力理论基本观点的基础上,站在新的历史起点上对马克思生产力理论的发展,在内涵上不仅突出科技创新作为第一生产要素的角色功能而且强调整合科技资源,落脚在发展战略性新兴产业和培育未来产业上。这就指明了发展新质生产力的方向,是对马克思主义生产力理论赋予了新的时代内涵,开辟了马克思主义生产力理论的新境界。

① 《马克思恩格斯选集》第2卷,人民出版社2012年版,第217页。

第二节　产业革命产生生产力质态变革

虽然新质生产力概念是新提出的,但新质生产力概念的内涵及其作用则可以从每次产业革命的动力和影响中得到验证。迄今为止,人类社会经历的几次产业工业革命,都是生产力质态的革命,都代表当时的先进生产力。深刻地改变了人类的生产和生活方式,促进了社会进步。德国推出的工业4.0计划,实际上把18世纪以来的产业革命分为四次:第一次机械化,即工业1.0;第二次电气化,即工业2.0;第三次信息化,即工业3.0;第四次智能化,即工业4.0。

一、第一次工业革命产生的生产力质态

第一次工业革命以机械化为标志。18世纪,起源于英国的第一次工业革命,正式开启了世界现代化的进程。第一次工业革命形成的生产力质态及其作用表现在以下几方面:

一是机器大工业的产生。1785年,瓦特改良了蒸汽机,使蒸汽机被广泛应用于各种工业生产中。蒸汽机的发明和应用,使工业生产从手工生产向机器生产转变,标志着人类进入了蒸汽时代。能源动力主要由木柴改为煤,引发工场手工业转向机器大工业的技术革命。

二是促进了纺织业、冶金业和化学工业的发展。第一次工业革命首先发生在纺织业,1765年英国工人哈格里夫斯发明了珍妮纺纱机,标志着工业革命的开始。随后,各种纺织机械相继出现,如骡机、水力织布机等,极大地提高了纺织业的生产效率。冶金业也得到了极大的发展。新

的冶炼技术和设备的出现,使钢铁等金属的生产效率大大提高。随着科学技术的进步,化学工业也在工业革命期间得到了发展。新的化学工艺和设备的出现,使化工产品的生产效率大大提高。第一次工业革命期间,交通运输业也得到了极大的发展。1807 年,美国发明家富尔顿制造了第一艘蒸汽轮船;1825 年,英国工程师斯蒂芬森发明了火车机车。这些发明使交通运输变得更加便捷和高效。

三是促进了社会结构的变化。第一次工业革命使社会结构发生了深刻的变化。资产阶级和无产阶级成为社会的主要阶级。第一次工业革命使城市化的进程加速。大量的农村人口涌入城市,成为工厂的工人。这种城市化的进程改变了人类的生活方式和生活环境。同时,第一次工业革命使欧洲各国的经济实力迅速增强,开始在全球范围内进行殖民扩张和贸易活动的世界格局。

二、第二次工业革命产生的生产力质态

第二次工业革命使人类进入了电气化时代。19 世纪六七十年代开始,西方各国先后开始了第二次工业革命。电力的广泛应用使人类跨进了电气时代,这次现代化的物质技术基础是电与钢铁。由内燃机和电动机带动的"电工技术革命"的经济增长速度大大超过了蒸汽机带动的第一次工业革命。铁路建设成为这一时期新兴工业化的中心。工业化向整个欧洲扩散并取得胜利。第二次工业革命最重要的影响是直接促进了生产力突飞猛进的发展,使社会面貌发生翻天覆地的变化,同时非西方世界走向现代化的序幕也已拉开。这一阶段形成的新质生产力质态可以概括为以下几点:

第一,在第一次工业革命时期,许多技术发明都来源于工匠的实践经

验,科学和技术尚未真正结合:而在第二次工业革命期间,自然科学的新发展,开始同工业生产紧密地结合起来,科学在推动生产力发展方面发挥更为重要的作用,它与技术的结合使第二次工业革命取得了巨大的成果。①

第二,内燃机的发明及广泛应用为工业、农业、交通运输业及相关产业的发展创造了新的有利条件,进一步增强了人们的生产能力,交通更加便利快捷,改变了人们的生活方式,扩大了人们的活动范围。

第三,欧美国家的产业结构开始由以轻工业为主导转变为以重工业为主导,在第二次工业革命中出现的新兴工业如电力工业、化学工业、石油工业和汽车工业等,都要求实行大规模的集中生产。

第四,垄断组织应运而生,资本主义向垄断阶段过渡。垄断组织的出现是生产力发展的结果,垄断组织的出现也在一定程度上促进了生产的发展,使企业的规模进一步扩大,劳动生产率进一步提高。托拉斯等高级形式的垄断组织,更有利于改善企业经营管理,降低成本,提高劳动生产率。

第五,工业的高速发展还促进了资本和生产的进一步集中,使人类社会在经济、政治等方面发生了一系列广泛而深刻的适应性变化,生产单位规模扩大、技术和投资量增长,使银行和国家在推进现代化方面发挥前所未有的重大作用,如以20世纪初出现福特汽车公司大规模生产流水线诞生为标志的生产组织。

三、第三次工业革命产生的生产力质态

第三次工业革命以信息化为标志,发生在第二次世界大战结束以后,

---

① [美]西蒙·史密斯·库兹涅茨:《现代经济增长》,戴睿、易诚译,北京经济学院出版社1989年版,第8页。

这一时期主要是由于计算机和通信技术的发展。计算机的普及和互联网的出现,极大地推动了信息技术的发展。第三次工业革命是信息技术革命,以计算机、原子能、航空航天、遗传工程为代表,标志着人类进入信息化时代。第三次工业革命以数字化制造及新型材料应用为代表,建立在互联网和新材料、新能源相结合的基础上,使全球技术要素和市场要素配置方式发生革命性变化,推动人类生产力发展进入崭新时代。

这场革命伴随着新科技革命,催生了新的现代化浪潮:一方面继续延续第二次工业革命的成果,另一方面产生了以电子信息为代表的新科技革命。"这次工业革命的新物质技术基础是石油能源、人工合成材料、微电子技术。高科技、新能源、新原材料与人工智能相结合,使科学直接转化为生产力,而巨型跨国公司的出现则引起现代发展的结构性的重大变化。"①在第三次工业革命的冲击下,发达工业国中开始工业换代,向高级工业化升级。先行现代化的美国和西欧国家的现代化水平在电子信息革命的推动下达到了新的高度。第三次工业革命产生的新质生产力质态的特点:

一是科学技术转化为直接生产力的速度加快。科学和技术密切结合,相互促进。随着科学实验手段的不断进步,科研探索的领域也在不断开阔。科学技术各个领域之间相互联系加强,在现代科技发展的情况下,一方面学科越来越多、分工越来越细、研究越来越深入化,另一方面学科之间的联系越来越密切,相互联系渗透的程度越来越深,科学研究朝着综合性方向发展。

二是促进了信息技术和通信技术的发展,加速了全球化和信息化进程,生产技术的不断进步、劳动者的素质和技能不断提高、劳动手段的不

①　罗荣渠:《论现代化的世界进程》,《中国社会科学》1990 年第 5 期。

断改进,在全要素生产率迅猛提高的同时,促进了社会经济结构和社会生活结构的重大变化。

三是形成了一个多维、立体的新生产制造技术体系及技术经济范式。这个体系的底层是高效能运算、超级宽带、激光黏结、新材料等"通用技术",中层是以人工智能、数字制造、工业机器人为代表的制造技术和工具,高层是应用了前述新的通用技术和制造技术的大规模生产系统、柔性制造系统和可重构生产系统。这个体系的有效运行形成了全球化生产、个性化制造、社会化制造等新的技术经济范式。

总的来说,18 世纪以来,技术革命尤其是科学技术革命一直是产业革命的先导,产业革命是技术革命的结果。第一次技术革命是 18 世纪的蒸汽机和机械革命,关键技术包括动力和机械等技术,主导产业包括纺织工业、煤和铁、机械、蒸汽机和铁路等。第二次技术革命是 19 世纪的电力和运输革命,关键技术是电力、运输、化工和电信等技术,主导产业包括电力、石化、钢铁、汽车和家电等。第三次技术革命是 20 世纪的电子和信息革命,关键技术有电子、自动控制、激光、材料、航天、原子能等技术,主导产业包括电子工业、计算机、原子能、航天、自动化产业等。

四、当前的新科技和产业革命产生的生产力质态

当前的科技和产业革命以数字化、智能化为特征。以人工智能、云计算、大数据、物联网等为代表的标志性技术创新开启了第四次工业革命,人类社会实现了从自动化、信息化向数字化、智能化的重大转变,生产工具由动力机械进化为数字平台和智力机械,生产力水平极大地提高。关键技术有信息、云计算、量子通信、智能、绿色等技术,主导产业包括信息产业、电子商务、物联网、无线网、大数据、智能制造、先进材料、智能机器

人、智慧城市、绿色能源、生物产业等。① 第四次工业革命形成的新质生产力质态有以下特点：

第一，第四次工业革命的核心特征是基于数字化、网络化、智能化的新型信息化，新型信息化大大拓展了技术架构的模块化范围和深度。第四次工业革命以人工智能、新材料技术、分子工程、石墨烯、虚拟现实、量子信息技术、可控核聚变、清洁能源以及生物技术等为技术突破口。系统科学、计算机科学、纳米科学与生命科学的理论与技术整合，形成系统生物科学与技术体系，包括系统生物学与合成生物学、系统遗传学与系统生物工程、系统医学与系统生物技术等学科体系。

第二，信息技术的升级创新与应用成为推动产业变革的核心。工业4.0以物联网、人工智能和大数据为基础，3D打印和智能机器人将制造业与数字技术深度融合，实现生产过程的智能化和高效化。

第三，形成了绿色生产力。前三次工业革命使人类发展进入空前繁荣的同时，也造成了巨大的能源、资源消耗，付出了巨大的环境代价、生态成本，扩大了人与自然之间的矛盾。进入21世纪，人类面临空前的全球能源与资源危机、全球生态与环境危机、全球气候变化危机的多重挑战，由此引发的第四次工业革命，标志着人类进入绿色能源时代。新能源替代化石能源，推进能源结构乃至经济结构的转变，对生产力产生深远影响。

科技革命是产业革命的先导，前两次科技革命和产业革命不是同时发生的，两者间隔的时间较长，尤其是第一次科技革命和第一次产业革命，第二次科技革命和第二次产业革命间隔时间大大缩短，而当今的科技革命和产业革命的新特点是两者几乎同时进行。新的科学发现随之带来

---

① 何传启：《新科技革命引发新产业革命》，《人民日报》2015年7月5日。

的是新产业革命。正在兴起的新科技催生生物技术产业、新材料产业、新能源产业、环保产业等新兴产业。新技术突破加速带动产业变革,对世界经济结构和竞争格局产生了重大影响。

习近平总书记2013年9月《在十八届中央政治局第九次集体学习时的讲话》中指出:当前,从全球范围看,科学技术越来越成为推动经济社会发展的主要力量,创新驱动是大势所趋。新一轮科技革命和产业变革正在孕育兴起,一些重要科学问题和关键核心技术已经呈现出革命性突破的先兆。物质构造、意识本质、宇宙演化等基础科学领域取得重大进展,信息、生物、能源、材料和海洋、空间等应用科学领域不断发展,带动了关键技术交叉融合、群体跃进,变革突破的能量正在不断积累。[①] 根据习近平总书记的概括,现在世界科技发展有这样几个趋势:一是移动互联网、智能终端、大数据、云计算、高端芯片等新一代信息技术发展将带动众多产业变革和创新;二是围绕新能源、气候变化、空间、海洋开发的技术创新更加密集;三是绿色经济、低碳技术等新兴产业蓬勃兴起;四是生命科学、生物技术带动形成庞大的健康、现代农业、生物能源、生物制造、环保等产业。[②]

新一轮的科技革命和产业变革加速演进,传统的依靠人力、以消耗能源和资源为主的生产方式,必将迎来新的跃升。数字经济背景下更多的是复杂性的劳动和生产,传统的机器、设备和人力的生产力基础已经无法满足数字时代的生产需求。伴随着新一代信息技术的迭代更新,以科技创新为主导的新质生产力是数字时代生产力的跃升,其核心就在于推动生产力的数字化和智能化。

---

① 中共中央文献研究室编:《习近平关于科技创新论述摘编》,中央文献出版社2016年版,第77—78页。

② 中共中央文献研究室编:《习近平关于科技创新论述摘编》,中央文献出版社2016年版,第75页。

五、由量变到质变发展新质生产力

生产力是人类改造、利用和保护自然，创造财富的能力。新质生产力是基于颠覆性、前沿性科技导致的产业创新，包括创新战略性新兴产业及产业基础高级化。这意味着新质生产力反映的是生产力质态的变化。生产力是最活跃最革命的因素。社会就是在生产力的推动下进步的。生产力是质量和数量的统一。生产力的提高，既有量的提升又有质的提升。根据马克思所讲的各种决定劳动生产力的因素，在发展生产力的过程中都会有量的变化，如劳动投入的增加、劳动熟练程度的提高、生产资料规模和效能的提高、生产组织的改进、科技含量的增加等，都可能使生产力发生量变。可以说，在一般情况下，这种量变每时每刻都在进行，相应的生产力水平每时每刻都在提高。但是这里每一个量变都不能说是产生新质生产力。但是这种量变是必不可少、不可或缺的。所有这些量变累积到一定程度就会产生质变，产生的生产力就称为新质生产力。作为质变的生产力可从不同角度进行分析。

从替代人的某种生产能力的生产力角度分析。就如马克思所分析的他所处时代的大机器生产：机器由发动机，传动装置和工具机组成。第一次以蒸汽机使用为代表的产业革命就是机器代替人的体力。"人的肌肉充当动力的现象就成为偶然的了，人就可以被风、水、蒸汽等等代替了。"①后来的第二次产业革命实际上是传动装置的革命通过电力设备将电力输送到各个角落。第三次工业革命则是依靠信息化人脑被电脑代替。正在推进的新科技和产业革命则是人工智能替代人的部分智力。

---

① 《马克思恩格斯选集》第2卷，人民出版社2012年版，第217页。

从发展动能来说,每个经济时代的新质生产力的"新"有时代特征。第一次产业革命产生的热力、第二次产业革命产生的电力、第三次产业革命产生的网力、正在推进的数字经济产生的算力成为新动能。

历史和现实都证明,每一次产业革命的产生都要经历量变到质变的过程。正如马克思所讲:从蒸汽机发现到产生工业革命期间经历了相当一个时期的量变过程:17世纪末工场手工业时期发明的、一直存在到18世纪80年代初的蒸汽机本身,并没有引起工业革命,相反地,正是工具机的创造才使蒸汽机的革命成为必要。

发展新质生产力不仅包括新技术的量变到质变,还包括通过质变到量变放大新质生产力效应。克拉克将创新过程分为基础性创新、改良性创新和营销性创新三个阶段。其中基础性创新相当于新质生产力的创新,即科学新发现产生重大的创新成果,它推翻了现有方法,根本地改变了技术的各个组成部分之间的关系,创造出全新的生产线,对技术和市场都会产生影响。改良性创新是建立在新发现的成果和现有的市场之上的创新。即已转化为新技术,改变生产的手段和技术,改变产品的技术基础,改变产品的制造流程,也可能是产生新产品。一个重大的科学发现可能产生多项新技术;它每时每刻都在发生。① 这种由基础性创新到改良性创新属于生产力的量变到质变,其意义不仅在于进一步放大体现新质生产力的基础性创新的效应,而且促使依靠基础性创新成果的量变促进新的质变的产生。

发展新质生产力的量变和质变的关系,还包括新质生产力的迭代升级问题。发展新质生产力既有现时代的,还有下一代的。

生产力是由多种要素组合成的复杂能力系统,生产力系统呈现出层

---

① 廖理等:《探求智慧之旅》,北京大学出版社2000年版,第282页。

次性结构,第一层次是科学技术,这是生产力的决定因素,决定生产力的质变。第二层次是教育和管理等要素,这是生产力的影响要素,决定生产力的量变。第三层次是劳动者、劳动资料和劳动对象,这是生产力的现实要素,反映生产力的量变到质变的进程。生产力系统发生作用的过程是第一层次的决定要素,通过第二层次的影响要素作用于第三层次的现实要素,形成新产品、新产业、新业态,使潜在生产力转化为现实生产力,推动生产力现代化转型。

生产力的现代化是在科学技术这一生产力决定因素推动下,不断增强经济创新力和竞争力,提高劳动力、资本、技术等各种资源要素的质量,推动生产力的质量变革、效率变革、动力变革,实现生产力水平的整体跃迁。生产力现代化是实现现代化的物质基础和前提条件,正是生产力的不断现代化发展,为现代化的发展奠定技术基础、经济基础和物质基础。科技创新向产业化的渗透是生产力现代转型的基本路径,科技进步的成果不断在产业部门深化应用,传统生产力中渗透进新的科技因素。生产力中渗透的新科技因素从量变到质变逐步代替传统生产力,拓展新产业和改造传统产业是生产力现代化转型的现实路径。通过结构革命加快改造传统产业,通过增量革命拓展新产业,推动生产力现代化转型的广度和深度,从而形成现代化的新质生产力。现代科技的创新和应用使劳动者、劳动资料、劳动对象三个方面的生产力现实因素都呈现出更高水平的特征,使新质生产力诸要素作为一个整体,在高质量发展中最大限度地发挥作用。

中国式现代化是符合中国基本国情、具有中国发展特色的现代化道路,中国式现代化的发展进程,需要依托新质生产力的发展,促进产业创新,实现创新链、产业链、技术链的有机结合,释放新质生产力的发展动能。随着数字经济的快速发展,在数字技术的推动下,生产方式的智能化、数字化转型,加快新质生产力的形成。

第二章　新质生产力是中国式现代化的生产力基础

　　中国式现代化需要厚植的物质基础,即生产力基础。生产力是推动社会进步最活跃、最革命的因素。生产力质态不是静止的、一成不变的,会不断地产生新质生产力。发展新质生产力从一定意义上说是新旧动能的转换。

第一节　中国式现代化的新征程

　　2021 年 7 月 1 日,在建党一百周年庆祝大会上习近平总书记宣布全面建成了小康社会,由此开启了现代化建设的新征程。2022 年 10 月,党的二十大明确:从现在起,中国共产党的中心任务就是团结带领全国各族人民全面建成社会主义现代化强国、实现第二个百年奋斗目标。并且强调以中国式现代化全面推进中华民族伟大复兴。新质生产力是中国式现代化的生产力基础,中国式现代化的鲜明特征如习近平总书记说的:我们坚持和发展中国特色社会主义,推动物质文明、政治文明、精神文明、社会文明、生态文明协调发展,创造了中国式现代化新道路,创造了人类文明新形态。

一、中国式现代化是人口规模巨大的现代化

中国是拥有 14 亿多人口的大国,是全世界最大的发展中国家。中国进入现代化,将深刻改变世界现代化的版图和进程。目前,全球实现现代化的发达经济体有 35 个,这 35 个发达经济体的总人口还不到 10 亿。中国有 14 亿多人口,占全世界人口比重近 1/5。中国实现现代化,对世界现代化进程所作的贡献将是巨大的,比现在所有现代化国家人口总和还要多的人口进入现代化,意味着全世界进入现代化的人口规模占比将从现有的不到 1/7 迅速提升为 1/3。这将彻底改写世界现代化的版图,但是我们又要清醒地看到,目前我国的人均 GDP 才过 1 万美元(2013 年为 1.27 万美元),位居世界第 60 多位。目前中等发达国家的人均 GDP 已经达到 3 万美元。2035 年人均 GDP 达到中等发达国家水平,对我国来说,有两点必须考虑:第一,中等发达国家人均 GDP 是动态的,到那时中等发达国家的人均 GDP 肯定会有更高的水平;第二,中国是有 14 亿多人口的大国,按如此大规模的人口计算,人均 GDP 达到中等发达国家水平就必须有更高的 GDP 总量和增长速度。这需要生产力的重大突破。

二、中国式现代化是全体人民共同富裕的现代化

共同富裕是社会主义的本质要求,是中国式现代化的重要特征。共同富裕包含"共同"和"富裕"两个方面。共同就是要"分好蛋糕",共享发展成果;富裕就是要"做大做好蛋糕"。共同富裕是要富裕全体人民。就富裕人民来说,其内容包括:一是人民收入水平大幅度提高;二是居民家庭财产明显增加,居民的财产性收入随之增加;三是居民享有的公共财

富明显增加;四是居民消费水平明显提升。党的二十大明确提出提高人民生活品质的要求。现代化进程所要关注的人民日益增长的美好生活需要,不仅仅是经济的,还有文化、精神、健康、生态等多方面的需求。中国式现代化所要求的共同富裕是要富裕全体人民,不是一部分人。共同富裕不但要做大"蛋糕",还要分好"蛋糕"。重视人民群众的切身感受。生活水平、环境质量、公共服务、法治环境是否普遍提升和改善,这直接影响人民对现代化的评价和认可。我国现在的经济发展水平已经到了上中等收入阶段,实现现代化需要克服两极分化现象,绝不能出现习近平总书记所指出的"富者累巨万,而贫者食糟糠"现象。中国式现代化是现代化与共同富裕同步推进的现代化,是富裕程度差距逐步缩小的现代化。这需要生产力的高度发达,提供丰富的物质和精神财富。

三、中国式现代化是物质文明和精神文明相协调的现代化

物质富足、精神富有是社会主义现代化的根本要求。物质贫困不是社会主义,精神贫乏也不是社会主义。中国式现代化的本质是为了实现人的自由而全面发展;而实现人的全面发展,既离不开物质生活的改善,也离不开精神生活的丰富和思想道德及科学文化素质的提高。从这个意义而言,中国实现现代化,不仅要成为经济强国,也要成为文化强国。人的现代化是社会主义现代化特有的目标。现代化不能只见物不见人。人的现代化,不仅是现代化的目标,也是现代化的动力,人的现代化即人的全面发展,主要涉及三个方面:一是人自身的发展,即人的身体、文化和道德素质达到现代化水准,人的文明程度和能力达到现代水平;二是人的生活方式达到现代水平,人民不仅在物质上富裕,还在精神上富有,包括受教育机会增多、政治民主、法治完备、文化繁荣、基本公共服务均等化诸多

方面;三是实现人的知识、人的能力全面发挥,足够应对科技和产业变革导致的劳动职能的不断变革。

四、中国式现代化是人与自然和谐共生的现代化

中国式现代化是由工业文明时代转向生态文明时代的现代化,一方面,已经不具备早期发达国家现代化进程拥有的资源和环境;另一方面,洁净的空气、干净的水和无污染的食品已经成为老百姓切身感受到的美好生活需要。中国式现代化不仅要克服长期的粗放型增长方式所遗留的环境和生态破坏问题,还要满足人民日益增长的生态财富需要。中国式现代化向世界树立了现代化的生态文明价值取向。中国式现代化坚持"绿水青山就是金山银山"理念,反对轻视自然、破坏自然,更加尊重自然、顺应自然、保护自然,追求人与自然和谐共生的现代化。既要创造更多物质财富和精神财富以满足人民日益增长的美好生活需要,也要提供更多优质生态产品以满足人民日益增长的优美生态环境需要。中国力争于 2030 年前实现碳达峰、2060 年前实现碳中和。无论是碳达峰,还是碳中和,其时间都显著快于西方发达国家同等条件下的时间表。中国式现代化坚决抛弃轻视自然、支配自然、破坏自然的现代化模式,坚定不移走生态优先、绿色发展之路。

五、中国式现代化是走和平发展道路的现代化

西方的现代化是建立在"霸权崛起"逻辑基础上的现代化。其现代化道路是一种"对内掠夺、对外殖民"的扩张之路。进入生态文明时代的中国式现代化新道路,不可能走发达国家掠夺他国资源的道路,打破了现

代化的霸权崛起模式,向世界树立了现代化的和平发展模式。中国在实现现代化的过程中,从未向任何国家发起侵略、掠夺和战争,呈现出和平发展的内在本质。中国在经济、社会等各方面的国家实力增强后,也向世界作出"永远不称霸"的庄严承诺,并且提出推动构建人类命运共同体,构建相互尊重、公平正义、合作共赢的新型国际关系,高质量共建"一带一路",积极参与全球治理体系变革,同世界各国一起共同发展、合作共赢。这充分表明,中国式现代化新道路,是一条既发展自身又造福世界的现代化之路,是一条和平发展道路,将为世界和平与发展作出巨大贡献。

第二节　中国式现代化进入新征程后的新动力

现代化需要分阶段推进。这是中国式现代化道路的重要表现。全面小康社会建成以后开启的现代化新征程,总的战略安排也是分两步走:从二○二○年到二○三五年基本实现社会主义现代化;从二○三五年到本世纪中叶把我国建成富强民主文明和谐美丽的社会主义现代化强国。到二○三五年,经济发展的总体目标是:经济实力、科技实力、综合国力大幅跃升,人均国内生产总值迈上新的大台阶,达到中等发达国家水平;实现高水平科技自立自强,进入创新型国家前列;建成现代化经济体系,形成新发展格局,基本实现新型工业化、信息化、城镇化、农业现代化;人民生活更加幸福美好,居民人均可支配收入再上新台阶,中等收入群体比重明显提高,基本公共服务实现均等化,农村基本具备现代生活条件;社会保持长期稳定,人的全面发展、全体人民共同富裕取得更为明显的实质性进展;广泛形成绿色生产生活方式,生态环境根本好转;等等。

比较现代化和全面小康社会建设的指标体系,可以发现由小康社会建设转向现代化,有些是小康指标的延伸和扩大,如人均 GDP、人均收入;有些是质的改变,如产业结构的根本性转变、环境质量要求等;有些则是小康社会没有提出而在现代化阶段需要提出的要求,如人的现代化要求。现代化不仅有中国特色还有国际标准。所谓现代化的国际标准,大致的核心指标涉及:人均 GDP 达到中等发达国家水平、高科技化、克服城乡二元结构、普及高等教育、较强的科技创新能力以及良好的生态环境等。

一、由追赶型逐步转向赶超型的现代化

长期以来,发展中国家的现代化意指经济文化相对落后的发展中国家追赶先行现代化国家的过程,即追赶型现代化。进入新时代的中国现代化不能只是停留在追赶意义上,最终的目标定位是赶超发达国家,这是由进入新时代的特殊国情和社会主义目标决定的。首先,新时代社会生产力水平基础稳固。我国社会生产力水平总体上显著提高,社会生产能力在很多方面进入世界前列,在这样的生产力基础上推进现代化,已不完全是在发达国家之后亦步亦趋,应该有追赶到赶超的目标和战略。其次,虽然我国基本实现现代化阶段设定的目标是人均 GDP 达到中等发达国家水平,具有追赶性质;但全面实现现代化目标是建成富强民主文明和谐美丽的社会主义现代化强国,伴随着政治、物质、精神、生态、社会五大领域文明程度的提升,中国将成为综合国力和国际影响力领先的国家。人民实现共同富裕这个目标显然超过了发达资本主义国家的现代化水准。这就是邓小平同志在"三步走"现代化战略所说的:"要证明社会主义真正优越于资本主义,要看第三步。"[1]这第三步就是赶超。

---

① 《邓小平文选》第三卷,人民出版社 1993 年版,第 227 页。

无论是追赶还是赶超,都是发展社会生产力问题。迄今为止,进入现代化阶段的国家都是资本主义国家,还没有哪个社会主义国家达到现代化水平。在此背景下,社会主义国家要建立自己的物质基础,就需要着力发展社会生产力,使之达到并超过资本主义国家的水平。

从现代化角度讲发展的生产力是建立在现代科学技术基础上的现代生产力。其实,先进社会生产力是动态的概念。现在我国达到的生产力水平已经大大超过马克思当年所处的资本主义国家的水平,但仍然不能说我国现代化的物质基础已经建立起来,原因是发达的资本主义国家依赖其先行优势,不断地创新技术、创新产业,其生产力达到了更高的水平。在这种条件下中国式现代化,应该以现阶段发达国家所达到的生产力水平作为先进社会生产力的参照系。一百多年前讲先进社会生产力是机器大工业,现在是以数字化、智能化为代表的新兴的高科技产业。

不可否认,我国目前在科技和产业方面与发达国家还存在很大差距。因此由追赶型转向赶超型现代化的关键在于科技先行现代化。改革开放开始以后我国通过模仿和引进跟踪世界科技,明显缩短了与发达国家的科技差距。但是当我国的科技和产业接近现代化水平时,不可避免地遇到美国等发达国家对高端技术的断供。原因是当前的国际竞争实际上是新质生产力的竞争。推进中国式现代化需要在发展新质生产力上与发达国家并跑,在部分重要领域领跑。所谓并跑,指与国际接轨,与发达国家在新技术研发、新产业创新上并跑。所谓领跑,指直接瞄准国际最新技术取得突破性进展。由跟跑转向并跑和领跑,体现了中国高水平科技在自立自强中由追赶转向赶超。正因如此,我国基本实现现代化的一个重要指标是进入创新型国家前列。进入前列就意味着赶超发达国家的科技。科技的赶超是最终实现现代化赶超的先导。只有这样,才能真正实现在21世纪中叶建成社会主义现代化强国的目标。

二、新质生产力是推动中国式现代化的生产力基础

没有坚实的物质技术基础,就不可能全面建成社会主义现代化强国。物质基础的综合反映是 GDP 水平。根据人均 GDP 达到中等发达国家水平要求,中国要基本实现现代化,必须有更高的 GDP 总量和必要的增长速度。新质生产力以新科技革命和产业革命为基础,是新的高水平的现代化生产力,是推动中国式现代化的生产力基础。新质生产力作为新科技革命背景下的先进生产力,以创新驱动作为核心,代表着传统生产力发生了重大跃迁,能够为中国式现代化提供新的生产力基础要素、新的生产模式以及新的发展动能。

第一,以新的生产要素赋能中国式现代化

与现代化进程相对应,生产力基础要素会随着时代发展而发生改变。在工业化时代,物质生产力占主导地位,生产力基础要素表现为劳动力、资本和土地三种生产要素,其中,资本和劳动力被视为生产力的核心。而在数字经济时代,随着科技的不断发展和进步,以及经济、社会和文化的变革,产生出了包括数字劳动、数字技术在内的更复杂多元的新型生产要素。新质生产力要求培育一批具备创新思维、跨学科知识和适应性强的人才,以适应数字经济时代变幻莫测的市场环境。数字技术作为新的生产基础要素也深刻影响着经济发展,其具有的网络化和信息化特点不仅可以在微观上缓解信息不对称的矛盾,减少交易过程中的搜索成本、复制成本、运输成本、跟踪成本和验证成本,从而优化资源配置。因此,新质生产力中新的生产基础要素能够充分渗透到数字经济背景下经济发展的各个方面,赋能中国式现代化进程。

第二，以新的生产方式赋能中国式现代化

新质生产力在改变基础生产要素的同时，也带来了生产方式的变化，它作为当今时代的先进生产力，在适应数字经济发展的新要求时，整合了信息、数据、知识和技术等数字化要素，将它们融入生产过程。在应用新质生产力的过程中，数字化和智能化的生产方式呈现了双重效应。一方面，通过产业数字化和数字产业化，实现产业结构的优化升级，大幅提升了生产效率，而智能化的生产方式不仅能够提高生产的效率和质量，还能推动建立现代化经济结构。另一方面，新质生产力不仅仅是简单地提高技术含量，更是鼓励人才培养、产业发展和技术创新三者之间的有机融合，构建一个人才链、产业链、技术链和机制链相互交织的生态系统。这种综合性的变革为中国式现代化提供了强有力的动力，为实现高效、可持续、智能化的发展目标奠定了坚实基础。因此，新质生产力不仅在技术和生产模式上带来革命性的变化，更为中国式现代化进程注入了活力。

第三，以新的发展动力赋能中国式现代化

新质生产力最本质的特征就是创新。约瑟夫·熊彼特在其《经济发展理论》中强调，创新就是要"建立一种新的生产函数"，让生产要素重新组合，生产技术的革新和生产方法的变革在经济发展中起着至高无上的作用。[1] 新质生产力作为当前先进生产力的具体表现形式，正在推动着这样的变革。一方面，正如梅森在《新经济的逻辑》中所说，"创新的驱动力是成本最小化、产出最大化，以及资源的利用。它确实带来日益增长的物质财富，也可以带来利润上升"[2]，创新可以通过先进技术的应用提高

---

[1] ［美］约瑟夫·熊彼特：《经济发展理论》第一版，贾拥民译，中国人民大学出版社2019年版，第221—260页。

[2] ［英］保罗·梅森：《新经济的逻辑：个人、企业和国家如何应对未来》，熊海虹译，中信出版社2017年版，第215页。

生产率来直接驱动物质财富的创造。另一方面,进入到数字经济时代,以传统制造业为主的产业体系在历史舞台上的作用逐渐落后于以高新技术产业为主体的知识经济体系和以新兴产业为主体的新经济体系,新质生产力将创新驱动作为关键动力,能够更好地统筹规划高新技术和智力资源,在中国式现代化的道路上实现有质量、有效益、可持续的发展。

第四,以绿色技术赋能中国式现代化

自然界是人类生存和发展的必不可少的物质前提。人类赖以生活的自然界不仅为人类提供了生活所需,还为人类生产提供了必要的条件。随着生产力的提高,自然资源会逐渐减少。自然界不仅构成了人类社会的基本要素,还是生产力的核心组成部分。这意味着任何经济或社会发展模式都必须重新审视人类与自然的关系,以保护环境、合理利用资源为前提,不以牺牲自然为代价,建立一个真正可持续、健康发展的现代社会。在社会主义现代化建设中,走可持续发展之路至关重要。绿水青山就是金山银山,推动绿色发展,促进人与自然和谐共生,对于推动我国经济社会的可持续发展具有深远意义。生态文明建设不仅是环境问题,更是涵盖经济、社会和文化等多个领域的问题。良好的生态环境不仅是提升人民生活水平的基础,也是维护国家长远利益的重要保障。这也要求依托新质生产力,推动经济和生态的协同发展。新质生产力引入环境友好型生产方式,不仅在助力经济增长的同时保护和修复自然环境,还为未来的可持续发展奠定了基础。在数字经济时代,数字化和绿色化是新一轮科技革命的两个重要趋势,也是以新质生产力赋能中国式现代化的重要方向。新质生产力在绿色发展方面发挥着关键作用。一方面,借助先进技术帮助传统产业摆脱高耗能和高污染,改善生产方式和提高生产效率,为传统产业注入新的活力,实现绿色化和智能化生产,提升其竞争力和可持续性。另一方面,新质生产力还能够助力新兴产业的发展和创新,尤其是推动清洁能源的研发和应用,促使整个产业结构向更加绿色和智能的方向转变,有效平衡经济发展与环境保护之间的关系,促进经济的可持续发展。让经济增长和环境保护相得益彰。数字技术在可持续发展过程中扮演着重要角色。数字化产生的精准管理方式大幅提高了资源利用效率,减少了资源消耗和浪费。数字技术的运用还能够促进生产方式和能源利用方式的革命性转变,这种转变不仅推动了经济增长,还有效降低了碳排放量,减少对环境的负面影响。

第五,为实现共同富裕提供物质技术基础

共同富裕是中国式现代化的本质特征,高水平的生产力是实现共同富裕的物质基础,只有创造出与巨大的人口规模相匹配的社会财富,才有可能实现更高效、更公平的发展,使发展成果真正惠及全体人民。新质生产力在这一过程中发挥着重要的作用。新质生产力作为生产力的飞跃,已经成为创造社会财富和优化资源配置的关键动力,在经济发展中不仅能够实现数量上的增长,创造出与人口规模相适应的巨大财富,为实现共同富裕奠定物质基础,还将智能化的数字技术渗透进生产和服务的各个领域,深刻地改变人们的生产、消费和生活方式,这种变革推动了以科技创新为核心的经济增长模式,促进了生产力的全面升级。与此同时,新质生产力的发展也深刻影响着资源配置和财富分配,它的优化效应更多地体现在对现有资源的更有效利用上。这种发展趋势为社会公平和全面发展提供了更有力的支撑,为实现共同富裕和可持续发展打下了坚实的基础。实现全体人民共同富裕的现代化还需要解决发展不平衡问题。面对许多劳动力汇聚到城市,而城乡、区域之间的数字鸿沟仍然存在,导致发展不平衡,在以新质生产力赋能中国式现代化的过程中,还需要配合区域协调发展战略和新型城镇化战略,通过加强农村和偏远地区的基础设施建设,让更多人了解并使用数字工具,逐步克服数字鸿沟,改善信息获取的平等性,从而拉近城乡和区域之间的差距。另外,新产业的布局也能促进地区的均衡发展。在数字化、智能化等技术的支持下,发展新兴产业并将其布局到农村和偏远地区,为这些地区创造更多的就业机会,不仅能够提升地区经济水平,还能够吸引更多人留在当地,减少人口外流。

第三节　以新质生产力推动转变经济发展方式

进入新时代的中国式现代化需要跨越"中等收入陷阱",包括防止和克服收入差距的进一步扩大;突破物质资源供给趋紧的瓶颈;治理好严重的环境污染问题。习近平总书记指出:"通过转变经济发展方式实现持续发展、更高水平发展,是中等收入国家跨越'中等收入陷阱'必经的阶段。"①这就是说,进入上中等收入发展阶段后推进现代化不能再延续低收入阶段时采取的发展方式。发展新质生产力就是推动转变经济发展方式的强大动力,这就把发展新质生产力提高到了转变经济发展方式的高度。

一、支撑经济高质量发展

新质生产力是基于我国经济发展阶段、要素资源禀赋以及内外部环境等的变化所提出的一个全新概念,新质生产力是推动生产力向更高质态迈进的具体体现。新质生产力的出现是量变到质变的根本转型,它摆脱了传统增长路径,符合新时代新征程中我国推动经济高质量发展的内

---

① 《习近平谈治国理政》第二卷,外文出版社 2017 年版,第 240 页。

在要求,是新发展阶段支撑经济高质量发展的重要力量。

经济高质量发展的新动能主要表现为新质生产力要素对传统要素的革新和优化。新质生产力主要由新技术、新要素、新产业构成,经济高质量发展需要不断解放和发展生产力以提供物质基础。在新一轮科技产业革命的浪潮中,依托以颠覆性创新为核心的新技术、以转换升级为特征的新要素、以战略性新兴产业和未来产业为代表的新产业为经济高质量发展注入新动能。从传统资源、劳动力以及资本等传统生产要素驱动的粗放式发展模式转向数据、人才等新型生产要素驱动的集约式发展模式,实现经济发展的新旧动能转换。目前,我国生产函数正在发生变化,经济发展的要素条件、组合方式、配置效率发生改变,"人口红利"的消失、投资回报率的下降、资源环境的紧张表明传统要素的动能不断减弱,同时全要素生产率对经济发展支撑作用并没有显现。在新旧要素动能转换中打破经济高质量发展需要新型生产要素的融合渗透到生产活动中,对传统要素以及组合方式实现重塑作用。

新质生产力是一种以新兴科技创新为主导,以新型生产要素为驱动,以战略性新兴产业和未来产业为载体,以人与自然和谐共生为目标的全新的、具有颠覆性的、能够显著提高生产效率和人民生活质量的力量。新质生产力作为一种生产力的跃迁,通过创新驱动、要素转换及产业升级三个方面形成经济高质量发展的重要支撑,为推动经济高质量发展注入新动能、提供新动力。

新质生产力代表着"以新促质""以质带新""创新驱动""质量牵引"相互促进,协同演化,推动生产力迈向更高台阶。"创新驱动"与"质量牵引"二者并非割裂而单独存在,而是共融共生、协同联动的有机统一体。一方面,创新可以引入新的技术和工艺,提高产品和服务的质量水平。通过创新,企业可以不断改进和优化产品设计、生产流程和服务体验,提供更具竞争力和附加值的产品。另一方面，质量管理能够帮助企业识别问题和改进机会，为创新提供基础。通过不断改进质量管理体系、强化质量控制，企业可以提高产品稳定性和可靠性，减少质量问题和风险，为创新提供良好的运行环境。因此，在提升生产力的过程中，创新和质量是相互促进、相辅相成的关键因素，只有在创新和质量共同推动下，才能不断推动生产力迈向高级阶段。

经济高质量发展意味着经济发展动力从要素投入驱动的粗放型高速增长转向技术创新的集约型增长。其必要性，一方面，随着我国经济进入新发展阶段，发展环境和内外部条件均发生改变，亟须增添新发展动能、聚焦核心技术力量以获得国际上的竞争优势与话语权。过去我国通过引进外国先进技术的方式带动本土创新，然而伴随着我国与发达国家的技术距离逐渐相近，"模仿式"创新难度加大，还会遇到发达国家"卡脖子"技术压制，需要逐渐构建独立自主的技术创新体系，实现关键性、颠覆性、原创性技术创新，以科学技术层面的升级突破推动国际上话语力量和技术能级的提升。另一方面，数字经济时代下的数字技术使各国被置于同一时代发展起跑线上，其赋能科研创新活动和数字化转型使技术更新演化的速度以倍速型加快。在新一轮技术浪潮下，数字技术革新迭代速度快，带来的全球产业技术升级会产生"创造性破坏"的力量，使新生产部门不断涌现，落后生产部门被迫淘汰。如果不能实现原创式、引领式技术创新，在国际市场竞争中就会失去竞争力。目前，我国人工智能、量子信息、区块链等新兴技术的原始创新能力有待提高；高端芯片、工业软件等基础核心软硬件长期面临国外垄断，受制于人的风险不断加剧；本土自主技术缺乏大规模市场应用，科技成果转化和产业化水平不足，中高端市场需求难以有效满足。

科技创新是新质生产力的内核，是推动经济高质量发展的第一动力。

关键核心技术是国之重器,是发挥科技创新引领作用的重要抓手。培育和形成新质生产力、驱动经济高质量发展的关键着眼点在于依托其创新驱动特征与质量牵引优势,以高级生产力要素进入重点产业链关键环节,为实现高水平科技自立自强的经济高质量发展目标不断塑造新动能新优势。其主要路径:一是以国家主导的"大科学"方式统筹安排并科学布局关键核心技术攻关工作,依托我国社会主义制度集中力量办大事的优势将研究重点聚焦于未来科技发展的重大创新领域和引领性技术突破,引导和激励各类主体主动对接国家重大战略需求并组建创新联合体开展原创性和关键性科学技术联合攻关。二是强化企业在科研创新活动中的主体地位,各类经营主体瞄准产业链的薄弱环节和具备发展潜力的新兴领域参与协同创新,共同解决行业关键核心技术难题,营造优势互补、开放融合的产业创新生态,促进产业链各类创新主体之间形成稳定且长期有效的合作与协同关系,助力实现科技高水平自立自强。三是完善科技成果转化体系,不断扩展新质生产力的外延,促进科技成果向现实生产力转化。

二、促进颠覆性新技术的广泛应用

发展新质生产力表现为从渐进式创新到颠覆式创新的技术更新迭代过程。推动经济高质量发展不仅仅是创新"数量"驱动,更是创新"质量"驱动,需要依靠关键性技术突破与颠覆性创新支持经济高质量发展。新质生产力中的新技术反映关键性颠覆性技术突破,具有前瞻性、引领性、颠覆性,涵盖了新能源技术、新材料技术等具有战略性的新兴技术,同时也包括人工智能、量子信息等前瞻性未来技术。基于技术—经济的范式,每一次科技革命都会催生出新产业与新经济体系,而随着新一轮技术革命的到来,以人工智能、区块链、5G等新一代数字技术的应用与创新会引起产业变革,推动新生产部门与新经济生产模式的不断涌现,极大改变经济结构,实现新旧动能转换。

作为新质生产力的颠覆式技术创新具有很强的外部性,这些新技术在不同领域之间具有很强的共性和可应用性,可以促进技术转移和跨界融合,并且进一步降低其他领域创新要素的成本,提高创新效率,从而带动上下游产业链不同领域的协同创新,更大程度地发挥创新的规模效应以驱动经济高质量发展。例如,新兴数字技术可以通过数字化模块促使复杂技术标准化,降低企业生产所需的研发、提高干中学的能力,降低技术门槛,让更多企业拥有进行技术创新的能力。

颠覆性技术创新是中国式现代化的驱动力量。首先,颠覆性技术改变产业的竞争格局,推动传统产业向高附加值、高效益的新兴产业转型,为新兴产业的形成与发展提供根本的技术力量,从而促进经济高质量发展中产业结构的升级和优化。其次,颠覆性技术创新提供更高质量和更高效率的产品和服务以满足市场的新需求和新期望,还能主动创造高质量的需求以扩大市场需求规模,改变消费市场结构以促进消费升级和市场变革。最后,在全球范围内,颠覆性技术创新使经济体在全球价值链中占据更有利的位置,也增强产业链自主可控力与韧性,优化经济高质量发展中内外贸结构。

当前,我国经济高质量发展面临的重点任务和制约难题突出体现为颠覆性技术突破力度不够与基础领域创新供给不足。而关键技术的变革与基础研究的深化并非一蹴而就的过程,需要在统筹布局和系统攻关的前提下,调配各行业研究力量通过开展持续不断的技术适应性重构行动,在技术变革的演进过程中不断以"跨越式质量增长模式"驱动经济高质量发展。

在颠覆性技术创新应用的环节上,新的创新和技术进步会通过破坏旧有的生产方式、市场结构和经济秩序,塑造新的生产方式和市场模式,促进要素资源配置到更高效率、更具创新性的企业和部门,从而推动经济发展效率不断提升,促进可持续经济增长。颠覆性技术创新一方面能够采用全新的思路和技术手段来实现生产方式的转型和升级,提高生产效率和资源利用效率,降低生产成本,提高产出质量和数量;另一方面还能够通过市场竞争机制倒逼其他企业跟随创新步伐,不断提升生产效率避免被淘汰,从而推动整个市场的竞争活力和效率提升,进而为经济高质量发展培育高竞争力的微观市场主体。

三、为提高全要素生产率提供新动能

新质生产力对提高全要素生产率起了关键作用。在数字经济时代,新型数据要素融入生产函数中,对其他生产要素形成互补和替代机制,对生产方式产生重塑作用,从而为经济高质量发展注入新的要素动能。新的劳动者、新的劳动资料、新的劳动对象及其组合作为新质生产力的基础要素,能够创造更高质量的全要素生产率,为经济发展的质量变革奠定更丰富的物质基础。

伴随着经济积累和要素价格的变动,过去粗放式发展依赖的传统生产要素会逐渐转化或被替代为新型生产要素。不同于传统生产要素遵循规模报酬不变(递减)规律,数据要素兼备劳动资料和劳动对象的双重身份被纳入生产之中,具有依附倍增性和集约替代性,超越了传统要素的基本属性与价值创造的能力,实现价值倍增的网络效应,成为数字生产力发展的重要力量。一方面,数据转换为信息可以降低市场信息搜寻成本与匹配成本以提升整体产业链的市场匹配效率,同时在不同生产设备上实时、高效地流动与共享,大幅减少协作生产过程中的耗散和摩擦,提升各个生产环节之间的协同性,从而在消费和生产两大环节提高生产效率。另一方面,数据还能进一步转换为知识,而知识不仅能优化交易决策,还能优化生产决策,在"数据+算力+算法"的加持下,企业利用"建模分析+虚拟仿真"的数据化研发平台,与用户持续交互产生反馈,持续优化研发设计,满足用户个性化、体验化需求,从而更好实现研发创造和价值实现。

以数字经济为代表的新质生产力的关键要素是以数据要素为代表的新型生产要素。数据要素作为当前经济增长动能转换和经济高质量发展的底层支撑要素,能够以非竞争性、强渗透性与规模经济性等典型特征与传统生产要素深度融合,释放数据要素生产力,并依托其研发生产与销售服务环节的高效流通状态,在拓展传统生产要素增值空间的同时形成普惠式增长红利,为经济社会实现多维度、深层次的经济高质量发展释放新要素动能。基于数据要素与资本、劳动力、技术等其他生产要素相互联合参与价值创造并发挥倍增效应,开辟数据要素赋能实体经济高质量发展的新路径,为全要素生产率提升赋能。首先,在数据要素应用过程中推进其与其他生产要素形态的组合方案设计,优化要素之间的组合结构和匹配效率以提高生产效率。其次,搭建数据要素桥梁,全方位构建创新链与产业链互联互通的生态网络体系。数据要素的赋能作用不仅体现在生产活动或外部环境的单一环节,其高度泛在性和强连接性能够加速产业链上要素资源的整合和流动,借助"云计算+算力+数据"的模式,使产业链各环节实现知识信息高效识别基础上产生知识溢出和共享,为推动全产业链实现现代化提供不竭动力。

四、推进现代化产业体系建设

产业是生产力的主要载体和实现形式。新质生产力的形成和发展,需要前瞻性布局战略性新兴产业和未来产业等代表科技创新和产业发展方向的前沿产业,为现代化产业体系构建提供核心支撑。

根据中国式现代化的目标,建设现代化产业体系,要从推动新型工业化入手。当前我国大部分产业仍处在全球价值链中低端,自主可控能力不强。同时存在"过快去工业化"问题,面临"未强先降"的整体衰退风险。制造业产业作为实体经济发展的内核和主体,是一国经济的立身之本,是财富创造的根本源泉。走新型工业化道路,是我国全面贯彻新发展理念、加快构建新发展格局、着力推动高质量发展的内在要求,也是以新质生产力赋能中国式现代化的关键任务。新型工业化道路的"新",意味着更多地依赖于技术创新和高端制造业的发展,更多地注重人才培养和科技引领,恰好与新质生产力的"新"相契合。新质生产力带来的数字化、网络化、智能化的生产方式将促进工业生产的高效、精准和智能化,进而提高产业附加值和国际竞争力,为中国的工业发展提供新的内驱力。

以新质生产力推动新型工业化,最重要的是发挥科技创新的核心作用。新型工业化强调依靠科技进步、劳动者素质的提高和管理创新来促进工业化,强调以信息化带动工业化,以工业化促进信息化。投资于科研和创新领域不仅能够激发新的科技成果,更有助于建立完善的创新生态系统,营造有利于创新的政策环境。保护知识产权、设立技术转移机构和创新孵化器、推动科研成果的商业化转化以及鼓励创新者更多地投入到研发工作中,都是为了营造更有利于科技创新的氛围。此外,高素质人才也是科技创新的重要支撑,通过高等教育、职业培训等途径培养更多科技人才,并吸引国际人才加入,促进知识和经验的交流,鼓励企业内部建立创新文化、激励员工参与创新并提高创新能力,都有助于培育以科技创新为主导的新质生产力,形成良性循环。

新质生产力发展的成果一般体现在现代化产业体系上。根据习近平总书记整合科技创新资源,引领发展战略性新兴产业和未来产业,加快形成新质生产力的要求。战略性新兴产业和未来产业代表着产业成长演进的高级化方向,为中国式现代化提供产业支撑。在以新质生产力赋能中国式现代化的过程中,需要通过建设现代化产业体系来夯实新质生产力发展的产业基础,通过培育战略性新兴产业并推动未来产业的发展,协调经济体系更加均衡、高效地运行,为社会发展注入新的活力。一方面,战略性新兴产业和未来产业自身就代表着先进生产力的发展方向,改革开放以来,我国已经建成了联合国产业分类中全部工业门类,220多种工业产品产量居世界首位,产业结构也不断从农业、工业向服务业方向演进。但是目前我国工业制造业依然存在"大而不强"的问题,产业科技含量不高,全要素生产率偏低。战略性新兴产业和未来产业的发展为传统产业面对的新问题解决提供突破性力量,不仅能够以直接赋能作用和间接溢出效应为传统产业升级改造赋能,而且以自身的高级化状态推动现代化产业体系的建立。另一方面,战略性新兴产业和未来产业居于产业链核心位置和关键环节,能够为新时期我国产业链、价值链向中高端攀升发挥引领作用。现代化产业体系是现代化国家的物质技术基础,因此既要改造提升传统产业,推广先进适用技术,巩固优势产业领先地位,又要加快推进前沿技术研发和应用,推动战略性新兴产业融合集群发展,打造新的增长引擎。

战略性新兴产业因重大技术突破或重大需求而发展形成,其具有的知识技术密集度高、产业链条长的突出特点使其成为推动经济结构升级和实现经济高质量发展的重要力量。首先,从要素结构转换角度,战略性新兴产业往往具有较高的附加值和利润率,在市场竞争环境下能够吸引高质量生产要素集聚,从而推动整个市场的要素从低效率生产部门向高效率生产部门转变,改变要素结构,提高要素配置效率,从而实现经济高质量发展层面的效率变革。其次,从技术吸纳整合角度,战略性新兴产业涉及的产业链条较为完整,从研发、生产到销售与服务形成相对完整的体系,其依托长链条特征有效整合科技创新资源,增强产业链创造倍增价值和提高自身附加价值。最后,从产业溢出效应角度,战略性新兴产业在产业链上的布局使其形成日渐壮大的新兴产业部门,其产出的知识密集型产品与形成的技术突破,能够为其他产业的科创力量成长降低门槛,在融合应用新技术与新产品的同时推动传统既有产业部门向效率变革和质量变革的目标迈进。

　　未来产业是新质生产力的重要布局方向,它以未来技术为支撑,满足未来需求,着眼于抢占未来空间,能够充分体现新质生产力的先进性。目前,我国传统产业面临市场竞争激烈、资源消耗大、环境污染严重等问题,亟须找到新的增长点和突破口,开辟新领域新赛道。与战略性新兴产业相比,未来产业处于产业生命周期的早期阶段,其技术变革与形态演进尚未形成完整清晰的路径,往往依赖于科技创新的偶然式突破推进其发展进程,前期需要高的创新投入,同时伴随着较高的试错成本与可能存在的创新风险。但是在未来产业赛道上,世界各国处于相同的起跑线上,都面临相同的不确定性,因此成为后发国家"换道超车"的重要领域。一旦产业到达爆发式增长的拐点时,先发布局的经济体就可以获取巨大的"创新租金",占据新全球价值链分工的主导位置从而获取更高效益的附加值,有利于促进未来产业的发展,为经济提供新的增长引擎。

第三章　现代化是科技和
产业革命的产物

新质生产力是由科技的颠覆性突破、产业的重大革命催生的先进生产力质态。从世界范围的现代化历史分析,先行现代化国家无一不是被其发生的产业革命卷入现代化浪潮的。产业革命的催化剂则是颠覆性新科技。中国之所以没有能够成为现代化国家,原因就是与每一次产业革命失之交臂。在中国式现代化的新征程中发展新质生产力,就是要拥抱当前的新科技和产业革命,实现现代化的新跨越。

第一节　科技和产业革命催生的
世界范围现代化浪潮

观察世界现代化史可以发现,每个进入现代化行列的国家都是由每一次产业革命产生的,而每一次产业革命都起源于当时的新科技革命。这种推动国家实现现代化的动能就是我们今天讲的当时的新质生产力。

一、三次产业革命和三次现代化浪潮

现代化的第一次浪潮,起源于 18 世纪英国的第一次产业革命,其标

志是从 1783 年到 1842 年产生了蒸汽机,由此产生的热力成为主要动力。这次在英国发生的产业革命浪潮,在世界范围内不断扩散、发展,使资本主义工业生产力得到迅速提高,世界开始进入了工业化时代。马克思、恩格斯身处的时代正是第一次产业革命所导致的英国的现代化阶段。他们的描述是:"资产阶级在它的不到一百年的阶级统治中所创造的生产力,比过去一切世代创造的全部生产力还要多,还要大。自然力的征服,机器的采用,化学在工业和农业中的应用,轮船的行驶,铁路的通行,电报的使用,整个整个大陆的开垦,河川的通航,仿佛用法术从地下呼唤出来的大量人口——过去哪一个世纪料想到在社会劳动里蕴藏有这样的生产力呢?"①

第二次现代化浪潮。从 19 世纪六七十年代开始,西方各国先后开始了第二次产业革命,即"电气、化学和汽车时期"。电力的广泛应用使人类跨进了电气时代,内燃机的发明及广泛应用为工业、农业、交通运输业及相关产业的发展创造了新的有利条件,化学工业及其应用技术也有了重大突破。这次现代化的物质技术基础是电与钢铁,由内燃机和电动机带动的"电工技术革命"。经济增长速度大大超过了蒸汽机带动的第一次产业革命。铁路建设成为这一时期新兴工业化的中心。生产单位规模扩大,技术和投资量增长,银行在推进现代化方面发挥前所未有的重大作用。工业化向整个欧洲扩散并取得胜利。美国也搭上了这班现代化列车。同时非西方世界走向现代化的序幕也已拉开。

第三次现代化浪潮发生在第二次世界大战结束以后的第三次产业革命。这次产业革命在延续第二次工业革命的成果基础上,产生了以电子信息为代表的新科技革命。在新的产业革命的冲击下,发达工业国家开始工业换代,先行现代化的美国和西欧国家的现代化水平在电子信息革

---

① 《马克思恩格斯选集》第 1 卷,人民出版社 2012 年版,第 405 页。

命的推动下达到了新的高度。同时,工业化和现代化的浪潮向全球扩散,大批欠发达国家积极争取进入现代经济增长过程。东亚地区迅速崛起,日本、韩国、新加坡等国搭上了现代化的列车,形成了"东亚经济奇迹"。

二、产业革命源于颠覆性科技

科学革命是技术革命的基础和前提,技术革命是工业革命的基础和前提。所以,在时间上,总是科学革命在前,技术革命居中,产业革命在后。每次革命循环完成后,再进行下一次循环。自 18 世纪以来,已经先后发生了三次产业革命,每次产业革命都有其理论基础,都是首先在基础科学研究理论领域取得突破,出现了革命性的理论成果,然后在这一理论的指引下,出现应用科学、技术发明领域里的突破,最终导致新的产业革命,推动经济社会快速发展。

自 18 世纪以来,大约每隔一百年,都会发生一次科学革命和产业革命。据科学史专家的研究,出现并完成于 18 世纪的第一次工业革命——蒸汽机革命的主要理论基础是牛顿力学和微积分(主要开创者是伽利略和牛顿);出现并完成于 19 世纪的第二次工业革命——电气革命的主要理论基础是电磁力学(主要开创者是法拉第和麦克斯韦);出现并完成于 20 世纪的第三次产业革命——信息革命的主要理论基础是量子力学以及维纳的"控制论"和香农的"信息论",三者奠定了计算机技术和通信技术的基础。

研究科技革命与产业革命的关系,有两点需要说明:第一,虽然每次产业革命都是应用当时的科技革命的成果,但是新的科学发现到实际应用都有相当长的间隔期,趋势是这个间隔期越来越短。第二,科学被运用于产业领域的特征越来越明显。就如 1971 年诺贝尔经济学奖获得者西蒙·库兹涅茨在考察了欧美发达国家近百年经济发展进程的基础上提出的,除了第一次工业革命很大程度上靠工场手工业积累的经验外,从19世纪后半叶开始,标志着这个时代的重大创新是科学被广泛运用于经济生产领域。这也符合马克思所说的,科学在资本主义社会以前就有,但是只有到资本主义阶段,科学被应用于生产过程,才使科学成为生产力。

三、新科技革命

第二次世界大战结束以后出现的新科技革命从1946年世界出现第一台可编程计算机算起,到20世纪后期产生电子信息网络,信息技术广泛应用,同时还有新能源技术、生物技术(生物医药、生物能源等)、环保技术等颠覆性技术。标志着产生了以信息化为代表的第三次产业革命。随着新科技革命的深入推进,又迎来了以数字化和智能化为代表的第四次产业革命。与此相应,正式开启了世界现代化的新进程。这轮新科技和产业革命正是中国式现代化新征程需要抓住的新机遇,也可以说是发展新质生产力的新机遇。

当前的产业革命起始于第三次产业革命的信息化,以数字化、智能化和绿色化为特征,进入了数字经济的新赛道。研究世界科技和产业史可以发现,科技革命即科学的突破性发现,科技革命是生产力变化的决定力量。当前的产业革命起源是以人工智能技术为核心的科技革命。涉及脑科学、神经科学、心理学、认知科学、计算机科学等。2013年德国推出的"工业4.0"计划,是继机械化、电气化和信息技术之后,以智能制造为主导的第四次工业革命。基于新一轮科技和产业革命蓄势待发的趋势,我国制定的制造强国战略确定的重点领域,包括新一代信息技术产业、高档数控机床和机器人、航空航天装备、海洋工程装备及高技术船舶、先进轨道交通装备、节能与新能源汽车、电力装备、农机装备、新材料、生物医药及高性能医疗器械等。

科学成为生产力,关键在于其应用于发展生产力。科技创新累积到一定阶段就产生科技革命。一场科技革命接下来又可能产生一系列持续不断地以此成果为基础的科技创新,其直接成果是产业创新。新科技和产业创新的特点是,科学上的重大发现从发现到应用于生产,再到转化为现实生产力,所需的时间越来越短。例如,蒸汽机从开始研制到18世纪定型投产用了近90年;从1831年发现发动机原理到1872年发明发动机,经历了41年;19世纪内燃机从研究到工业化用了38年。20世纪从发现雷达原理到制造出雷达用了10年,从发现铀核裂变到制造出原子弹用了7年,半导体的发明用了6年,晶体管的发明用了5年,移动电话的发明仅用了4年,而激光从发现到应用间隔不足2年。现在从科学发现到生产应用(尤其是产业创新)几乎是同时进行。这意味着新科技革命使科学转化为生产力的过程发生了质的变化,科学技术真正上升为第一生产力。利用当代最新的科学发现可以实现大幅度的技术跨越,经济增长速度主要由科学转化为现实生产力的速度决定。正是科学新发现迅速转化为新技术,使知识创新成为经济学上创新的环节或源头。

第二节　当前的颠覆性、前沿性科技创新

根据习近平总书记对新质生产力的界定,作为新质生产力的科技创新是颠覆性、前沿性科技。发展新质生产力就需要根据当前科技发展的新趋势,准确发现并着力研发当前处于国际前沿,并且具有颠覆性价值的新科技。

一、新科技和产业革命条件下科技创新的新趋势

随着现代科学技术的发展,学科在高度分化的同时,出现了高度综合的趋势。这一轮新科技革命不是由单一技术主导,而是在多个领域出现多点和群发性突破的现象,多点突破的前沿技术相互支撑、齐头并进,形成"多领域群发"的典型特征,自然科学与社会科学互相渗透、互相融合。由于自然科学与社会科学的互相渗透,也产生了一些新兴学科,如数学、电子计算机应用于经济领域,出现了技术经济学、计量经济学等。多学科互相交叉,形成了综合性科学,诸如环境科学、能源科学、海洋科学、材料科学等。这些科学涉及的面很广,以海洋科学为例,涉及气象、水文、地质、物理、化学、生物等。由于交叉科学的产生,这一次新技术革命也不是单项的技术革命,而是一个新的技术革命群。学科交叉,形成了边缘学科,诸如生物物理、地球物理、量子化学、量子生物学等。这些边缘学科的迅速发展,对解决经济和社会中的重大课题发挥着越来越重要的作用。

新的科学技术革命的发展更新迭代非常快,出现"激增的特征",主要表现在科学技术的新发现和新发明的数量增加极快。我们面临的新的科学技术革命的速度,即不可能用年、月、日来计算,而将以时、分、秒来计算。科学技术的发展引起的设备和产品更新率也大大加快。比如信息技术,在 20 世纪 40 年代初制成第一台电子计算机,到现在已经历了五代(5G)。

科学技术的发展,使大量的新兴技术应用于生产。科学技术的新发现和新发明转化为直接生产力的周期大大缩短。科技革命与产业联系更加密切,技术变革正加速转变为现实生产力。科技创新呈现多元深度融合特征,物理世界、数字世界、生物世界的界限越发模糊,"科学—技术—

生产"三元融合加快。

科技创新日益呈现高度复杂性和不确定性。人工智能、基因编辑等新技术可能对就业、社会伦理和安全等问题带来重大影响和冲击。但是复杂性和不确定性上升到给科技未来发展预留的广阔空间,打开了人们认识科技发展曲折前行的路径。虽然看上去是不确定的、复杂的科技,但其中酝酿着希望和未来。

新科技革命将我们带入了一个全新的时代,改变了我们的生活方式、社会结构和教育方式。它为我们带来了巨大的机遇和发展潜力,同时也带来了一些新的挑战。以下为新科技革命的趋势:

(一)科学技术呈现综合化趋势

科技革命的领域,均不是单一学科的理念、知识、方法、工具能实现的,需要学科之间、科学与技术之间、技术之间、自然科学与社会科学之间交叉融合。重大科学技术攻关、经济社会等问题的解决、战略规划、技术路线和发展趋势研判等,都需将自然技术和社会科学整合为一个创新型知识体后才能系统研究;同时,由于社会科学学科各领域之间相互交叉与渗透,出现了专业研究不断深化和各门类技术相互影响与促进现象。因此,在某些技术领域围绕一个大目标或大问题的解决与实现时,易形成庞大的综合性的技术群,如现代信息技术群、生物医药技术群等。

(二)基础研究与应用实践的联系日趋加强

科学与技术将成为高度一体化的连续体,即多个领域的科学和技术联结为从基础研究到应用实践再到发展研判的连续整体。其表现为:重大的科学研究早已离不开复杂的技术手段,如 DNA 测序仪、大数据分析平台等;重大的科学研究依赖多学科背景的科研团队,具有 T 型知识结构的跨学科人才在科研活动中起到核心作用;应用科学研究自身就带有工程技术的特点。如生命科学逐渐向定量、精确、可视化、交叉汇聚方向发展。

(三)重大原创性科技成果产出依赖学科交叉的研究

打破学科专业壁垒,促进学科专业之间的沟通与交叉,已成为科学技术取得新突破的主要途径。粗略统计21世纪初以来的诺贝尔奖发现:学科交叉成果的比例已从20世纪的20%上升到了40%以上。特别是化学奖,其获奖成果约2/3具有学科交叉特征。

二、颠覆性、前沿性科技创新的含义

作为新质生产力的科技是颠覆性科技。颠覆性科技是具有创造性破坏的科技。通常指科学或技术实现突破性创新,对传统或主流的科学原理、技术、产品、工艺流程、设计方法进行另辟蹊径的革新技术,能够产生重塑人类生活、工业生产、商业消费模式乃至全球经济的革命性、颠覆性进步。这些技术具有以下特征:一是替代性。颠覆性技术可能会取代或替代现有的主流技术。二是破坏性。颠覆性技术可能会对现有的市场和产业造成破坏,带来显著的负面影响。三是高风险、高回报。颠覆性技术的开发和推广通常伴随着高风险,但成功后可以带来高回报。

成为新质生产力的前沿性科技是处于国际前沿的新科技,包括前沿科学、前沿技术及其应用。前沿性科技是高技术领域中具有前瞻性、先导性和探索性的重大技术,是未来高技术更新换代和新兴产业发展的重要基础,是国家高技术创新能力的综合体现。前沿性科技的特征有:一是代表世界高技术前沿的发展方向;二是对国家未来新兴产业的形成和发展具有引领作用;三是有利于产业技术的更新换代,实现跨越发展。前沿性科技涉及的领域有:生物技术、信息技术、新材料技术、先进制造技术、先进能源技术、海洋技术、激光技术、空天技术等方面。

随着科技的不断进步,我们正处于一个快速演变和颠覆性变革的时代。颠覆性前沿性科技正在塑造我们的未来,影响着各个领域推动新质生产力的形成。在这个快速变化的世界,有些技术创新具有颠覆性的潜力,它们可能改变现有的行业格局,甚至开创新的市场和机遇,未来产业由前沿技术驱动,是具有显著战略性、引领性、颠覆性和不确定性的前瞻性新兴产业。要推动前沿科技进步,推动未来产业发展,是引领形成新质生产力、带动产业升级、培育新质生产力的战略选择。

新的科技革命促进了颠覆性、前沿性科技的快速发展,不仅推动着人类整体认识能力的飞跃,对客观世界的认识在深度和广度上有更大的进展,而且使社会生产力的发展跃进到一个崭新的质的阶段,使 21 世纪先进生产力发展具有新的特征。对新质生产力具有标志性意义的颠覆性、前沿性科技是数字经济和人工智能,相应的生产力发生了质态变化。新一代科技成果开始广泛应用于生产生活,提高了全要素生产率,具体表现在:首先,新技术革命通过对社会生产力各要素的变革,充分地体现了科学技术是第一生产力。新技术革命使产业结构发生了重大变化,知识技术密集型产业迅速崛起。新技术革命在产生新的高端产业的同时,推动了传统产业部门的技术改造和升级。其次,劳动技能以知识和智力为基础。劳动的内容也将是在生产过程中去控制、监督、调节生产过程,发挥机器人的作用,重塑人和机器的关系,进一步解放人类的生产力。人工智能的发展将极大地替代人类重复的脑力劳动,从事知识生产和信息业的人员越来越多,专业和技术人员在职业结构中占有主导地位,比例也将大幅增高。科学家、工程师成为技术决策的"心脏",大学、科研和智力机构成为社会的中轴,工厂从劳动密集型转向知识密集型,整个社会知识生产将成为首要的"工业"。社会的知识化,智力的开发与扩充成为决定生产力的关键因素。最后,新一代科技成果迅速应用于生活。新科技革命的成果广泛地、深刻地改变各行各业,已经开始应用于汽车、家居、家电、建筑、医疗和教育等诸多方面。

三、当前世界范围颠覆性前沿性科技创新

前沿科技指那些处于科技发展最前沿领域的技术,包括但不限于人工智能、生物科技、量子计算、虚拟现实、区块链、5G/6G 通信技术等。随着科技的飞速发展,人类已经进入了一个全新的时代,前沿科技正在不断地改变我们的生活和工作方式,形成新质态的生产力。当前世界范围创新的颠覆性前沿性科技涉及的领域很多,具体可以概括为以下三个方面:

(一)新一代信息技术

信息科技是当今时代的重要驱动力,它不仅影响着人类的生活方式,也催生了许多新的产业和商业模式。

数字经济可以说是信息化的新突破。在数字经济中,依托互联网平台,数据、算法和算力成为生产力的关键变量或三大核心要素,云计算、物联网和算力支持是生产力发展的基础设施。数据决定了生产力发展的性能、泛化能力和应用效果。算力是通过对信息数据进行处理,实现目标结果的计算能力,算力是生产力基础,是实现科技成果产业化的核心。算法是科学处理数据的方法。算法是否先进直接反映数字经济的水准。

人工智能可以说是数字经济发展的新阶段。人工智能指让计算机和网络具有类似人类的智能行为的技术,进入 21 世纪以来伴随着大数据、

云计算和物联网等产业快速发展,人工智能行业在数据量、计算量、存储量和算力需求上呈指数级增长。人工智能正在成为新科技革命的新的发展方向,是当前最热门的前沿科技之一。它已经深入各个领域,涉及机器学习、深度学习、自然语言处理、计算机视觉、语音识别等多个子领域。人工智能可以帮助人类解决复杂的问题,提高效率和质量,创造新的价值。人工智能已经被广泛应用于各个行业,如教育、医疗、金融、制造、农业植保等,如自动驾驶、智能家居、医疗诊断、金融风控等,未来还将与其他技术相结合。人工智能的应用场景非常广泛,与数字经济、人工智能迅猛发展相适应,智能终端、大数据、云计算、高端芯片等新一代信息技术发展将带动众多产业变革和创新,特别是以下新科技:

大数据提供了人类认识复杂系统的新思维、新手段。基于大数据,可触摸、理解和不断逼近复杂系统;大数据已经成为人类认识和改造世界的新范式,也是颠覆性技术形成新质生产力的主要方面。现代科技创新如人工智能的基础就是大数据,现代市场营销的基础也是大数据。这都表明大数据已经成为经济发展的重要因素。工业化时期数据量大约每十年翻一番,现在数据量每两年就翻一番。浩瀚的数据海洋就如同工业社会的石油资源,蕴含着巨大生产力和商机。谁掌握了大数据技术,谁就掌握了发展的资源和主动权。大数据依托计算机和互联网,具有 4V 特点,即Volume(大量)、Velocity(高速)、Variety(多样)、Value(价值),基础是各个参与者提供经过分析和处理的数据。

区块链是一种分布式账本技术,它可以实现去中心化、安全、透明和可追溯的数据交换和存储。区块链最初是为比特币等数字货币服务的,但后来发现它可以应用于其他领域,如供应链管理、数字身份认证、知识产权保护、智能合约等。区块链可以降低交易成本和风险,提高信任和效率,促进协作和创新。

先进制造。智能制造是一种基于物联网、云计算和人工智能等技术的制造模式,它可以实现高度自动化、智能化和灵活化的生产方式。智能机器人技术是一个交叉的学科,在计算机技术和人工智能科学发展的基础上产生,作为形成新质生产力的颠覆性技术,在制造和非制造领域都具有广泛的应用。智能机器人是具有感知、思维和行动能力的机器人,可获取、处理和识别多种信息,自主完成较为复杂的操作任务。机器人按应用领域可分为工业机器人、服务机器人和特种机器人。智能制造的应用领域包括汽车制造、航空航天制造、电子制造等方面。

(二)量子科学

量子科学指利用量子力学的原理和特性进行信息处理和传输的技术,包括量子计算、量子通信、量子加密等。量子信息可以实现超越经典计算机的计算能力,以及超越经典通信的安全性和速度。量子信息有望解决一些难以用传统方法解决的问题,如大数据分析、人工智能、密码学、材料设计等。量子计算是一种基于量子力学的计算方式,它具有比传统计算机更快的计算速度和更低的能耗。随着量子计算技术的不断发展,它将在未来的密码学、人工智能、金融等领域发挥重要作用。我国发射了量子人造卫星,量子通信已经开始走向实用化,将形成新兴通信产业。

(三)生命科学

生物科技作为重要的前沿科技领域,包括基因编辑、细胞治疗、生物信息学等。生物技术带动形成了健康、现代农业、生物能源、生物制造、环保等产业。这些技术正在不断地改变我们对生命科学的认知,为医学研究和治疗提供了更多的可能性。生命科学研究在医药、能源、材料、农业、环境等方面展现出巨大潜力和应用前景。

此外,围绕新能源、气候变化、空间科学、海洋开发的技术创新更加密集;绿色经济、低碳技术等新兴产业蓬勃兴起。

第三节 主要经济体对新科技革命的应对

新一轮科技革命和产业变革深入推进,全球技术创新空前活跃,数字经济蓬勃发展,一些前沿领域关键技术获得突破式进展,科技进一步塑造世界地缘政治格局。世界主要经济体纷纷加快调整科技创新领域布局,展开前所未有的激烈竞争。应对当前的新科技革命发展新质生产力成为世界各国科技和经济竞争的新赛道。尽管其他经济体没有使用新质生产力的概念。

一、美国:聚焦前沿技术创新

1998 年 1 月,美国副总统艾伯特·戈尔首次提出"数字地球"的概念,在全球引发了一场热潮;同年 7 月,商务部发布《浮现中的数字经济》报告。从此,美国政府正式揭开了数字经济大幕,不断引领数字技术发展潮流,成为数字经济领导者。美国商务部是美国数字经济的主导推动者,先后出台了一系列数字经济政策与举措,如《数字经济议程》《大数据研发计划》《数字政府战略》《美国国家网络战略》《国家人工智能研究和发展战略计划》《先进制造业美国领导力战略》《数字战略 2020—2024》《设计美国的数字发展战略》等。

美国非常注重前沿性、前瞻性的基础研究,积极推进芯片、人工智能、5G 通信、先进计算机等具有关键核心主导地位的数字技术研发。在芯片领域,出台的《ERI 计划》和《JUMP 计划》,主要用来抢占数字芯片在全球数字经济发展中的制高点;在人工智能领域,2018 年和 2019 年先后发布了《美国机器智能国家战略》和《国家人工智能研究和发展战略计划》,从智能化技术及零件的突破研发入手,来加快智能经济的快速发展;在云计算和大数据方面,2009 年的《联邦云计算发展战略》奠定了"云优先"政策的发展基调,美国国家标准与技术研究院发布的《SP 500—299 NIST 云计算安全参考框架(NCC-SRA)》已成为云计算产业的重要标准。2012年发布的《大数据研发计划》将大数据上升为国家战略,加快了技术的商业化和数字化转型,目前美国在信息领域研究、专利的商业转化能力及产品全球化程度方面均处于领先地位。

自 2009 年开始,美国就提出了以"先进制造战略"为基础的"再制造战略",强调互联网以及智能技术等在制造业转型中的应用。2012 年,由通用电气公司提出"工业互联网"概念,并于 2014 年主导成立工业互联网联盟,积极布局产业的智能化转型。2018 年发布的《先进制造业美国领导力战略》进一步点明了先进制造业的政策转型方向,包括开发转型智能技术、教育培训数字化劳动力、扩大国内制造业供应链能力;同时在能源互联网方面,美国基于能源控制技术和能源信息技术,推进数字化减排。

加快布局未来产业。美国 2019 年发布的《美国将主导未来产业》报告将未来产业作为国家战略,2021 年提出发展人工智能、量子信息、先进制造、生物技术、先进通信网络五大未来产业,目的是开发和探索有变革性潜力的新技术、新产品等,培育新产业。美国加强高级计算、先进材料、制造和机器人技术、先进的下一代通信技术、人工智能、量子信息科学、量子计算、半导体、微电子技术等技术的研发投入。例如,美国 2022 财年将人工智能和量子信息科学的基线投资翻了一番,到 2025 财年将投资计划增加到每年 100 亿美元,并利用联邦投资吸引非联邦实体的互补投资计划,促进公私合作伙伴关系。美国为了加快未来产业的培育,在人工智能、量子、生物制造等领域建立了一批交叉融合的研究院。例如,美国成立了 NSF 天气、气候和海岸海洋学可信任 AI 研究院等 18 所国家级人工智能研究院以及生物物理学与生物工程中的量子传感量子跳跃挑战研究所等 5 家国家级量子研究院,目的是在科技界和产业界架起一座桥梁,加快科技成果转化。

二、欧盟:加快数字经济

欧盟在 2013 年前后开始关注数字经济的发展问题,并先后提出了如《欧盟网络安全战略》《欧洲数字议程》《数字单一市场战略》《产业数字化规划》《地平线欧洲》《塑造欧洲的数字未来》《2030 数字指南针:欧洲数字十年之路》等战略政策和规划。这一系列战略和规划主要围绕扩大数字治理的范围,旨在通过建立完备的数据保护制度来构建统一的数字经济生态,保障数字经济的发展。

欧盟的数字政策强调既要促进欧洲的经济增长,又要体现出其价值目标。长期以来,欧盟不断致力于打造一个数字单一市场,探索数字治理的深度规则。2015 年提出实施《数字单一市场战略》,主要目的是消除成员之间的管制壁垒。2017 年欧盟发布《打造欧盟数据经济》,为非个人的机器生成数据的归属、交换和贸易制定规则,促进数据资源共享。2018年欧盟正式实施《通用数据保护条例》,从"个人数据处理的基本原则、数据主体的权利、数据控制者和处理者的义务、个人数据跨境转移"等方面,建立了完备的个人数据保护制度,成为全球个人数据保护立法的典范。《欧洲数据战略》(2020 年)提出创建一个单一数据空间,其中个人和非个人数据(包括敏感的业务数据)都是安全的,企业也可以轻松访问无限的高质量工业数据,并利用数据促进经济增长、价值创造。

欧盟依托在微系统和微控制器零件、组件和模块制造、3D打印等先进制造技术领域的长期积累,重点发展工业数字化。德国、法国和意大利等工业强国在工业4.0领域不断深化发展,工业数字化渗透率领先全球。2018年6月,《地平线欧洲》提出2021年至2027年的发展目标和行动路线,数字化和产业化作为"全球挑战与产业竞争力"五大主题之一,重点聚焦制造技术、人工智能与机器人、下一代互联网等关键领域发展。2020年发布《欧洲新工业战略》,提出通过物联网、大数据和人工智能三大技术来提高欧洲工业的智能化程度。

2020年欧盟连续发布和实施数字技术相关战略规划,"数字欧洲"计划重点推进超级计算、人工智能、网络安全、高级数字技能、广泛使用数字技术,从而提高欧洲数字技术竞争力。"地平线欧洲"(2021—2027年)计划正式启动,将推进基础研究和科研成果的共享,重塑欧盟科研面貌。《塑造欧洲的数字未来》以发展服务于人的技术、发展公平竞争的经济以及打造开放、民主和可持续的社会为三个关键目标,充分利用数字经济的优势,创建正确的框架以确保技术值得信赖,并赋予企业信心、能力和方法去参与数字化。《2030数字指南针:欧洲数字十年之路》以2020年欧盟数字战略为基础,量化阐述了2030年欧盟数字愿景。文件将欧盟数字雄心转化为四大行动方向:培育公民数字能力及高技能数字专业人员;打造安全、高效、可持续的数字基础设施框架;企业数字化转型;公共服务数字化。

三、德国:工业4.0战略

2010年12月,德国联邦政府发布了"数字战略2015",首次在国家战略层面提出数字化转型的方向。继此,有了著名的德国工业 4.0 战略、"数字战略 2025",德国联邦政府首次就数字化发展作出了系统安排。2018 年德国进一步提出了《高科技战略 2025》和《人工智能德国制造》,开始布局工业的智能化转型。2019 年先后提出《国家继续教育战略》和《国家工业战略 2030》,对数字经济时代的数字化人才和关键产业部门的数字化进行指导。

德国早期在数字化转型中面临的首要问题是在高速宽带网络部署、信息通信技术应用方面持续落后。首先是光纤宽带发展落后。2015 年德国在网络速率和固定宽带平均速率上不及韩国的一半,与瑞典和日本也有较大差距。其次是 4G 网络发展缓慢。2015 年的网络覆盖率和渗透率甚至低于经济合作与发展组织的其他成员。最后是农村宽带发展水平低,城乡数字鸿沟严重,农村地区带宽 30 兆以上的家庭用户占比仅为城市的一半。因此,2016 年的"数字战略 2025"当即确定了针对高速宽带网络基础设施建设的十大重点任务:一是 2025 年前建设千兆光纤网络;二是引导新的创业潮流,促进公私合作;三是为投资和创新构建监管框架;四是推荐设备智能互联网;五是保障数据安全,维护数据主权;六是支持中小企业创新商业模式;七是利用工业 4.0 推进工业现代化;八是使技术的研发和创新达到全球顶尖水平;九是实现全生命周期的数字化教学覆盖;十是设立数字化管理局。

德国是全球领先的制造业强国,因此在智能化转型方面选取在国民经济中比重最大的制造业,力求打造全球标杆级别的数字化制造业。2018 年 9 月,德国发布《高科技战略 2025》,将数字化转型作为制造业科技创新发展战略的核心;2020 年 12 月更新《国家人工智能战略》,新增 20 亿欧元支持德国人工智能研究,助力制造业智能转型;推进高性能计算中心网络建设,对 8 个高校的计算中心进行为期 10 年、每年 6250 万欧元的资助;德国德累斯顿工业大学实施"超高数据速率测量平台"项目,计划研发世界最快的微芯片,为产业互联网的 6G 通信应用提供保障;马普智能系统研究所与纽约大学合作,推出开源的四足机器人项目。

四、日本:构建超智能社会

日本关于数字经济的顶层设计起步较早,最早可追溯到 1995 年《面向 21 世纪的日本经济结构改革思路》关于重点发展通信、信息等相关资本技术产业的安排。2000 年到 2012 年,注重数字信息技术在经济社会的应用,先后推出"e-Japan"(2001 年)、"u-Japan"(2004 年)、"i-Japan"(2009 年)战略计划;2013 年到 2015 年强调以机器人革命为突破带动产业结构变革,陆续出台了《日本振兴战略》等。自 2016 年以来,致力于"超智能社会 5.0"计划,通过利用人工智能、物联网、大数据等推动向数字化、智能化社会转型,发布《科学技术创新综合战略 2016》《日本制造业白皮书》《综合创新战略》《集成创新战略》《第 2 期战略性创新推进计划》等战略计划。

2016 年,日本政府在《第五期科学技术基本计划(2016—2020)》和《科学技术创新战略 2016》中首次提出超智能"社会 5.0"概念,旨在交通、医疗、养老等领域推动数字化转型,形成适合日本发展需要的新型社会形态。这种社会形态,以虚拟空间与现实空间的高度技术融合为基础,人和机器人、人工智能共存,可超越年龄、性别、语言等限制,针对细节和多样化潜在需求提供对应的产品和服务;是能够实现经济发展与社会问题相协调、满足人们高质量生活品质、以人为本的社会形态。此后,日本发布了《下一代人工智能推进战略》《科技创新综合战略 2017》《集成创新战略》等纲领性文件,从战略规划、制度建设、人才培养等方面为"社会

5.0"和"互联工业"铺平道路。2019 年日本开始全力推进"数字新政"战略,在"后 5G"信息通信基础设施、学校的信息技术应用、中小企业信息化和信息技术领域研发等方面,加大资金投入力度,推动社会数字化、智能化转型。

聚焦 AI 与机器人实行"登月型研发制度"。日本提出"登月型研发制度"(Moonshot)并为该制度明确了 6 项目标,计划在 2050 年前实现。主要目标为:通过人工智能(AI)与机器人的共同进步,实现可以自主学习、行动并与人类共生的机器人。计划开发与人类具有相同或更高身体能力,并与人类共同成长的 AI 机器人;同时还将开发能在自然科学领域自主思考和行动、自动发现科学原理和解决方案的 AI 机器人。通过拥有人类的感性和伦理观、能与人类共同成长的伙伴 AI 机器人,实现人类的富裕生活。

日本强大的制造业基础为数字化转型提供了很好的试验田,2017 年日本经济产业省发布"互联工业"战略,积极推动人工智能、物联网、云计算等科技手段应用到生产制造领域,突破人口老龄化、劳动力短缺、产业竞争力不足等发展"瓶颈"。日本发布了《日本制造业白皮书》《综合创新战略》《集成创新战略》《第 2 期战略性创新推进计划》等战略和计划,推动产业数字化发展。产业数字化的推进强调着眼于产业数字化与数字产业化相结合,共同推动数字经济发展。2020 年 9 月,日本内阁明确将数字化转型提升为重要国策,2020 年 11 月明确提出将在 2021 年 9 月 1 日成立数字厅作为数字化转型的"司令塔"。

五、英国:多维布局数字化产业转型

英国是第一次工业革命的发源地,也是最早出台数字经济政策的国

家,2009年发布"数字英国"计划,是数字化首次以国家顶层设计的形式出现。这一计划的主题是通过改善基础设施、推广全民数字应用、提供更好的数字保护,从而将英国打造成世界性的"数字之都"。该计划是世界首次以国家战略形式,论述了数字经济全面发展的制度性安排,至此英国拉开了数字经济战略的帷幕。

英国一直秉持并延续了以国家顶层设计推进数字经济发展的模式,国家战略体现了英国对数字经济发展的高度重视,同时借助国家战略开启了全面布局数字经济的快速发展模式。2009年后英国陆续推出了《数字经济战略(2015—2018)》《英国数字战略 2017》《国家数据战略(2020)》等战略计划,对打造世界领先的数字经济和全面推进数字化转型作出全面而周密的部署。其中,《英国数字战略2017》较为全面地奠定了英国数字经济布局的基础。该战略设定了明确途径以帮助英国在启动和推进数字化产业、使用新兴技术或者实施先进技术研究方面占据优势,并提出计划目标是将英国建设成为一个现代化的全球贸易型大国。包括七大战略任务:一是连接,即一流的数字化基础设施;二是数字化技能与包容性;三是建立数字化平台;四是促进企业数字化转型;五是安全的网络空间;六是数字化政府;七是释放数据能量。

提升制造业智能化水平,英国研究与创新基金(UKRI)产业战略挑战基金安排1.47亿英镑,鼓励研究数字技术在制造业中应用,"铝焊接数字化"等14个项目,成为第一轮获批的研究项目。为进一步支持创新活动,克服科研创新活动中的短板,英国加强了对科技成果转化的投入,支持"智能化创新中心"建设。

在现代化产业打造上,英国通过在技术—商业—高校等多个层面布局数字化转型,于2018年先后发布了《产业战略:人工智能领域行动》《国家计量战略实施计划》等一系列战略行动计划。通过拥抱和利用数字创新来推动经济繁荣和增强经济适应力,人工智能、机器学习和网络安全等领域将是推动国内发展和出口的关键。截至 2020 年 12 月,英国政府已向包括虚拟技术在内的沉浸式新技术研发、向数字安全软件开发和商业示范、向下一代人工智能服务等投入大量研发经费。英国布里斯托大学成功建立了城市范围的超安全量子网络。英国萨里大学成立了专注于 6G 技术研究的创新中心。

　　在新科技革命背景下,世界科技强国竞争比拼的是国家战略科技力量。中国要推进现代化,就要拥抱当前的新科技革命,参与到新质生产力的新赛道,迎头赶上现代化的新浪潮,依靠自立自强的科技创新,着力研发原创性颠覆性新技术,在新赛道上与发达国家并跑,并且在重要领域领跑,以实现现代化的跨越。其基本路径就是发展新质生产力,以科技创新催生新产业、新模式、新动能,打造加快发展新质生产力的"主引擎",培育发展推进中国式现代化的新动能。

第四章　新质生产力赋能现代化产业体系建设

党的二十大明确了建设现代化产业体系在基本实现现代化中的重要地位。习近平总书记在关于新质生产力的讲话中又明确了发展新质生产力建设现代化产业体系的具体路径。

第一节　产业结构和现代化产业体系

培育新质生产力源于科技创新，落脚点是产业创新，即建设现代化产业体系。根据现代竞争力理论，国家和地区竞争力表现为产业竞争力，竞争力是以产业作为度量单位的，产业竞争力的提升依赖于科技创新。

一、产业结构现代化演进

从经济发展的进程分析，所有现代工业和落后农业并存的二元结构国家的现代化基本上都有工业化、城市化和改造传统农业的过程。

根据诺贝尔经济学奖得主美国经济学家库兹涅茨的研究方法，产业结构的水准有两方面衡量指标：一是总产值的部门构成；二是劳动力的部门构成。根据国际经验,总产值部门构成的高度化趋势:第一,随着人均国内生产总值水平的提高,第一产业(农业)在国内生产总值中的比重呈明显下降的趋势。当然,农业产值比重的下降绝不意味着农业产值总量的下降。这种趋势恰恰是在农业产值总量增长和农业劳动生产率提高的基础上产生的。第二,与农业占比下降相适应,第二产业(工业)产值的比重呈快速上升的趋势。第三,第三产业(服务业)的份额随人均国内生产总值水平的提高而更快增大。劳动力的部门构成与总产值的部门构成是相辅相成的。一方面,随着人均国民收入水平的提高,劳动力会从第一产业向第二产业转移;另一方面,随着工业化进程加快,劳动力又会从第二产业向第三产业转移。但是与总产值部门构成比较在时间和速度上存在显著的差异。这主要表现在两个阶段上:第一,在工业化初期,农业部门占用的劳动力比重下降的速度远远慢于其提供的产值在总产值中所占比重下降的速度;第二,在工业化阶段之后,第三产业中就业人数占全部劳动者的比重上升速度,要快于其创造的产值在总产值中比重的提高速度。

中国经过快速的工业化进程,不仅从农业大国转为工业大国,而且服务业比重从 2013 年起就超过了工业比重。全国范围传统意义的工业化任务已基本完成。2023 年三次产业增加值占国内生产总值比重,第一产业占 7.1%、第二产业占 38.3%、第三产业占 54.6%。对标发达国家的三次产业结构,我国的农业比重仍然偏高,服务业比重偏低。表明我国产业结构在量上还有进一步优化升级的空间:农业(不仅是产值,更是劳动力)占比还有进一步下降的空间,发展服务业尤其是现代服务业空间更大。

从现代化的角度,产业结构的水准不只是看三次产业的比例关系,特别要关注现代化产业体系的建设,也就是关注各次产业的现代化提升,坚持把发展经济的着力点放在实体经济上,推动经济由大变强。具体要求:

首先是推进新型工业化,加快建设制造强国、质量强国、航天强国、交通强国、网络强国、数字中国。推动制造业高端化、智能化、绿色化发展。其次是加快农业现代化,依靠生物技术创新提高农产品品质,实现全产业链机械化、数字化和智能化。最后是构建优质高效的服务业新体系,充分利用互联网、物联网平台推动现代服务业同先进制造业、现代农业深度融合,建设高效顺畅的流通体系。三次产业现代化实际上是发展新质生产力的效应。

二、新型工业化

发展中国家的现代化需要工业化带动。工业化的阶段不同,工业化的生产力基础也不同。工业化初期的任务是推进工业化进程,是数量型发展的工业化,依靠的是传统生产力。而工业化进入高级阶段,主要任务是在新科技革命和产业革命推动下提升工业化的质量和竞争力,依据新科技革命和产业革命的成果对工业化战略进行调整,走新型工业化道路,这一阶段工业化的目标是质量型的工业化,建设现代化产业体系,依靠的是新质生产力。具体表现在以下几个方面:

第一,新型工业化是以当代以及未来新科技为基础的工业化。新型工业化通过科技创新形成新质生产力。突破"卡脖子"的关键核心技术是指从"0"到"1"的技术,是关于基本原理的新知识。基础科学研究存在短板,基础技术创新不足,导致底层基础技术、基础工艺能力不足,在工业母机、高端芯片、基础软硬件、开发平台、基本算法、操作系统等方面存在"卡脖子"现象,既制约了新质生产力的形成,也制约了新型工业化的发展。依托科技创新的新型工业化必须加强基础研究,加强自主创新,推动从模仿创新向自主创新的转变。通过原始性创新形成具有自主知识产权的核心技术;通过集成创新推动相关技术成果融合,形成具有市场竞争力的新产品、新产业和新业态。把创新技术应用的重点放在建设完备而且高效的制造业创新体系上。

第二,新型工业化是绿色工业化,以绿色生产力为底色。在全球环境恶化及资源供给条件恶化的背景下,我国提出了碳达峰和碳中和的时间表。为此,必须摒弃发达国家所实行过的工业化模式和现代化道路。按绿色化要求形成新的经济发展模式:从对自然资源竭泽而渔的做法转向以再生能源为基础、重复或循环利用资源的经济模式。在处理发展与治理环境污染方面,由先发展后治理转向边发展边治理并进一步转向先治理后发展,加快形成绿色生产力。一是构建绿色生产力的科技创新体系。加强绿色技术创新,鼓励绿色低碳技术研发,大力推进节能高效的能源使用技术进步,构建起绿色生产力的科技创新体系,通过技术创新培育绿色低碳化发展的新动力,推动新一代能源领域的关键性技术突破,提高可再生能源的技术开发水平。二是构建低碳经济发展模式,从以化石能源为基础的第二次工业化转向以可再生资源为基础的第三次工业化的转型。这一转型中要建立绿色低碳循环发展经济体系,优化绿色经济结构,构建绿色低碳循环发展格局,促进清洁型、生态型的绿色产业的成长,推广绿色循环的生产技术,推广清洁生产、循环经济等生产技术,推进绿色低碳的生态产业成长,形成符合生态文明要求的现代化绿色产业体系。构建绿色供应链,探索建立绿色供应链制度体系,提高供应链的绿色化水平。三是构建绿色生产力的生态工业体系。"生态可持续工业",是联合国工业组织在1991年就提出的一个概念。这一模式的特征是把生产过程纳入生态系统的物质循环中,实现工业经济发展的生态化。依据这一理念,加大环境修复和重建力度,进行系统化、规模化的修复治理,提升生态系统功能,构建合理有效的生态修复—补偿机制体系。四是构建绿色生产力的新型能源体系,围绕新型能源体系建设推动能源体系绿色低碳转型。加强能源综合保障能力建设,推动形成绿色低碳的能源消费模式,转变能源发展方式,利用数字技术推动能源利用从分布集中的传统化石能源向分散式的可再生能源转型,推动构建现代能源体系,加快能源产业数字化和智能化升级,提升能源产业基础高级化和产业链现代化水平。推动能源供给清洁低碳,推动化石能源和新能源优化组合,构建集中式与分布式能源协调运行的能源互联网,加快能源结构绿色低碳转型。适度超前布局氢能项目,推动氢能全产业链关键技术突破,加强氢能技术的推广应用。

第三,新型工业化是数字化、智能化的工业化。现在的工业化不但进入了信息化阶段,而且正在进入数字化智能化阶段。在美国等发达国家,信息和网络技术,信息和网络服务以及人工智能正在成为经济发展的主要推动力,也正在使工业等产业的技术基础发生革命性变化。许多发展中国家虽然也不同程度地进入了工业化阶段,通常的逻辑是追随发达国家亦步亦趋,先工业化,后信息化。实践的结果是不但跟不上,距离还在进一步扩大。一些成功国家的经验就是瞄准发达国家技术的最新发展,直接采用信息化最新技术而实现跨越式发展。新型工业化顺应第四次科技和产业革命的新内涵和新要求,其内涵、目标、方式、发展路径均体现了时代的新特征,以数字化、智能化和生态化为新内涵,数字经济与实体经济融合是新型工业化的本质属性。在数字技术和人工智能技术发展的前提下数字经济与实体经济在基础层面、产业层面、企业层面系统融合。这样的融合使传统工业化的生产力基础和生产方式发生了变化,推动了高附加值产业的成长。在数字经济背景下的新型工业化要求扩大人工智能、云计算、区块链等新一代数字技术的应用场景,提高产品和服务的质量和效率。通过数字化平台,探索新的商业模式和组织模式,提高经济效益。通过数字和智能技术的转化和应用,推动新兴产业的成长,加强传统产业的改造,在数字经济与实体经济的融合中形成新型实体经济。

第四,新型工业化是人力资源优势得到充分发挥的工业化。劳动是经济增长的一个要素。新质生产力所要求的劳动力优势已不是一般的简单劳动者,而是掌握一定知识和技术的劳动者。劳动要素投入对经济增长的贡献,已不只是劳动投入的量,而是劳动的质量。新型工业化更重视劳动力的质。在工业化中最有价值的资源应该是与先进的机器设备相适应的知识和技术。人力资本是人的知识和技术的存量。显然,进行人力资本投资,提高劳动者的素质,成为新型工业化的重要内容。

总的来说,新型工业化是新质生产力驱动的工业化,新发展阶段的新型工业化具有新的内涵,其核心要义是数字化、智能化、绿色化及由此融合形成的产业高端化。新质生产力与新型工业化的双向互动能够为实现中国式现代化提供雄厚的技术基础、物质基础和强大的动力支撑,并且推动形成引领新工业革命的创新能力。

三、现代化产业体系的新内涵

三次产业结构的现代化只是现代化产业体系的一个方面。习近平总书记关于新质生产力概念及其内涵的讲话,实际上赋予了现代化产业体系新内涵。习近平总书记在说明新质生产力的含义时强调:"要及时将科技创新成果应用到具体产业和产业链上,改造提升传统产业,培育壮大新兴产业,布局建设未来产业,完善现代化产业体系。"[1]这就从新的角度指出了现代化产业体系。

---

① 习近平:《发展新质生产力是推动高质量发展的内在要求和重要着力点》,《求是》2024年第11期。

从发展新质生产力角度,现代化产业体系是动态演进的体系,具体来说是未来产业—战略性新兴产业—主导产业(支柱产业)—未来产业递进的循环往复的体系。其中的主导产业或支柱产业就包含了传统产业。产业升级是由提前布局并取得成功的未来产业带动的。由未来产业转化为战略性新兴产业形成产业竞争力。作为支柱产业的传统产业面广量大,其转型升级对一国和一个地区的产业现代化有重要意义。

根据现代化产业体系新内涵,要不断以科技创新为依托推动产业创新,培育新产业、引领产业升级。建设现代化产业体系的先导是以科技创新的最新成果培育未来产业和创新战略性新兴产业,并使之逐步成为主导产业。这是培育发展新动能、培育新质生产力的方向。

新科技和新产业深度融合的直接影响是产业的生命周期明显缩短,今天是战略性新兴产业,明天可能就不是了。未来产业处于产业生命周期的早期,即萌芽期,是新兴产业的一种早期形态。随着技术的成熟、市场的认可,在未来的某个时期会成为反映新质生产力质态的战略性新兴产业。

发展新质生产力对传统产业改造升级也有重要意义。传统产业不等于低端产业,但其产业基础不升级就要被淘汰。传统产业只有在其产业基础上进行数字化智能化升级,才能成为新质生产力产业载体的重要组成部分。

新质生产力从改造升级传统产业、发展战略性新兴产业和培育未来产业三个层面推动产业现代化。其一,新质生产力通过技术创新和生产方式创新促进传统产业实现产业基础更新。传统产业广泛应用新技术实现转型升级,同时对传统产业中不适应现代化发展要求的进行"腾笼换鸟",这将为发展新产业提供更大的空间。其二,科技创新要素向新兴产业和未来产业聚集,实现产业体系"出新"。战略性新兴产业会成为企业和社会的重点投资领域,并逐渐发展成为主导产业,进而助推未来产业的诞生和发展。其三,随着新技术新业态新模式不断涌现,行业边界越来越模糊,前沿科技跨领域交叉融合趋势越来越明显。新质生产力推动产业向专业化和价值链高端延伸,带动产业结构高端化。

第二节　发展战略性新兴产业

新质生产力催生的战略性新兴产业,是新兴科技和新兴产业的深度融合。战略性新兴产业是优化产业结构的主要新生力量,也是开辟新领域、制胜新赛道的重要突破口。中国式现代化在发展战略性新兴产业上不仅要同发达国家并跑,而且要站上世界科技和产业的制高点。

一、战略性新兴产业

每个时期的战略性新兴产业不仅具有"新兴性",还具有"战略性"。新兴性指以市场需求和技术创新为前提条件、以成长潜力大和反映最新技术为主要特征,满足市场新的中高端需求的产业。"战略性"不仅仅指符合国家发展重大战略需求的新兴产业范畴,而且因为它反映当时最新的科技创新成果及强大的前向和后向影响在它的带动下具有提升整体产业竞争力的作用。战略性新兴产业的主导作用得以充分发挥,便可促进新技术、新能源、新产业的产生。

新兴产业根植于技术创新,既代表科技创新的方向,也代表产业发展的方向。新科技和产业革命为新兴产业的成长提供了通用技术支撑和组织原则。发展战略性新兴产业是新质生产力引领现代化产业体系构建的主要内容。

2016年G20杭州峰会发布的二十国集团创新增长蓝图描绘了世界面临的新工业革命前景:新工业革命为工业特别是制造业及其相关服务业转变生产过程和商业模式、推动中长期经济增长提供了新机遇。物联网、大数据、云计算、人工智能、机器人、增材制造、新材料、增强现实、纳米技术和生物技术等很多新兴技术取得重大进展。这些技术进步正推动智能制造、个性定制、协同生产和其他新型生产方式、商业模式的发展。

在全球化、信息化、数字化时代,战略性新兴产业是世界共同的。中国推进现代化,在发展战略性新兴产业上不能简单地强调比较优势,更不能寄托于从国外引进,而是需要同发达国家并跑,甚至领跑。美国、日本、欧洲等发达国家所发展的新产业,同样也是我们所要发展的产业,这是发展新质生产力的新的竞争赛道。战略性新兴产业落后于发达国家就谈不上现代化,而且随时遇到"卡脖子"的威胁。

二、前瞻性地培育战略性新兴产业

战略性新兴产业是科技创新的成果,代表产业发展的方向。国家竞争力很大程度上表现在其科技和产业占领世界的制高点。处于制高点地位的产业就是每个时期的战略性新兴产业。

根据当前科技和产业革命的新特点,前瞻性地培育战略性新兴产业突出需要解决两个"融合":科技创新和产业创新深度融合、数字经济与实体经济深度融合。这也是发展新质生产力的基本路径。

科技创新和产业创新深度融合,反映当前科技革命和产业革命几乎同时进行的新特点,科技革命的成果迅速转化为新技术、新产业。

培育战略性新兴产业要加强科技创新和产业创新对接。以科技创新为依托的产业创新,决定生产力的质的提升,反映生产力性质是旧还是新。培育和发展战略性新兴产业涉及其对新科技的需求和供给两个方面。就需求来说,指的是对前沿性科技的需求,只有掌握当今世界高端的科学技术才会有高端的产业,不间断地创新提供源源不断的新科技的供给,产业创新的主体既涉及作为技术创新主体的企业,也涉及作为知识创新主体的大学。前沿性科技的供给把大学和科研机构推到了培育战略性新兴产业的前沿,大学及其科学家的科学研究需要以战略性新兴产业的核心技术为导向;企业需要以前瞻性市场需求为导向。两个主体的结合和协同就能培育出战略性新兴产业。

战略性新兴产业之所以具有战略性,其重要表现是成规模,因而有战略的拉动力,由此提出建设世界先进制造业集群的要求。建设世界先进制造业集群不仅需要自主研发高科技产业,依靠自主知识产权实现产业升级,还需要在同一区域形成同类先进制造业的集群。这个集群不只是制造业和工厂的堆积,更为突出的是先进制造业研发机构的集聚,从而成为发展战略性新兴产业的策源地和集聚区。

发展战略性新兴产业离不开数字经济的深度赋能。其一,数字产业化不断催生新业态、新产业。推动新兴产业成长需要培育壮大数字产业,数字产业集群化发展,打造世界级数字产业集群,支持数字技术创新成果转化,可以提升关键领域数字技术创新能力。其二,依托数字化、智能化技术的深度嵌入促进产业数字化。一方面对传统产业生产技术和生产方式进行全方位、全链条的改造,推动传统产业数字化转型升级。另一方面聚焦云计算、大数据、人工智能等重点领域,强化数字技术原始创新能力,提升产业链关键环节竞争力。依托数字化、智能化技术的深度嵌入,拓展实体经济的发展空间。新一代信息技术、集成电路、高端设备、机器人和关键新材料等重点领域将培育一批具有先导性、支柱性和国际先进水平的战略性新兴产业集群。其三,新一轮产业和技术革命下,现代服务业跨产业与先进制造业、现代农业融合化发展成为发展趋势,形成以制造业服务化和服务业制造化为特征的优质高效、结构优化、竞争力强的产业生态系统,为更好地实现数实融合提供环境支持,促进数实融合效率的提升。

新兴产业的问题归根结底是技术问题。从概念上界定,技术可分为通用技术和专有技术,数字技术创新驱动新兴产业成长的生产力基础可以从两个层次梳理。数字技术创新驱动新兴产业成长的逻辑是作为通用技术的数字技术对产业产生影响,具体来说就是数字技术的广泛应用拓展了新兴产业的市场需求、改变了新兴产业的技术创新环境,与数字技术匹配的网络化组织原则满足了定制化生产模式的高效运行,进而驱动了新兴产业的成长。

通用技术指应用广泛而且能够推动其他部门技术进步的重大技术。通用技术的特点是辐射面几乎遍及所有产业,与其他技术的创新之间存在互补性,在经济增长中起核心作用。通用技术创新是驱动新兴产业成长的生产力基础。由于通用技术和应用领域之间存在正向反馈,通用技术可以在一段时间内持续激发技术创新。[①] 数字产业在新兴产业的成长中起基础作用,不仅是新兴产业的重要组成部分,还为各个产业提供创新要素。

人工智能技术作为通用技术,可以直接刺激其他技术创新,提高技术创新效率。例如,人工智能作为数字技术的结晶在生物制药产业中发挥了巨大的作用。人工智能可以在短时间内"阅读"成千上万篇论文,提取分子结构、基因组序列和图像等信息,并通过自主学习,建立关联,形成假设。而传统的科研人员想要取得同样成果,可能需要穷尽毕生之力。可见,数字技术从根本上改变了技术创新的条件,通过对现实世界中海量信息的数字化,建立普遍的信息链接,并对海量信息进行存储与计算,极大

---

① [美]布朗温·H.霍尔、内森·罗森伯格:《创新经济学手册》(第2卷),上海市科学院研究所译,上海交通大学出版社2017年版,第37页。

地提高了各种技术的创新效率。虽然该过程人力也可做到,但效率却有天壤之别,可视作从基于个体经验的"干中学"进化到基于全体经验的"干中学"。

战略性新兴产业需要政府进行前瞻性的培育。其培育方式,一是对战略性新兴产业进行科学规划;二是对孵化新技术新产业环节提供引导性投资;三是对孵化出的战略性新兴产业进行加速性扶持,扶持性措施不只是在税收等方面的财务性支持,更重要的是市场扶持,也就是说鼓励消费。同时,要防止一哄而上,在制度安排和计划安排上克服重复、分散投资,实现优势集中,从研发到制造到采用,形成产业链,达到范围经济。显然,培育和扶持战略性新兴产业是同支持产业创新结合在一起的。当然在战略性新兴产业达到一定规模后,政府的扶持政策就要退出,让它平等地参与市场竞争。政府再转向对新一轮战略性新兴产业的培育。

在市场经济中,产业政策的引导需要同市场调节结合进行。一是鼓励现有行业头部企业布局战略性新兴产业和未来产业前沿领域以发挥"头雁效应",依托创新技术、数字平台等加快推动高成长性创新型企业发展。二是鼓励战略性新兴产业领域主动发掘和培育高技术、高成长、高价值企业,打造前沿产业各个细分领域中的专精特新"小巨人"企业。聚焦创新驱动与差异化竞争的专精特新企业能够为战略性新兴产业和未来产业的培育和发展奠定微观基础,并进一步为产业向全球价值链高端攀升、强化产业链自主可控水平贡献中坚力量。

第三节　布局和培育未来产业

未来产业代表着科技创新和产业发展的方向。未来产业指有前沿的科技创新驱动,目前处于发展的孕育期,具备成长为未来战略性新兴产业或者支柱性产业发展潜力,对于未来经济社会发展具有巨大的带动作用和推动作用的前瞻性新兴产业。未来产业是引领现代化产业体系构建的重要方面,是引领新质生产力发展的突破口,不仅本身有巨大增长潜能,还具有很强的带动作用和扩散效应,能够拓展新的发展空间。

一、未来产业是产业体系现代化的突破口

未来产业在技术、商业模式、应用场景等方面在可预见的未来具有颠覆性、创新性和前瞻性。具体地说,第一,未来产业以新兴技术为基础,代表着未来产业发展的方向和趋势,以最新科技引领未来产业创新、竞逐未来空间,新技术的突破与产业化应用将成为创新未来产业发展势能。第二,未来产业以未来需求为导向,包括以新型供给创造新型需求。因此,培育未来产业就是培育未来产业竞争力,培育新动能、抢抓新赛道、打造新优势的战略举措。

世界发达经济体对未来产业高度重视,美国、日本、英国、法国、德国等国家已在战略层面对未来产业进行部署,旨在更好地应对未来挑战和抢占发展先机。未来产业与战略性新兴产业都是新质生产力引领现代化产业体系构建的重要方面,都是基于前沿重大科技创新或技术突破,具有巨大发展空间,具备发展成支柱产业的潜力,对其他产业具有辐射带动作用,是未来经济增长和产业结构优化的新引擎,能够对经济社会和国家竞争力产生重大影响,具有前瞻性、引领性和战略性。但是两者不同之处在于,战略性新兴产业已经相对成熟,而未来产业相关技术尚未转化为产品,或已经形成产品设计、产品原型但尚不具备规模化生产或市场化运营条件。未来产业较战略性新兴产业技术更加前沿,但尚未成熟,技术路线

有望颠覆变革。未来产业具有以下特点:未来产业以创新为核心,不断探索新的技术、商业模式和应用场景,推动产业的发展和升级。未来产业着眼于未来,预测并引领未来的发展趋势和市场需求,为经济发展提供新的动力。未来产业具有较高的成长性,能够快速扩大市场规模和影响力。

未来产业是发展新质生产力的突破口,新一轮科技革命和产业变革加速演进,重大前沿技术、颠覆性技术持续涌现,科技创新和产业发展融合不断加深,催生出元宇宙、人形机器人、脑机接口、量子信息等新产业发展方向。大力培育未来产业已成为引领科技进步、带动产业升级、开辟新赛道的战略选择。布局未来产业既是把握全球新一轮技术和产业变革机遇,又是我国实现高水平科技自立自强、建成世界科技强国的必然选择。未来产业发展是基于前瞻性、颠覆性技术的创新与产业生态培育过程,包含前瞻性、颠覆性技术开发,以及核心技术攻关与产业技术体系构建,还有关键部件及核心产品开发,工程化及产业化能力建设,新商业模式、新消费业态、新产业链供应链体系建设,配套基础设施布局,示范推广及商业化应用等环节。未来产业对传统技术领域和技术路线的颠覆,将带来生产力质的变革。

二、布局未来产业发展的新赛道

我国具备工业体系完整、产业规模庞大、应用场景丰富等综合优势,尤其是转向创新驱动发展阶段,为未来产业发展提供了良好的科技和产业基础。工业和信息化部、科技部、交通运输部、文化和旅游部等部门联合印发《关于推动未来产业创新发展的实施意见》,提出到 2025 年,未来产业技术创新、产业培育、安全治理等全面发展,部分领域达到国际先进水平,产业规模稳步提升;到 2027 年,未来产业综合实力显著提升,部分领域实现全球引领,布局了未来产业发展的新赛道。

未来产业发展的方向。按照"技术创新—前瞻识别—成果转化"的思路,把握全球科技创新和产业发展趋势,重点推进未来制造、未来信息、未来材料、未来能源、未来空间和未来健康六大未来产业方向,前瞻部署生物制造、量子信息、氢能、核能、基因和细胞技术等多个细分赛道,明确下一代智能终端、信息服务产品、未来高端装备三类标志性产品发展路线。

未来产业标志性创新产品主要涉及:适应通用智能趋势的工业终端产品,支撑工业生产提质增效,赋能新型工业化。发展下一代操作系统,构筑安全可靠的数字底座。实施重大技术装备攻关工程,突破人形机器人、量子计算机、超高速列车、下一代大飞机、绿色智能船舶、无人船艇等高端装备产品。重点打造人形机器人、脑机接口、超大规模新型智算中心、第三代互联网等创新标志性产品。

未来产业应用场景。建设未来产业标志性场景,可以引领未来技术迭代突破。我国超大规模市场优势为未来产业提供了充分应用场景。未来产业的应用环境需要围绕国家重大工程、生产制造、智慧城市等领域场景进行创新,丰富未来技术的应用场景要求深化新一代信息技术与制造业融合,加快推动产业链结构、流程与模式重构,开拓未来制造新应用,加快建设多元化未来制造场景。加速探索未来空间方向的成果创新应用,创新未来信息服务场景。加快工业元宇宙、生物制造等新兴场景推广。依托载人航天、深海深地等重大工程和项目场景,加速探索未来空间方向的成果创新应用。

三、布局未来产业的路径

布局和培育未来产业发展既关系我国竞争新优势的塑造,又关系我国能否抓住全球产业结构和布局调整过程中孕育的新生产力,在激烈的国际竞争中赢得主动。我国未来产业的发展要把握科技前沿和未来产业发展新趋势。实施国家科技重大项目和重大科技攻关,发挥国家实验室、全国重点实验室等创新载体作用,鼓励龙头企业牵头成立创新联合体,体系化推进关键核心技术攻关。具体措施包括:

第一,打造未来产业培育高地和策源地。依据未来产业发展的趋势,支持未来产业科技园建设,协同教育、科技、人才资源以及各类创新主体。建设未来产业新型研发机构,充分发挥新型举国体制优势,开展产业共性关键技术研发、科技成果转化及产业化,沿着"基础理论创新—工程技术创新—产品开发设计—商品产业转化"的路径,加快推进前沿技术重大突破,加强前沿技术多路径探索、交叉融合和颠覆性技术源头供给。探索新的研发组织模式,沿着"巨大潜在市场需求—关键核心技术攻关—产品开发设计—商品产业转化"的路径催生未来产业,加快打造未来产业创新和孵化高地。

第二,增强未来产业的原创能力。关键是拥有自主知识产权,未来产业是基于重大前沿科技创新成果及其产业化的产物,应围绕未来产业领域,建设若干全国重点实验室、国家技术创新中心、重大科技创新平台等,加大源头性技术创新主体培育力度,通过国家科技计划项目加强前沿关键核心技术攻关和基础研究,对符合战略性未来技术方向和未来产业发展需求的科研攻关项目予以重点扶持,催生一批适应未来产业发展的重大基础研究成果,增强我国未来产业的原创能力。

第三,建设未来产业的创新生态。未来产业正处于培育阶段,产业创新生态建设是未来产业发展的重要基础。首先,加强产学研合作,加快推进新技术向现实生产力转化,大力培育未来产业领军企业家和科学家,壮大未来产业主体,加快培育未来产业新企业。建设未来产业创新型中小企业孵化基地,支持新型研发机构快速发展,培育多元化的未来产业推进力量,鼓励现有行业头部企业布局未来产业前沿领域,加快推动高成长性创新型企业发展,培育一批未来产业龙头企业。加强超算中心、大科学装置等创新基础设施建设,支撑科学研究、技术开发、产品研制,解决未来产业发展的基础支撑。其次,加快未来产业人才支持,根据未来产业领域对人才的需求,建立未来产业发展的专业人才培养基地,加强未来产业领域学科建设,面向未来产业培养拔尖创新人才。再次,构建未来产业发展的体制支撑,前瞻布局未来产业是技术创新与制度创新的耦合,需要推动有效市场和有为政府更好结合,遵循未来产业发展的客观规律,打通从技术创新到产业转化的堵点卡点。最后,优化未来产业发展的支撑体系,实施新产业标准化领航工程,统筹布局未来产业标准化发展路线,加快重点标准研制,构建鼓励原创、包容失败的创新创业环境。

第四,加强未来产业基础设施建设、深入推进 5G、算力基础设施、工业互联网、物联网、车联网、千兆光网等建设,构建高速泛在、集成互联、智能绿色、安全高效的新型数字基础设施。建设服务未来产业科技成果转化全链条的多层次创新平台和载体,推进制度创新和产业基础设施建设,推进公共技术服务平台建设,产业标准体系建设,提升未来产业发展的服务能力。

第四节 产业基础高级化

发展中国家产业落后的根本原因是产业基础落后。建设现代化产业体系要求产业基础高级化。在当今时代,产业基础高级化涉及各个产业数字化、智能化和绿色化,包括传统产业转型升级。党的二十大提出了实施产业基础再造工程。

一、新质生产力推动产业基础高级化

在世界范围内产业基础都是由科技和产业革命成果提供的。第一次产业革命提供了机械化的产业基础；第二次产业革命提供了电气化的产业基础；第三次产业革命则提供了信息化的产业基础。现在正在推进的新科技和产业革命产生的新质生产力提供的是智能化、数字化产业基础。我国与前几次产业革命失之交臂，成为我国经济落后的重要原因。现在所处的数字化和智能化的机会不但不能错过，还要进入国际前沿，实现产业基础的弯道超车。这就是党的二十大指出的：加快发展数字经济，促进数字经济和实体经济深度融合。至今信息化为代表的产业革命没有结束，智能化、大数据、云计算、物联网等新技术不断涌现。数字经济正在成为经济发展的主要推动力，也正在使各个产业的技术基础发生革命性变化。信息化为各个产业赋能，从而使各个产业迈入现代化的大门。

当前新科技和产业革命提供的产业基础是数字化和智能化。关键技术有人工智能、云计算、量子通信、智能技术和绿色技术等。因此产业基础高级化的路径要把握数字化、网络化、智能化方向，推动制造业、服务业、农业等产业数字化，利用互联网新技术对传统产业进行全方位、全链条的改造。

农业技术基础高级化。转向现代农业的根本途径是以最新技术改变传统农业发展方式，使现代生物技术、互联网、大数据、人工智能等信息技术在农业中被广泛深度应用。其中包括：依靠生命科学优化农产品的品种和品质；农业全产业链的数字化智能化颠覆农业靠天吃饭，提高农业全要素生产率；电商平台和网络直播为农民提供了更为广泛且即时的农产品市场,节省交易成本,提高农产品附加值。

服务业技术基础高级化。新一代信息和数字技术与服务业的融合催生了新的服务模式和业态,也提升了服务价值。互联网、人工智能等新一代信息和数字技术在服务业中的广泛应用,不仅提高了服务业效率,而且能够使很多产品和服务跨越时间和空间流通和消费,满足日益复杂多样的市场需求,使不同业态和层次的服务内容融合,共享、体验式服务方式不断涌现,服务方式智慧化。消费者的数据和信息能被及时加工处理、反馈,增进消费者的满足感和福利。

制造业技术基础高级化。已有的工业化与信息化融合带动了工业化的跨越式发展。在数字化、智能化背景下,制造业技术基础高级化突出在以下方面:首先,大数据成为最关键的资源,工业互联网平台成为现代的工具。其次,依靠数智技术推动产业创新,实现高科技产业化。不仅要在现有产业中采用高科技,提高产业的高科技含量,更为重要的是催生了新产业,如微电子产业、信息产业、生物工程产业、新材料产业等。再次,信息化没有完全摒弃传统产业,其重要功能是对传统经济的整合和改造,通过数智技术对传统产业的渗透,促进传统产业改造升级,一跃进入现代产业体系,高消耗高排放的传统产业通过绿色技术的改造进入现代化社会。最后,数智技术具有覆盖面广、渗透力强、带动作用明显等优势。利用信息技术围绕工业产品研发设计、流程控制、企业管理、市场营销等环节,提升数字化、智能化和管理现代化水平。

二、改造提升传统产业

实体经济是我国经济发展的命脉所在,是经济发展的根基。实体经济转型升级的重要方面是传统产业优化升级。传统产业面广量大,传统产业不等于低端产业,但其产业基础不升级就要被淘汰。当前传统产业转型升级的方向就是广泛应用数智技术、绿色技术,促进实体经济与数字经济的融合,以数字经济、新技术、新业态改造实体经济。通过数字经济的应用改变传统产业的生产方式。

改造提升传统产业是在一定的技术变革的推动下,实现传统产业基础能级的高级化。改造提升传统产业就是通过科技创新和技术变革,推动传统产业转型升级。数字经济的发展催生新技术、新模式、新业态的不断发展,对我国传统产业改造升级既是机遇也是挑战。

数字经济的发展为传统产业改造升级带来了新技术、新应用、新发展模式的支持,促进产业结构优化升级。第一,数字经济的发展为传统产业改造升级提供新平台。数字基础设施的建设加强了各产业之间以及国内外两个市场之间的相互联系,促进了"共享经济""开放经济"的发展,为产业发展提供了许多新技术平台,推进新技术在产业中的应用,加速科技成果向生产力的转化。第二,数字经济的发展为传统产业改造升级提供了新技术。新技术是数字经济发展的重要动力,数字经济催生新技术,推动了先进制造业的发展,使制造业趋向智能化、信息化,提高供给体系质量,促进资源的合理配置。以新一轮技术革命和产业变革为引领,互联网、大数据、人工智能等技术的发展,带动了知识经济、数字经济、共享经济等数字经济的发展,促进了信息技术的变革,为产业结构的升级提供了重要的技术支持。

数字经济背景下产业的发展不再是传统的劳动密集型产业,而是以知识密集型和技术密集型为主。这也意味着传统产业也不再只是劳动密集型产业,也需要成为技术密集型产业。这就要求传统产业加强技术变革和科技创新,推动产业向中高端水平发展。传统制造业升级与数字经济、互联网、大数据不断融合,打造数字经济推动产业发展的新范式。产业数字化发展需要一个良好的平台。提升传统产业要大力培育平台经济、共享经济等新业态、新模式的发展。鼓励中小微企业不断提升科技创新水平,提升自主创新能力,为平台经济的发展提供微观基础,带动产业的转型升级,以此推动产业基础优化升级。

以消费需求转型升级倒逼传统产业改造升级。我国人口众多,拥有巨大规模的消费市场,内需潜力巨大。数字经济的发展催生了新的消费热点,创新了消费模式,推动人们提升消费层级,夯实消费对拉动经济增长的基础地位。第一,促进消费转型升级。数字经济的发展推进了互联网和信息化消费的发展,促进了网络电商的发展。同时提供了许多新型消费平台,促进了定制消费、知识消费、健康消费等新消费热点的产生,促进消费转型升级,带动相关产业的发展。第二,数字经济的发展优化了投资环境,推动对新技术的应用,优化国内消费环境,带动内需不断扩大,推动传统产业转型升级。数字经济发展所创造的新需求为传统产业改造升级提供了内需支持。大数据、互联网、人工智能、共享经济等数字技术的不断发展,改变了人们传统的消费方式,提升了需求层级,带动了相关产业的发展,为产业发展提供了大规模的市场需求。例如,受疫情的影响,人们无法实现线下就医,于是线上医疗、远程手术、医药 App 等新模式层出不穷。线下购物受阻,云购物、无接触配送等新应用、新方式不断产生。所以需求的变动会直接促进产业的发展,产业发展建立在人们不断变化的需求基础之上,需求层次的不断提升,促进产业结构更加趋向合理化和高度化。数字经济的不断发展,促使企业不断提升自身的科技创新能力,进行技术变革,在降低企业生产成本的同时提升企业的生产效率,提高产品质量,提升自身竞争力,刺激国内的消费需求,从而推动传统产业优化。

三、以新型基础设施建设支撑传统产业改造升级

产业基础高级化需要相应的基础设施和通用技术。新型基础设施的建设是科技创新驱动的基础设施,是产业基础高级化的基础。中国式现代化新征程要加快推进 5G 技术、物联网、互联网、云计算、人工智能等基础设施的建设进程,推进新技术在产业中的应用。不仅要加快现有基础设施的数字化升级,尤其要以新型基础设施建设推动数字化发展,推动基于数字经济发展模式下的企业平台建设,加速数字经济的发展。

促进新型基础设施的智能化发展要以人工智能、大数据、互联网、区块链等信息技术的发展作为支撑,充分利用新技术、新业态、新模式,实现全方位全链条的智能化转型。新型基础设施的建设要为产业的发展提供创新环境,为产业的发展建设创新平台,实现新型基础设施的创新型、数字化发展。推动科技创新,以创新型"新基建"推动产业链与创新链的结合,带动产业结构转型升级。完善数字经济发展所需的基础设施建设。数字经济体系下产业结构的优化升级依赖于信息技术、互联网、物联网等新技术的应用。要加强 5G 技术建设、大数据中心等建设的支持和保障力度,加大对网络安全系统设施的建设,全面提升数字经济的安全保障,为产业结构的升级提供强大动力。

要着力优化升级传统基础设施,推进融合应用基础设施建设,打造新质生产力的基础保障,提升其赋能经济高质量发展的整体效能。要深度应用互联网、大数据、人工智能等技术加强对传统基础设施的技术升级和智能化改造,在保障原有功能的基础上,提高基础设施运行效率和智能化管理水平。要把基础设施的投资重点从传统物理基础设施转向新型数字基础设施,推动新型基础设施体系化发展。结合新型基础设施主体多元

化、规模多样化、运营市场化特点,建立与之相适应的支持方式和发展模式,从国家战略层面适度超前布局新型基础设施以实现空间结构与供给结构层面上的优化,推动基础设施整体效能持续发挥。结合数字经济时代下的新特征和经济高质量发展的新要求,提升和新建一批重大科技基础设施和数字化科技创新平台及应用场景,支撑各地区以科技创新引领现代化产业体系建设,催生适应新质生产力要求的新产业、新模式,并为新质生产力发展提供新动能。

第五章　绿色生产力推动人与
自然和谐共生

中国式现代化是人与自然和谐共生的现代化,尊重自然、顺应自然、保护自然,是全面建设社会主义现代化国家的内在要求。其意义不仅在于当代人的健康和安全,提供更多优质生态产品以满足人民日益增长的优美生态环境需要,还要可持续发展,实现生态、资源的代际公平。习近平总书记指出的:绿色发展是高质量发展的底色,新质生产力本身就是绿色生产力①。人与自然和谐共生不是不要发展,而是要依托绿色生产力基础实现绿色发展。

第一节　生态财富和绿色生产力

现代化不仅要谋求物质财富,还要谋求生态财富,更不能为谋求物质财富而牺牲生态财富。基于生态财富观,习近平总书记明确提出"牢固树立保护生态环境就是保护生产力、改善生态环境就是发展生产力的理念"②。实现绿色发展就需要发展以绿色生产力为内容的新质生产力。

---

① 习近平:《发展新质生产力是推动高质量发展的内在要求和重要着力点》,《求是》2024年第 11 期。

② 《习近平谈治国理政》第一卷,外文出版社 2018 年版,第 209 页。

一、生态财富观

生态文明的提出不是不要经济发展，也不是要退回到原始的生态环境，而是要在发展的基础上解决生态问题、化解生态危机、和谐人与自然的关系，实现理性发展。从发展的角度看绿色发展实际上是可持续发展。

财富是经济学的重要概念，绿色发展的理念包含财富观的创新。财富观指人们对财富价值的理解，传统的财富观是物质财富观，对财富这一概念理解局限在依附于特定的实体物质的使用价值上。进入新时代形成的共识是，所谓现代化，不仅仅是金山银山，还需要绿水青山，"绿水青山就是金山银山"。根据生态财富观，干净的水、清新的空气、多样性的生物都是宝贵的生态财富。环保产品、生态旅游休闲、生态康养等都是生态财富的部分，包含生态价值。这种财富观体现人与自然的和谐共生。老百姓不仅需要通过现代化获取更多的物质财富和精神财富，还要获取更多的生态财富。进入现代化阶段的绿色发展理念不仅仅是保护环境和生态，还要治理和解决过去发展所遗留的环境生态问题，提供人民美好生活所需要的高质量的生态产品。

既然明确了生态财富的概念，就会提出绿色 GDP 的概念。绿色 GDP 的计算不仅有对 GDP 的扣除，也有对 GDP 的增值。环境污染造成的损失以及为此而支付的成本是"绿色 GDP"概念中界定的扣除，生态投入及相应的生态产出就应该作为财富的增加计入 GDP，其中包括类似于土地资本的生态资本(矿产、森林及草原得到改良的资本)。[①] 相应地，资本包

---

① 2018 年诺贝尔经济学奖得主诺德豪斯指出：考虑到外部性问题，把城市中的污染、国防开支和交通堵塞等经济行为产生的社会成本从 GDP 中扣除；同时加入以往通常被忽略的经济活动，例如家政服务、社会义工等，因此奠定了"绿色 GDP"核算的理论基础。

括固定资本(厂房、机器及运输工具等)、人力资本(知识和技术)以及环境资本(矿产、森林及草原等)。中国式现代化需要关注绿色 GDP 的指标。

二、经济增长的自然界限

在人类发展的进程中,人与自然的关系经过了几个阶段。在农业文明阶段是人被自然支配,刀耕火种,望天收。进入工业文明阶段是人支配自然,最极端的是"让高山低头、河水让路"的理念,其结果是人受自然惩罚,不仅经济发展到了极限,人类的生存条件也难以维持。

工业化进程中对自然资源的疯狂掠夺,高废液废物污染、高碳排放的黑色粗放型发展模式造成了空前巨大的生态灾难,环境的自净能力弱化甚至丧失,资源大规模短缺,全球气候变暖等矛盾凸显。当年马克思就发现,自然资源的"丰饶度往往随着社会条件所决定的生产率的提高而相应地减低……例如,我们只要想一想决定大部分原料产量的季节的影响,森林、煤矿、铁矿的枯竭等等,就明白了"[①]。针对当时的工业化造成自然界生态平衡的破坏和人与自然关系的恶化状况,恩格斯深刻指出:"我们不要过分陶醉于我们人类对自然界的胜利。对于每一次这样的胜利,自然界都对我们进行报复。"[②]如果人类不保持自身与自然的和谐统一,就会危及自身的生存发展。

在低收入阶段所推进的工业化、城市化、重工业化,不可避免地造成资源的耗竭及不可持续供给。依靠化石能源的工业文明给人类造成的生态破坏表现在:自然资源的迅速枯竭,造成生态体系的破坏、物种的灭绝、

---

① 《马克思恩格斯文集》第 7 卷,人民出版社 2009 年版,第 289 页。
② 《马克思恩格斯选集》第 3 卷,人民出版社 2012 年版,第 998 页。

水质污染、大气污染、垃圾堆积。这种状况就是习近平总书记所指出的："人类社会在生产力落后、物质生活贫困的时期,由于对生态系统没有大的破坏,人类社会延续了几千年。而从工业文明开始到现在仅三百多年,人类社会巨大的生产力创造了少数发达国家的西方式现代化,但已威胁到人类的生存和地球生物的延续。"①

20 世纪 70 年代罗马俱乐部发布的关于《增长的极限》研究报告指出:面对自然资源日趋耗竭的威胁,人口的增长、经济的增长就有自然界限:能够开采的但不能再生的资源存量的有限性、环境吸收污染的容量的有限性、可耕地的数量的有限性、每一单位可耕地的粮食产量的有限性,这些成为经济增长的自然界限。

许多经济学家依据发达国家经济增长的实际状况指出,自然资源供给给经济增长设置的界限是可以改变的。自然资源的稀缺性、不可再生性、不可替代性依靠投资和技术进步是可以改变的。随着科学技术的进步,人类可以从自然界发现新的资源;借助价格机制,可以使相对丰裕的资源替代相对稀缺的资源;借助投资和技术进步,劣等土地可以成为优等土地,消耗的土地可以在一定程度上恢复到原有状态,沙漠可以变成绿洲,低品质铁矿石可以成为生铁和铝锭,这些都反映了绿色生产力作用。

一般来说,发达国家可依赖其充裕的资本和先进的技术克服大自然的吝啬。对这些国家来说自然资源相对不重要。但发展中国家自然资源稀缺性的缓解受资金和技术的限制,一个国家越不发达,资金和技术供应越小,自然资源供给的数量和性质便越重要。就目前来说,发展中国家的经济增长不能不考虑由自然资源供给条件设置的自然界限,不能不考虑资源的有效而充分的利用,不能不考虑改善自然资源的供给条件。

---

① 习近平:《之江新语》,浙江人民出版社 2007 年版,第 118 页。

在现代经济发展中,一个国家缺少的资源可以通过国际贸易的途径获得,但这又取决于这些国家的出口竞争和获取国际资源的能力,对不少发展中国家来说恰恰是缺乏这种能力,由此就提出了发展绿色生产力的重要性。

三、绿色生产力是新质生产力的重要方面

在现代工业社会中,随着科学技术的发展,人类劳动同自然资源相结合形成财富的规模大大扩大,社会生产力的水平大大提高,这也同时造成社会再生产对自然资源需求的不断扩大。很多自然资源相对于这种不断扩大的需求,其现存量和再生量都表现出日益严重的稀缺性。这种情况迫使人类采取两方面行为:一方面,防止经济活动对自然资源的破坏和污染,使自然资源保持其作为使用价值的必要的生态环境质量。另一方面,要投入资本和劳动使可再生资源得以更新,促使其再生量逐步等于或超过其耗用量。可持续发展资源观要求我们合理地利用资源:一方面,要节约保护资源使可再生资源的利用速度小于其更新速度,不可再生资源的利用速度小于可再生替代资源的更新速度;另一方面,通过生产力与生产关系的不断创新提高资源产出率,增加资源的有效供给量。

绿色生产力理论继承了马克思的生态思想,并在中国特色社会主义的经济建设中不断发展。随着我国社会主义经济发展的探索、成功实践的指导,产生了新时代绿色生产力理论。绿色生产力是绿色化生产及生产绿色化的综合及创造财富的能力。绿色生产力以生态效益为价值取向,以追求可持续发展为前提,以代际发展平衡为归宿,在自然可承受、可自我修复的合理范围内进行财富创造和积累,在生态平衡、环境保护的前提下,实现发展。绿色生产力的发展重点从绿色属性出发,表现为提高自

然资源的使用效率、利用资源的模式改进、重视自然资源的循环使用以及社会生活中环境补偿和治理。通过绿色生产力的发展和嵌入,可以改善社会环境、缓解气候恶劣、治理污染排放、减少资源浪费、弥补生态损伤,从而提高生态环境质量,积累绿色生态财富。

习近平总书记指出:"建设资源节约型社会是一场关系到人与自然和谐相处的社会革命。人类追求发展的需求和地球资源的有限供给是一对永恒的矛盾。"①因此,习近平总书记指出中国式现代化以绿色为底色,强调新质生产力本身就是绿色生产力。绿色生产力的基本特征,首先,绿色生产力旨在创造多样化财富积累。不仅是物质财富,还包括精神财富、生态财富、文化知识财富等。其次,财富创造的着力点即绿色生产力的着力点在于重视生产端要素的绿色,由绿色化要素、智能型要素嵌入,产生绿色的最终产品。再次,绿色生产力是以绿色技术为基础而形成。依赖于绿色技术,以绿色技术为支撑,并将绿色技术涵盖在内,是绿色能力与生产力能力的结合。最后,绿色生产力表达为生态效益优先。生产生态产品、绿色产业,并追求经济效益、生态效益、社会效益的三元统一。根据绿色生产力的这些特点,发展绿色生产力具体包括以下三个方面内容。

第一,在经济规律与自然规律的双重约束下发展生产力。自然界对人类生存和发展有着本源的制约关系,人类以及人类社会对自然界也存在本源的依赖性,人类不能脱离外部环境和自然生态而独立存在。人是作为社会经济人和自然生态人的共同体,自然生态是人类生存、生产以及生活活动的前提条件。在经济活动中不仅要遵循经济规律,而且要遵循自然规律,在经济规律与自然规律的双重约束下从事生产活动,发展生产力。

---

① 习近平:《之江新语》,浙江人民出版社 2007 年版,第 118 页。

　　第二,可持续发展的生产力。可持续发展理论指我们不仅要满足自身发展的需要,又要维持和延续人类未来发展,由于资源的有限稀缺性以及部分资源具有不可再生性,当代人在满足自己的需求时必然会消耗一定的自然资源,如果资源消耗无度、环境污染严重,那么就会损害后代人的生存繁衍以及福利水平,这就涉及了自然资源和生态环境在代内和代际传承之间的公平分配关系。因此,绿色生产力发展的内在动力是生态资源既维持当代人口的福利满足需要,又保障未来世代人口更高发展的福利。人类生产物质资料的过程中必然会对自然生态环境造成破坏,在不同程度上影响自然生态系统的运行机能。对于轻微的损耗,自然资源可以利用本身的恢复和消化能力进行自我修复和自我弥补,但是超过一定负荷之后,自然系统自身的抵抗力会被彻底破坏甚至失去再生能力。而自然资源、生态环境作为财富的一个重要部分,需要重视并维持这一系统的永续发展。因此,遵循自然规律,维持生态平衡性,促进生态资源的循环利用,把握生态和人类经济社会发展之间的相互适应、协调发展就成为生态环境生产和再生产的衍生价值体系。

　　第三,生态系统和经济社会系统相结合的生产力。在完整的生态系统中,时刻存在能量的流动和物质的转化,并构成了生态系统的总循环运动。而经济社会则通过生产、交换、分配、消费四个相互继起的环节构建经济社会系统的物质变换和流动,当生态系统和经济社会系统相结合时,生态循环以及物质变换就相互融合成为有机统一的整体,促进整体系统的协调持续运作。将生产过程中排放的气体、固体和液体进行合理地处理和分解,不仅使其参与到自然界的生态环境再生产维度,更适应了生态系统自身的净化机能调节。这一分解和再利用会优化生态经济系统的运作方式,建立在良性循环的基础之上,在保持原有生态体系自生能力的前提下,又进一步提高了生态系统的产出效率。因此,遵循自然循环规律、提高资源综合利用能力、阻止生态失调的恶性循环是绿色生产力发展的重要方法。

绿色生产力发展致力于可持续性,促进代际公平和生态平衡。因此,中国式现代化中发展绿色生产力,是保护和发展生产力的具体实现,具体体现在以下两个方面:其一,保护生产力是遵循自然规律的发展。工业文明的发展观导致自然资源的消耗和浪费、污染的无节制排放,这种违反自然规律的增长模式必然是不可持续的,这就是在发展生产力的过程中,过度消费生产力,使其丧失了自然属性的生机和活力,势必影响人类生存的永续发展。因此,我们进行现代化建设时,要遵循自然基本规律,以保护生产力为发展的基本原则,以实现绿色生产力的可持续发展。其二,环境就是民生。促进人的全面发展,不仅包括物质财富的积累、生活水平的提高、精神世界和文化意识的增强,还包括人类生存、生活所处的环境,不仅要注重环境污染的治理和保护,还要注重与人类共享自然环境的其他资源、生物之间的和谐共存问题。这是从民生的角度重视生产力的保护,致力于通过绿色生产力的发展来保障民众的基本生存条件,并提高人们生活质量。

第二节　培育和发展绿色生产力

进入生态文明时代,生态现代化成为现代化的新目标,绿色发展是生态现代化的重要路径,绿色生产力是推动绿色发展的动力。中国是世界上最大的发展中国家,人口基数庞大,人均资源不足,又处于工业化阶段,生态环境较为脆弱。这一基本国情决定了中国只能通过发展绿色生产力走绿色发展之路。

一、绿色科技创新

面对自然资源供给对经济增长的自然界限,经济增长要突破这个界限,只能靠科技进步,尤其是发展绿色技术。要求强化绿色技术创新引领,壮大绿色技术创新主体,培育一批绿色技术领军企业。促进绿色技术协同创新,加快绿色技术转化应用,构建市场导向的绿色技术创新体系。

绿色技术并非某一单项技术,而是一整套技术,它包含生态农业、清洁生产、污染防治及环境监测技术等方面,这些虽不相同但又互有联系。绿色技术又具有高度的战略性,它与可持续发展战略密不可分,都是我国需长期坚持的基本战略,是实现经济生态可持续发展的根本路径。在数字经济背景下,绿色科技创新需要深化工业互联网、物联网、人工智能等先进技术在产业绿色化转型中的应用,推动传统产业的绿色化改造,培育和壮大绿色低碳新兴产业,全力发展高效节能产业,重点推进新能源产业,深入推进资源循环利用产业,使绿色低碳产业成为我国战略性新兴产业的重要组成部分。随着时间的推移和科技的进步,绿色技术本身也在不断地发展和变化。增加对以绿色技术、智能系统制造为代表的绿色科技革命的投资,建设基于物联网、大数据、云计算等现代化生态环境治理的新型基础设施,扎实推动污水处理、垃圾焚烧、核辐射、温室气体减排等重大绿色科技攻关项目。需要加大绿色技术创新的研发力度,对外引进先进技术经验与技术人才,促进绿色科技的跨域交流;对内提供绿色技术创新的研发保障,防止外部挤压,为产研结合创造高效路径,从而使研究成果更快地应用到企业生产中。要对绿色科技创新提供政策激励,打造绿色科创产业园,对绿色技术企业给予财政补贴及税收优待,从政策层面倒逼企业进行绿色技术革新。

在农业现代化领域,工作重点在于推进秸秆还田、加强散煤治理、开展沼气工程、开发生物质能,减少农业耗能。发展特色低能耗农业,采用拓展生物增长空间的立体种养模式,减少农业生产对化肥农药、资源能源消耗的依赖,提高农产品的产出效益。

在工业现代化领域,着力解决煤炭、钢铁、电力等资源型产业产能过剩的难题,将煤炭行业的产业升级、电力行业的改造以及新能源开发相结合,提高传统能源的利用率。扩大风能、太阳能、核能等零碳能源消费的比重,优化太阳能光伏和风电制造业布局。

在城市现代化领域,为满足居民日益丰富的优质生态服务需求,要以低能耗为导向改造城市的基建,重点针对城市的交通和建筑两大高能耗部门,重新塑造城市生态系统。在交通方面,推广新能源交通工具,全面改善交通运输的用能结构,优化地下空间开发,打造地下综合管廊,节约城市用地。[①] 在建筑方面,既要采用节能环保型材料,构建高密度住宅格局,也要加快老旧建筑的节能改造。

二、绿色产业创新

新时代背景下发展绿色生产力要求推动产业结构绿色化升级,将产业结构系统从较低形式向较高形式推进,打造绿色产业链,通过高端产业拉动实现绿色发展,并且要求企业技术不断升级革新,实现绿色生产,推动产业绿色化转型。以产业生态化和生态产业化为方向,推动传统产业绿色化改造与绿色新兴产业培育壮大,构建具有绿色生产力特征的绿色

---

① 薄凡、庄贵阳:《"低碳+"战略引领新时代绿色转型发展的方向和路径》,《企业经济》2018 年第 1 期。

产业体系。

习近平总书记在关于新质生产力讲话中明确指出,发展的战略性新兴产业排在前两位的是新能源和新材料。这两个就属于绿色产业。前者主要指可再生的清洁能源替代不可再生的化石能源。后者主要指发现并广泛运用新材料替代已经和正在枯竭的以及可能造成环境污染的材料,体现资源节约、环境友好。创新绿色产业的路径在于:首先,制造产品的人员要掌握绿色生产的技能,拥有绿色生产、创新生产的素质,认同绿色生产的理念;其次,需要高质量绿色产品的设备机器,为绿色生产提供设备保障;需要合格的原材料,这要求摒弃无法降解的灰色材料,使用可再生能源投入生产;再次,需要制造高质量产品的方法,即通过技术革新为绿色生产保驾护航;最后,提供绿色生产环境,实现绿色生产力的完整闭环。

提供更多优质生态产品,这是发展绿色生产力的应有之义。在生态产品的供给上,既要注重数量供给又要注重质量要求。生态产品是保持生态功能、维护生态平衡、保障生态安全的自然因素。生态产品包括有形生态产品和无形生态产品。过去的经济高速增长是以牺牲环境为代价,粗放式的增长带来的是资源枯竭、能源短缺、气候变化等多种生态环境问题,严重影响了生态产品的供给带来环境污染的负效应。这需要供给侧推动生态空间、生态技术及生态制度的供给能力。一是要注重森林、绿地、海洋、河流等生态资源的开发,有节制地拓展生态空间,并对污染区域进行治理,保障绿色生产力的代际可持续。二是要实行集约型生产方式,通过新型生态技术,实现低排放、低消耗、零污染的可持续绿色生产。三是从法律、政策、经济、社会、文化等方面对绿色生产进行制度激励与约束。

三、绿色发展方式

绿色发展方式就是党的二十大报告指出的，"协同推进降碳、减污、扩绿、增长"。这四个方面的协同就形成绿色发展方式，体现发展的绿色底色。

形成绿色生产力需要根据生态现代化的理念改变经济结构和人的行为模式。进入新时代的中国式现代化要发展绿色生产力，走生态文明的发展道路，转变发展方式，实现人与自然和谐共生。绿色发展的关键是在发展中减少碳排放，减少对自然资源的消耗，这就要依靠科技进步节能减排、清洁生产，实现绿色发展。

第一，正确认识环境治理与经济发展之间的关系，形成符合生态文明的生产和生活方式。当前以全球气候变暖、土地沙漠化以及雾霾极端天气等为特征的生态问题已经成为阻碍经济可持续发展的重要因素，成为影响满足人民日益增长的美好生活需要的制约因素。因此，推进发展方式的绿色化转型，将有助于更好地构建人与自然和谐共生的现代化格局。在工业化过程中，推进产业结构调整，将现有的生态禀赋转化为经济优势，将绿色技术创新融入生产流程，推进产业可持续发展。在城市化过程中，强化国土空间规划，减少人类活动对自然空间的占用，将新发展理念渗入城市建设，推动建设"智慧城市"，打造更加低碳环保的绿色城市。

第二，培育良好的生态文明价值观，形成敬畏自然、尊重自然、顺应自然的发展战略及其实践。引导人类改变传统铺张浪费、过度消费的行为，摒弃以污染环境、破坏自然等为代价的不可持续的消费方式，倡导人们形成合理消费、绿色消费的可持续消费模式，成为"生态环境守护者"。

第三节　新能源革命及其影响

发展绿色生产力最为重要的是新能源革命。根据我国碳达峰和碳中和的时间表,中国式现代化形成绿色生产力需要以清洁低碳的新能源体系作为支撑。新能源革命不仅仅指科技革命下新能源的产生,还涉及新能源替代旧能源的应用和推广。新能源革命不仅指以清洁能源替代高污染能源,还涉及可再生能源替代不可再生能源。

一、能源的区分及其经济影响

能源是人类社会生存和发展的基础,是生产力的重要要素,是生产力发展的重要支撑。资源可以分为不可再生资源和可再生资源。不可再生的化石能源是经过亿万年形成的、短期内无法恢复的资源,如煤炭、石油、天然气等。随着大规模的开采利用,它们的储量越来越少。可再生资源是可以不断得到补充或能在较短周期内再产生的资源,如风、水、海洋、潮汐、太阳和生物质等。以上这些都是一次能源,通过一定技术的开发利用就形成二次能源。如电能就有煤电、水电、油电、核电等。除此以外,还有太阳能、生物质能、风能、地热能、波浪能、洋流能和潮汐能,以及海洋表面与深层之间的热循环等。自工业革命后,世界广泛使用的能源是化石能源,依赖的是煤炭石油等不可再生资源。化石能源是一种碳氢化合物或其衍生物,它由古代生物的化石沉积而来,化石燃料不完全燃烧后,都会散发出有毒的气体,会造成严重的环境污染。随着人类的不断开采,化石能源的枯竭是不可避免的,大部分化石能源将在 21 世纪被开采殆尽。

发展经验表明,在化石能源的大肆开发使用之下,地球的环境已经出现了明显的恶化,如全球变暖。此外,由于化石能源的不可再生性,已经开始枯竭。因此,要积极推动能源绿色低碳转型,以科技创新助力能源转型。"能源转型"一词最早发源于德国,并主导能源要从石油和核能转向可再生能源。可再生能源在许多方面不同于化石燃料。首先,大多数国家都拥有较为充足的可再生能源资源;其次,可再生能源难以耗尽,更难被破坏;最后,可再生能源不仅边际成本近于零,且开发和使用更加灵活。但可再生能源也存在能量密度低、不稳定、开发成本较高等缺点。能源转型主要涉及两方面的内容:一是主导能源的转换;二是能源系统的转变。回顾我国的能源发展史,每一次能源转型,不仅带来了主导能源的变化,还引致了技术的更新换代、产业结构的调整、经济和社会体制的变革等。

1980年联合国召开的"联合国新能源和可再生能源会议"对新能源定义为:以新技术和新材料为基础,使传统的可再生能源得到现代化的开发和利用,用取之不尽、周而复始的可再生能源取代资源有限、对环境有污染的化石能源,重点开发太阳能、风能、生物质能、潮汐能、地热能、氢能和核能。新能源指相较于传统能源具有可持续性、对环境影响小、分布广等特点。当前与新质生产力相对应的是新能源,即清洁能源。为了实现节能减排的零碳目标,减缓全球气候变化速度,新能源的开发利用已经成为世界关注的焦点。

人类社会的每一次重大进步都与能源革命紧密相连。第一次能源革命的背景是18世纪末至19世纪初的工业革命,当时煤电作为主要能源被广泛使用,并推动了人类社会的发展。随后,第二次能源革命出现在20世纪初至中期,以石油转化为电力的广泛应用推动了交通和工业的发展。而第三次能源革命则是指20世纪末至21世纪初,天然气和核能等新能源的应用取得了重要突破。能源特别是二次能源的每一次替代都促使生产力发展进入一个新阶段,并使经济规模急剧扩大。现在,第四次能源革命正在到来,与传统能源不同的新型能源包括太阳能、风能、水能等,它们是利用自然资源的能量转化为电能或其他形式的能源,这些新型能源的发展将对能源行业的格局产生重大影响。与此相应,以碳为基础的世界经济将向以清洁、高效和可再生能源为基础的经济转型。

二、碳达峰和碳中和

我国早在 1994 年发布的《中国 21 世纪议程——中国 21 世纪人口、环境与发展白皮书》中就有关于控制碳排放的要求,2009 年在哥本哈根世界气候大会上,中国明确提出"争取到 2020 年单位国内生产总值二氧化碳排放比 2005 年有显著下降"。2015 年习近平主席在气候变化巴黎大会上指出:"中国在'国家自主贡献'中提出将于 2030 年左右使二氧化碳排放达到峰值并争取尽早实现,2030 年单位国内生产总值二氧化碳排放比 2005 年下降 60%—65%。"中国明确提出了"碳达峰",并给其设立了总量目标。碳达峰指的是以二氧化碳为主的碳排放总量在某一个时间点达到历史峰值之后不再增长,而是稳步回落。而碳中和就是企业、团体或个人直接或间接产生的碳排放总量,和通过植树造林、节能减排等方式利用和回收的碳排放量实现正负抵消,达到相对"零排放"。

从人均碳排放的角度来说,美国和欧盟的一些发达国家由于先发优势,早在 21 世纪初就已经实现了碳达峰。中国是世界上最大的发展中国家,正处于经济发展的关键时期,工业化和城镇化发展的惯性还需要持续一段时间,目前仍未实现碳达峰,这意味着中国在实现碳中和目标上,时间更紧,任务更重。中国宣布力争在 2060 年前实现碳中和,意味着我们要用不到 40 年的时间去实现"碳中和"目标,而欧美发达国家基本上有

40—70 年的时间实现碳达峰到碳中和的转变。

对碳达峰和碳中和可以用环境库兹涅茨曲线来表示(见图 5-1):经济发展的初期,人类活动范围较小,所使用的环境资源较少,对环境的影响程度有限,此时环境状况比较好,如 A 点;随着经济继续发展,人类使用环境资源增加,但是对资源的使用和处理方式变化却不大,这样,就开始对环境造成较大的影响,环境的承载能力下降,环境污染问题开始显现并且加重,如 B 点。我国目前正处于库兹涅茨曲线中 A 点至 B 点中间的位置,将要进入 B 点(即碳达峰);随着现代化的推进,低碳和无碳技术加速发展,也具有了较强的治理环境的能力,相应的环境污染程度则有明显下降,技术的发展胜过资源的损耗,逐步进入 C 点(即碳中和)。

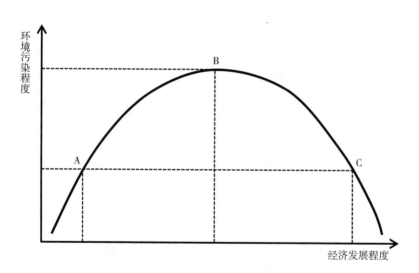

图 5-1　环境库兹涅茨曲线

实现碳达峰、碳中和目标最为重要的是绿色技术的突破,推动绿色产业跨越式发展,加快科技现代化进程,利用互联网、物联网的新技术基础,将交通、家居融入绿色化,促进绿色资源循环利用,从而形成绿色生产力。

三、新能源革命

已有的工业革命成果被称为"化石能源的时代"。化石能源属于旧质生产力,主要原因有三点:第一,进入 21 世纪,石油和其他化石能源日渐枯竭;第二,化石燃料驱动的技术陈旧,产业结构运转乏力;第三,使用化石能源的碳排放破坏了气候生态系统。这就提出了寻求新能源的要求,这就是要实现互联网技术和可再生能源结合起来的新能源革命。从一定意义上说,新能源属于新质生产力的重要成果。

新能源革命是利用太阳能、风能、水能等新能源发电和储能技术来解决人类能源问题。新能源革命的发展不仅带来了绿色清洁的能源,还对推动新质生产力形成作出了重大贡献。杰里米·里夫金的《第三次工业革命:新经济模式如何改变世界》一书,将当前的能源革命称为第三次工业革命的实现方式。他认为,这场新能源革命最引人注目的就是他倡导的新能源的"五大支柱":支柱一,能源本身,向可再生能源转型。这是新能源技术以及新能源技术和新通信技术融合的基础。支柱二,将每一大洲的建筑转化为微型发电厂,以便就地收集可再生能源,这是新能源的生产方式。支柱三,在每一栋建筑物以及基础设施中使用氢气和其他储存技术,以储存间歇式能源,这是能源的储存形式。支柱四,利用能源互联网技术将每一大洲的电力网转化为能源共享网络,这一共享网络的工作原理类似于互联网,这是能源的分享机制。支柱五,将运输工具转向插电式以及燃料电池动力车,这种电动车所需的电可以通过洲际间的共享电网平台进行买卖,这是更加有效地利用新能源,而这种方式也会极大地促进新能源的推广。杰里米·里夫金认为这五大支柱是第三次工业革命中的关键要素。

杰里米·里夫金所提到的"第三次工业革命",实质就是以数字制造技术、互联网技术和再生性能源技术的重大创新与融合为代表,引领工业、产业乃至社会发生重大变革,这一过程不仅将推动一批新兴产业诞生与发展以代替已有产业,还将导致社会生产方式、制造模式甚至生产组织方式等方面的重要变革,最终使人类进入生态和谐、绿色低碳、可持续发展的社会。

世界上缺乏的不是清洁能源,而是将这些清洁能源收集并储存起来的技术。以建筑行业为例,每一个建筑能够吸收照射到楼顶的太阳能、墙外的风能、从房子内部排出的污水以及楼房下面的地热能,因而可以在保留原有使用功能的同时,还能够成为一个微型发电厂。① 微型能源企业是否能够孕育而生,关键在于绿色技术的创新,技术创新带来的能源互联网、电动汽车、低碳工业园区等新能源消费形式能够产生较大的外溢效应,而发展新能源产业能够有效改善我国的能源供给体系,对促进中国经济绿色转型,实现高质量发展也有积极的作用。因此未来要加大对光伏发电、风电、生物质能、核电等清洁能源开发技术以及对储存可再生能源技术的投资。

新能源革命的特征就是杰里米·里夫金在其《第三次工业革命:新经济模式如何改变世界》一书中富有远见地提出的将互联网与可再生能源相结合。新能源技术发展将形成以可再生能源为支撑的新型分布式能源系统,而与分布式网络通信技术的结合将形成智能型"能源互联网",实现绿色能源的在线分享。未来将以分散采集和转换的可再生能源替代集中开采和转换的煤炭、石油等化石能源。可再生能源就地转化为电力,在智能化区域电网中使用和共享。新一次能源生产和转换方式的变革,

---

① [美]杰里米·里夫金:《第三次工业革命:新经济模式如何改变世界》,张体伟、孙豫宁译,中信出版社2012年版,第40页。

也相应改变能源输配和利用的方式,所以扁平化的智能能源网络应运而生。由于太阳能、风能、水能等可再生能源发电的间歇性,氢将成为新的重要的二次能源载体。利用可再生能源所发电力制氢,氢作为重要的储能方式和洁净无污染的优质二次能源载体,既可用来再次发电,又可用于燃料电池驱动汽车。作为一次能源的可再生能源和作为二次能源的氢能的结合,有可能成为第三次工业革命中新型能源体系的重要特征。未来形成以可再生能源为主体的智能化能源体系,氢能技术将是其重要的支柱。

四、新能源的广泛应用

新能源的应用与新能源革命的进程相辅相成,应用越广泛,新能源革命进程越加快,从这种意义上说,新能源革命包含新能源的应用。

新能源的广泛应用就是要从原来依赖化石能源的发展模式转变为以新能源体系为支撑的经济发展模式,新质生产力的绿色生产力体系需要构建新型能源体系。新质生产力的新型能源体系构建要推动能源领域的关键性技术突破,以新能源技术和信息技术的深入结合为特征形成能源互联网,以能源组成低碳化、能源供应安全化、供需平衡智能化为目标,建设以储能为核心、多能互补的新型能源体系。

新能源产业是我国乃至世界绿色可持续发展的首要选项,但是新能源的供应多半是间歇式的,具有很大的不确定性。传统能源尽管数量有限且会带来污染,但是长久以来能稳定地供给。当前我国以煤炭为主的能源结构在短时间内还无法改变,转向新能源体系还需要一定的时间,因此要大力推广传统能源的清洁利用技术。煤的清洁化利用、低排放以及油品质量提升等技术改造不但能为传统能源创造新的发展空间,还能为我国更好地向新能源体系过渡起到很好的缓冲作用。

随着科技创新在能源绿色低碳转型中的权重不断加大,只有从国家能源安全和经济可持续发展的战略高度重视绿色技术创新和推广,才能在新一轮科技革命中抢占主动权。能源转型是一个渐进和长期的过程,进入后石油时代,主导能源将从石油转向可再生能源。鉴于我国所拥有的资源禀赋以及经济发展阶段,我国的能源转型无法像世界上多数国家一样循序渐进,而是要实现跨越式演进和迭代式发展,直接从煤炭时代迈向可再生能源时代。一方面,在坚定维护能源安全战略的基础上,我国在能源转型过程中依然要以煤炭为主。简单粗暴地去煤化,不仅能源安全得不到保证,而且实体经济也会因为能源成本的快速增加而受到影响。另一方面,在能源转型过程中,要积极发挥市场的作用。在可再生能源产业发展初期,受到上网电价补贴等政策的刺激,产业可能发展迅速。在技术趋向成熟、装机规模不断扩大之后,要及时渐进式引入市场机制,促进产业的良性发展。

党的十八大以来,我国能源技术革命取得了阶段性成果,创新能力显著提升,面对目前以煤为主的基本国情,强化煤炭清洁高效利用,积极发展非化石能源,持续深化电力体制改革,大力推进节能减排和资源节约集约循环利用,建立并完善能耗双控制度,能源绿色低碳转型成效显著。2021 年,我国清洁能源消费占比达 25.5%,比 2012 年提升了 11 个百分点;煤炭消费占比下降至 56%,比 2012 年下降了 12.5 个百分点;风光发电装机规模比 2012 年增长了 12 倍左右,新能源发电量首次超过 1 万亿千瓦时。目前,我国可再生能源装机规模已突破 11 亿千瓦,水电、风电、太阳能发电、生物质发电装机均居世界第一。特别是我国的新能源汽车、锂电池和光伏产品取得重大突破,产量及出口量迅猛增长。

特别需要指出,新能源作为"革命",不仅仅指能源本身的革命,它还会带动整个产业系统的革命。原因是已有的生产、服务设备乃至居民家庭消费的设备都是与化石能源相匹配的,使用新能源不可避免地需要更新设备,不仅产生大量的"沉没成本",还需要有新的投资,需要采用新能源的新技术和新设备,这是新能源革命的延伸。

五、绿色制度创新

转向绿色发展的现代化道路,最根本的还是生态文明制度建设,用制度保护环境,建立符合习近平生态文明思想的制度体系建设,进一步完善和落实系统配套、职责明确、法治导向的生态文明管理和法律制度体系。用制度的权威性、约束性去促进生态问题的解决,尤其是加快新能源革命的进程。

我国发展和应用新能源除了必要的绿色技术创新之外还需要进行各方面的制度建设,为其发展奠定良好的制度基础。第一,要强化新能源产业的投融资机制建设,即绿色金融。完善和新能源产业相关的金融服务以及资本市场,在扩大银行业对新能源行业绿色信贷支持的同时,加快设立新能源产业投资基金,实现新能源产业金融支持和新能源投资主体多元化。第二,由于新能源利用主要是以发电的形式,电力市场体制建设对新能源体系的构建至关重要。在电力体制改革过程中,要建立适应新能源发电的电力系统,大力发展智能电网和电动汽车,将电力输送网络转变成信息能源网络,实现将自主生产能源通过网络共享剩余资源,促进跨区域电力交易,开展新能源发电的辅助服务。第三,要进一步完善可再生能源发电补贴制度。尽管我国当前对新能源需求迫切,但新能源与常规能源相比,在较长时间内市场竞争力仍然不尽如人意。而我国在新能源补贴方面存在一定的缺口,考虑到内外环境的复杂性,政府对新能源补贴要发挥政策导向作用,优化可再生能源补贴资金来源,保持补贴政策的稳定性。① 第四,鉴于化石能源目前仍是我国的基础能源,因此除了完善新能源体制机制的建设之外,还需要完善并改革煤电等传统能源体系的管理制度及其市场退出机制,防止企业进行低效率的过度竞争,造成过剩产能,影响新能源市场的构建以及新能源企业的进入。

建设现代化的生态环境治理体系是推动绿色发展、建设美丽中国的必然要求。首先,构建政府主导、企业为主体、社会组织和公众广泛参与的多元共建共治共享环境治理新格局。其次,环境治理能力现代化,构建全过程、多层次的环境风险评估和防范体系,实现生态环境治理中人力、物力、科技、数据以及绿色基建等方面的高效协同,使生态环境治理手段、治理能力和治理任务相匹配,从而提升生态环境治理能力保障体系的现代化水平。再次,健全完善支持绿色发展的管理和法律体系,增强环境保护的执法力度,做到有法可依、有法必依、执法必严、违法必究,对绿色发展施加法律层面的约束,实现绿色发展的规范化。最后,构建人与自然生命共同体。生态文明建设不仅需要大国的努力,更需要全球的共同努力。我国致力于共建"生命共同体",就是希望从中国自身做起,动员更为广泛的国际力量加入生态文明建设中来,为实现全球绿色可持续发展贡献"中国智慧"。

---

① 史丹:《能源转型与低碳工业化道路》,《理论视野》2017 年第 11 期。

第六章　数字经济对中国式现代化的
　　　　　新动能作用

现在信息化已经发展到智能化和数字化的时代,由此产生的数字经济可以说是当前新质生产力的综合质态。发展数字经济是把握新一轮科技革命和产业变革新机遇的战略选择,数字经济既是现代化的现实场景,也是中国式现代化的强大动能。

第一节　现代化的数字经济场景

数字经济是以使用数字化的知识和信息作为关键生产要素、以现代信息网络作为重要载体、以信息通信技术的有效使用作为效率提升和经济结构优化的重要推动力的一系列经济活动。现阶段表现为互联网、大数据、人工智能、物联网与实体经济的深度融合。在数字经济发展和数字技术推动下,新工艺、新材料不断涌现,生产力系统正在进行重大变革。信息、数据、网络、知识和技术等都成为生产力的重要因素。在数字经济时代,单个要素生产力的地位下降,全要素生产力的地位明显提升,孕育出新质生产力,成为经济发展的强大动能。

一、数据成为关键生产要素

2020 年党的十九届四中全会根据数字经济的发展,明确数据作为与土地、劳动力、资本、技术并列的五大生产要素之一。习近平总书记指出:"要构建以数据为关键要素的数字经济。"①从经济学的视角,数据不是指未经加工的原始数字,而是经过采集并经过一定的算法,经过存储、加工、分析能够成为生产要素的数据。也就是只有融入了人类劳动且能够发挥经济效益的大数据才能称之为数据要素。数据作为一种新的生产要素,已成为数智时代新型知识生产方式主要的生产力要素。数字经济实际上由数字和经济两个方面融合而成。这些数字要素渗透和融合到生产、流通、分配和消费各个方面,就形成数字经济。

数据的关键生产要素作用主要表现在以下方面:首先,数据是科技创新的重要要素。人工智能、区块链、云计算都是以大数据为技术基础。其次,数据是宏观经济运行和调控、政府治理的依据。再次,数据是企业管理和营销的依据。最后,数据成为竞争力和垄断内容。获取数据的能力成为竞争力的重要标志,谁垄断数据谁就垄断市场。企业通过互联网掌握大数据,通过云计算提供的大数据,通过互联网获得的大数据将成为发展的重要资源。

数据作为新的生产要素显现出独有特征:

首先,数据要素具有提升其他要素效率的依附倍增性。数据以非实体形式存在,不像土地、资本要素可以单独发挥作用,但它与其他传统要素的依附程度极高,可以与其他传统生产力要素相结合产生乘数作用,提

---

① 《习近平谈治国理政》第四卷,外文出版社 2022 年版,第 204 页。

升传统要素的生产效率。比如"数据+土地"实现对田间数据的精准测量,促进对可用耕地进行合理规划,获取最高产量与最大经济效益;"数据+劳动"加快人力资本积累,便于人们学习先进的知识和技术,提高劳动生产效率;"数据+资本"提升投资决策能力,引导资本流向高收益部门;"数据+技术"提升技术创新能力,促进先进技术的传播扩散,带动全社会生产力水平提升。由此,数据要素作为新的生产力要素,通过依附其他要素发挥作用,实现要素间资源的优势互补,并带来各个生产力要素的倍增效应。

其次,随着数据采集技术和存储能力的快速提升,数据呈现出指数型增长和积累。表现为不同于传统生产力要素的非稀缺性,同时可以部分替代稀缺性要素,有效地缓解传统生产力要素资源紧缺的压力。比如在替代土地要素方面,利用汇聚水、土、气、生物的土壤基础数据搭建土地时空数据全景,大幅度节约实体土地空间;在替代劳动力要素方面,形成以生产数据管理系统为核心的自动化、智能化生产流程,部分甚至全部替代劳动力的使用[1];在替代资本要素方面,收集不同投入组合的动态模拟数据以实现精准生产,降低资本运行的试错成本。因此,海量数据要素,能在很大程度上破解资源紧缺的发展困境。

最后,数据作为要素具有促进多元主体协作的共享性。数据要素突破了物理空间限制,流动性最强,表现出更为明显的非竞争性和非排他性,数据流动和使用的边际成本几乎为零,从而使多个主体可以同时使用数据要素投入生产,比如以数据为基础的信息网络构建了网络链接、平台

---

[1]　李海舰、赵丽:《数据成为生产要素:特征、机制与价值形态演进》,《上海经济研究》2021年第8期。

型企业、数智化企业、智能化管理等数字生产关系[1];通过数据共享,支持多元主体参与生产全过程的各个环节,以"外包""众包""皮包"的形式进行协作化生产[2],有利于构建灵活开放的共享生态。

二、数字经济的应用场景

数字经济基本要素渗透和融合到生产、消费、流通等经济活动的各个方面,通过具体应用形成数字经济的应用场景。应用场景越大,数字经济的生产力作用越大。

在生产方面,马克思在《资本论》中把机器体系概括为工具机、传动机构和发动机。其主要意义在人力被机械替代。信息化后机器体系又加了个电脑,其意义在人脑被电脑替代。数字化后,机器体系进入智能制造阶段,工具机、传动机构、发动机均数字化。也就是说以新一代信息技术为基础,大数据、互联网、人工智能渗透在制造体系的各个环节。网络的互联互通构成了生产联系,经营管理也智能化。工业互联网实现资源共享、生产协同。数字技术实现从生产资料、生产设计、产品制造、产品管理以及产品流通的跨越时间空间的分工合作。数字技术提供的产品和服务具有个性化、差异化、定制化的特点。数字技术可以对生产过程进行模拟、评估、优化,利用物联网技术对生产过程精细把控;智能机器人不仅替代人类在高危环境中劳动,还能从事人难能及的高难度工作。特别是3D打印在实际上可以复制一部分全球产业链分工环节,在一定程度上缓解

---

① 洪银兴、任保平:《数字经济与实体经济深度融合的内涵和途径》,《中国工业经济》2023年第2期。
② 李海舰、李燕:《企业组织形态演进研究——从工业经济时代到智能经济时代》,《经济管理》2019年第10期。

了外循环环节转向国内后的"卡脖子"压力。所有这些表明,我国要从世界制造大国发展成为世界制造强国,数字经济成为必要的技术基础。

在消费方面,依托大数据、消费互联网平台和人工智能技术,产生了新的消费业态。其数字化场景:一是实物产品数字化,如音乐、出版、新闻、广告、服务代理、金融服务等,消费者不用通过购买实物产品而是通过手机等移动终端直接交易和消费这些产品和服务。二是互联网平台为大众提供开放式消费平台。电子商务、直播带货等定义了新的消费方式。三是共享型消费进一步发展。移动支付、互联网平台、大数据等现代技术的发展使共享充电宝、共享雨伞、共享单车、共享汽车等各类共享型消费进入各种消费活动。消费数字化扩大并带动了消费升级。依靠移动终端,即时购买、消费、支付,供求不受时间、空间限制,降低了交易成本,消费方式更加丰富,消费向多元化发展,消费更体现为个性化、共享化。随着数字经济的快速发展,诸多新的消费场景和业态不断涌现,如电商直播、"云购物"、在线教育、在线医疗、智慧旅游等。数字技术的普及和发展,为广大消费者提供了各种丰富的信息资源,提高了信息对称性,互联网平台依靠大数据和云计算服务很大程度上可以克服市场信息不完全,为用户提供充分的市场信息、充分的选择机会,也可为用户提供个性化的定制服务,为用户创造更大价值。

在交换方面,数字经济时代交换市场不再仅局限于传统意义上的实体市场,实体市场被互联网、物联网平台替代。一是商品交易平台化。依赖于信息网络技术发展的电子商务实现了商品交换的网络化、平台化,商家依赖网络交易平台推广商品、提供购物指导和售后服务;消费者通过交易平台快速收集目标相关商品的信息,在众多商品中选择质优价廉的商品自助形成订单;并通过与物流公司和第三方支付平台合作完成交换行为。信息实时网络互动的互联网市场交易方式突破时间、空间约束,将多样化的商品信息通过交易平台呈现给消费者。二是流通货币数字化。随着互联网及信息技术手段与传统金融服务业态的有机结合,商品交易采取网上支付、移动支付的第三方支付方式,不需要采用现金交易方式。与此相应,网上银行、金融服务外包以及网上借贷、网上保险、网上基金等数字金融服务相继出现。近年来,依赖于互联网信息技术发展而诞生的电子货币、数字货币将使现代交易行为更加便捷。电子货币可通过电子化途径将实体货币转化为数字,以数字形式通过第三方交易平台快捷支付。相较于传统货币,电子货币具有成本更低、支付更灵活便捷、流通范围更广的特点。三是互联网和物联网通过各种现代信息和数字技术实时采集任何需要监控、连接、互动的物体或过程,通过各类可能的网络接入,实现物与物、物与人的互联互通,实现对物品和过程的智能化感知、识别和管理。正因如此,党的二十大提出:"加快发展物联网,建设高效顺畅的流通体系,降低物流成本。"

此外,政府治理数字化和社会管理数字化。政府治理和社会管理各个方面利用大数据,既精准又便捷,尤其是在疫情防控、治安管理等方面作用突出。特别要注意到数字经济在中国式现代化推动城乡区域协同中的作用,中国是地区、城乡发展不平衡的发展中大国,尤其是教育、医疗等基本公共服务资源配置不平衡,通过互联网平台及依托数字技术的远程教育、远程医疗等方式可以使欠发达地区和农村获得优质的教育和医疗等方面的服务,医疗等社会保障异地结算也成为可能。

三、数字产业化和产业数字化

数据成为关键生产要素后,对产业的直接影响主要在数字产业化和产业数字化两个方面。

首先是数字产业化。每个人的经济活动都在提供原始数据,但成为生产要素的数据是经过采集、处理、分析、用于某种生产和服务目的的数据,因而也被称为大数据。大数据的特点在于对海量数据进行分布式数据挖掘,大数据具有海量、高速、多样、价值的特点。在数字经济中作为生产要素的大数据是比石油资源还重要的资源。因此催生了大数据产业,并且成为基础性产业,发展新一代信息技术和信息产业依靠数字技术创新驱动,不断催生新产业、新业态、新模式。随着信息技术和人类生产生活交汇融合,互联网快速普及,全球数据呈现爆发式增长、海量集聚的特点,对经济发展、社会治理、国家管理、人民生活都产生了重大影响。世界各国都把推进经济数字化作为实现创新发展的重要动能,在前沿技术研发、数据开放共享、隐私安全保护、人才培养等方面做了前瞻性布局。[①]

其次是产业数字化。大数据赋能各个产业,即产业数字化。利用互联网和数字技术对各个产业进行全方位、全角度、全链条的改造,加快制造业、农业、服务业数字化、网络化、智能化,不仅衍生新产业,而且改造传统产业。实践证明,移动互联网进入哪个产业领域,哪个产业领域就能得到根本改造并得到提升。数字技术对传统产业的渗透,使传统产业部门一跃进入信息化社会。数字化的制造业,如国内某个著名制造业企业董事长所说的:核心业务全部在网上,管理流程全部靠软件,产品必须高度智能化,制造业的竞争力大大提升。农业中的数字化最为明显的是全链条数字化、智能化,实现无人机播种、撒药、施肥、收割,以数字智能技术植保、监测病虫害等。

---

① 习近平:《审时度势精心谋划超前布局力争主动　实施国家大数据战略加快建设数字中国》,《人民日报》2017 年 12 月 10 日。

第二节 数字经济的新动能要素

1998 年,美国商务部的《浮现中的数字经济》研究报告将数字经济的特征概括为"因特网是基础设施,信息技术是先导技术,信息产业是带头和支柱产业,电子商务是经济增长的发动机"。[①] 根据数字经济在近年来的新发展,基于数据成为关键性生产要素,数字经济的新动能要素概括为互联网平台、算力和算法。数字经济的新质生产力作用就是依靠互联网的不断完善和扩展、算力的不断提升、算法的不断优化实现的。

一、互联网是数字经济的基础设施

互联网是网络与网络之间串联成的互联互通的庞大网络。这些网络以一组通用的协议相连,形成逻辑上的单一且巨大的全球化网络,在互联网络中有交换机、路由器等网络设备、各种不同的连接链路、种类繁多的服务器和数不尽的计算机、终端等。经济主体的生产、交换、分配、消费等经济活动都越来越多地依赖信息网络,从网络上获取大量经济信息,依靠网络进行预测和决策,许多交易行为也直接在信息网络上进行。互联网平台作为数字经济依托的载体,同时也是大数据的采集、开发和运用的平台。在互联网平台上自然生成的各类各地消费者的消费偏好、交易频次、消费品种和数量等数据加以计算和开发可以生成各种市场供求等方面的

---

① 《浮现中的数字经济》,姜奇平译,中国人民大学出版社 1998 年版,第 7 页。

数据,供各种决策所用,成为生产要素。

在形成新质生产力的过程中互联网的作用体现在:一是互联网推动了社会信息化水平的进步,信息的流动速度加快。信息在企业之间的传播打破了市场中的信息不对称壁垒,信息交流渠道的流畅使企业能够更充分地利用当前最适合的生产技术组织企业生产经营活动,国民经济运行效率得以整体提升。二是互联网推动了新兴产业的发展。同时带给传统产业新的发展机遇,开拓产业发展空间,优化产业运作方式。推动产业链向中高端升级。三是互联网可以有效降低企业的搜寻成本,提升企业所需信息质量,促进资源向更高效率的行业流动,通过有序引导资源配置实现经济结构升级。

互联网是现代社会的必备基础设施,是数字经济发展的底座。互联网应用的持续发展和数字经济加速了信息技术与各行各业的深度融合,成为推动经济增长的新引擎。在大数据、算力等新一轮数字基础设施的构建上,建设更具规模和质量的互联网是提升发展新质生产力的前提,在形成新质生产力的过程中,需要加快互联网技术创新。夯实网络基础设施的性能与质量,在核心技术、硬件设备和软件平台等方面取得创新性突破。

产业互联是数字经济发展的新阶段。目前我国的互联网主要还是消费互联网,需要更多发展产业互联网,释放互联网产业发展潜能,以“互联网+”拓宽产业集聚深度与广度,不断纵横拓展现有产业集聚,推进互联网经济、互联网创业等产业的发展,促进产业互联网的发展,重构产业链生态。通过推动互联网、大数据、人工智能等数字化技术和传统产业的深度融合,对产业链、供应链、价值链进行重塑和再造,是实体经济转变发展方式的重要战略机遇。

二、算力的不断提升

算力也就是计算能力,算力为数字经济发展提供了基本的计算能力支撑,数字经济的任何发展都建立在优化的算法和强大的计算速度上,这让算力成为关键的核心生产力。算力是继前几次产业革命形成的热力、电力、网力之后推动发展的新动能。

算力指设备在单位时间内完成计算任务的速度和能力。通常以浮点运算或整数运算的数量来衡量,单位可以是亿次每秒(FLOPS)或千亿次每秒(TFLOPS)。算力的高低直接影响设备的计算速度和效率,对各种科学计算、数据处理和人工智能等领域都非常重要。算力受到多个因素的影响,主要包括处理器性能、内存容量、硬盘读写速度以及计算任务的复杂度等。

算力广泛应用于科学计算、数据处理和人工智能等领域。算力在数字生产力形成中扮演着重要角色,数字经济时代使数据处理的需求日益增加。算力可以加速对海量数据的处理和分析,例如搜索引擎的索引算法、推荐系统的计算和商业智能的数据挖掘等。特别是目前进入人工智能时代,算力是实现人工智能的关键要素之一。训练深度神经网络需要强大的算力支持,对于图像识别、自然语言处理、语音识别等任务具有重要意义。同时,算力的提升也推动了人工智能的发展。随着数字技术的进步、数字经济的发展,算力成为生产力发展的关键要素。近年来,随着5G、人工智能、物联网、区块链等领域的快速发展,算力已悄悄改变我们的生活和命运。云计算和分布式计算平台可以将多台设备的算力集中起来,提供更强大的计算能力,满足不同应用场景的需求。随着技术的进步,算力将不断提高,并为各个领域带来更多的可能性和机遇。

在数字化时代,数据中心、智算中心等算力基础设施正成为加速数字经济发展和产业转型升级的主要动力。发展计算产业,建设算力基础设施,对我国在新一轮国际竞争中抓住先机、抢占未来发展制高点具有重要意义。据工信部数据,中国算力产业规模快速增长,近五年平均增速超过30%。截至2022年6月底,我国在用的数据中心机架总规模超过590万标准机架,服务器规模约2000万台,算力总规模超过150EFlops(每秒15000京次浮点运算次数),排名全球第二。为了推动算力和算力基础设施的发展,中国启动了"东数西算"工程,构建算力网络,"东数西算"工程并不是简单的算力堆砌,而是要实现网络、算力调度、产业链、数据要素治理等各方面资源协同,强化东西部跨域统筹发展。以"算"为中心,"网"为根基,算力网络可驱动数据的跨域流动、实现算力的跨域调配。

三、算法的不断优化

数字经济的核心是计算,算法是数字经济时代一种基于数据和规则的计算过程,算法是物理世界运行规律的模型化表达。数字经济时代计算能力决定着发展潜力,数字经济时代新质生产力核心在于能否拥有精准的算法。算法的模型化、代码化、软件化,可以帮助我们处理复杂的问题,提高效率和质量,包括数据处理、自动化过程、计算机视觉、机器学习等。算法不再是单纯的数学公式,而是一种能够连接数据、信息、知识和决策的关键工具。通过精准算法,企业可以更好地理解消费者需求,预测市场趋势,实现精准营销,提高经营效率。每一个算法代表一组软件代码,这些代码都能够解决一个问题或者在物联网上创造指数级增长的一个机遇。算法决定了数据的用处和数据如何治理才能更有用,算法决定了更强算力的要求,决定了算量和算力的应用价值和意义。

算法作为数字经济时代生产力的要素,其作用主要体现在以下几个方面:一是算法以一系列计算步骤,将输入数据转换成输出结果,帮助我们解决各种复杂问题。算法可以处理海量的数据,发现数据之间的规律和关联,提供更加精准和个性化的服务和内容。二是在数据挖掘和深度学习中应用算法可以使程序更加智能,实现更高层次的功能,提高效率和准确性,节省时间和成本,带来更多的便利和价值。三是算法是结合了场景、关键数据应用、数据的自动化处理与使用、连接业务算法汇聚而成为智能运作的中枢。算法可以创造新的可能和机会,拓展我们的视野和想象,算法在互联网、金融、医疗等行业中发挥着重要作用。算法被广泛应用于这些行业,如风险控制、股票交易、医学成像、疾病预测等,改善了效率,解决了实际问题。在数字经济发展中,算法技术催生了许多新业态,为劳动力就业市场带来了更多可能性和新的就业需求、就业方式。比如,算法与原有互联网内容产业融合,形成以短视频为代表的新型内容产业,算法与制造业、服务业和农业等传统经济深度融合,形成以共享经济为代表的新经济模式。在这些新业态领域分别诞生了抖音、今日头条等内容类平台,美团、滴滴等外卖和网约车平台,以及淘宝、京东、拼多多、抖音电商等电商平台。

数字经济时代,数据是关键生产资料,数据、互联网、算力、算法相互结合形成新质生产力。数字化解决了"有数据"的问题,网络化解决了"能流动"的问题,智能化解决了"自动"的问题,把人类对物理世界的认知规律通过"数据+算力+算法"的模式嵌入到物理世界,把人从繁重、重复性的工作中解放出来。大量体力和脑力的重复性劳动,正在被智能机器和人工智能所替代,人类可以用更少的劳动时间创造更多的物质财富。其新质生产力创造价值的基本逻辑是以算法、算力将数据转变为信息,信息转变为知识,知识转变为决策,在数据的自动流动中化解复杂系统的不确定性。

数据、算力和算法相结合形成数字经济时代的新质生产力引起了生产力的革命:一是决策革命。基于数据+算力+算法的新质生产力首先引起决策革命,可以对物理世界进行状态描述、原因、结果预测、科学决策,推动数据驱动的决策替代经验决策,形成实时、低成本的决策能力。二是工具革命。"数据+算力+算法"使生产工具从手工工具、能量转换工具到智能工具,劳动者通过使用智能工具,进行物质和精神产品生产。"数据+算力+算法"实现了生产全流程、全产业链、全生命周期管理数据的可获取、可分析、可执行。数据的及时性、准确性和完整性不断提升,数据开发利用的深度和广度不断拓展,数据流、物流、资金流的协同水平和集成能力,数据流动的自动化水平,成为企业未来核心竞争力的来源。三是生产要素革命。"数据+算力+算法"构筑的认识和改造世界新模式,推动着生产力核心要素升级、改造和重组。劳动者从体力劳动者、脑力劳动者转变到知识创造者,形成了新的劳动主体。能量转换工具升级为智能工具,数据成为除能源、资源、资本等的新生产要素。

第三节　数字经济的新发展

新质生产力特点是创新,关键在质优,本质是先进生产力。数字经济也是处于不断创新中,伴随着以数字技术为核心驱动的新一轮科技革命的深入,新一代数字技术包括人工智能、区块链、云计算等新形式、新动能不断涌现。

一、人工智能

人工智能被描述为具备等同于人类的思维、行动能力并在未来能够超越人类相应能力的"思考机器",人工智能是数字经济发展的重要引擎,是形成新质生产力的重要新技术支撑。人工智能是一个有机整体,是通过模型建立的关于思维、感知和行动的表达系统,以生成测试法为基本运行方式,这一系统存在一定的约束条件,并通过算法(程序或方法)实现约束条件的作用。全球顶级企业家比尔·盖茨在个人博客和公众号上发布的文章《人工智能时代已经开始》,认为 ChatGPT 是革命性的技术演示、自图形用户界面以来最重要的技术进步。目前人工智能加速与实体经济深度融合,赋能千行百业,办公、医疗、教育、金融、制造等成为人工智能技术商业化应用的活跃领域。从加快新药研发、精准预报天气,到缩短工厂产品交付周期、提高办公效率;从单点应用、通用场景,到多元化应用、行业特定场景,人工智能迈向全面应用新阶段。

人工智能在形成新质生产力中的作用:一是人工智能实现了人机、脑机的协同与融合,人工智能通过模拟人体感觉器官,感知外界信息,然后进行筛选、整合、处理,实现人与机器的同步识别、理解、分析、决策和执行,形成人机、人脑协同的感知智能、认知智能和行动智能。二是人工智能实现跨界融合,通过赋能各行各业形成新质生产力,实现了大数据向跨界面、跨环境的多个节点进行认知、学习和推理,本身就是互联网技术、大数据、云计算、传感技术等多种技术跨界融合的结果,其应用更需要跨界融合,从而推广到制造、金融、旅游、医疗、安防、教育、数字政府建设等各个领域。三是人工智能具有更大广度的智能自主系统,能够实现自主操控,如智能工厂、智能无人机系统、无人驾驶等,能通过自身的数据收集处理机制,作出相应的分析、决策,替人执行相关职能,通过智能化形成新质生产力。

抓住人工智能这个关键核心技术,探索人工智能加快形成新质生产力的路径:一是加强人工智能技术创新。以科技自强自立支撑新质生产力形成。以问题为导向,通过设立人工智能基础研究项目等方式,建立新一代人工智能关键共性技术体系;建立健全重点科研机构和大型科技企业优势互补的合作研究机制,完善产学研结合的人工智能创新体系。二是大力推进人工智能技术产业化。以新兴产业发展引领新质生产力形成。培育人工智能新产品和新服务,推进人工智能技术产业化,加快人工智能科技成果转化和产业技术创新,谋划和布局一大批人工智能产业落地。三是推进人工智能与实体经济融合。在实体经济高质量发展中打造新质生产力,发挥人工智能在产业升级、产品开发、服务创新等方面的技术优势,促进人工智能同一二三产业深度融合,以人工智能技术推动各产业变革,推进传统产业数字化、智能化转型。

二、区块链

区块链本质上是一种新的数据库存储形式,是一个建立在共识模式基础上的数据库,是一串由数据块(区块)相互关联形成的网络系统。区块链是在信息不对称的情况下,无须相互担保信任或第三方核发信用证书,采用基于互联网大数据的加密算法,创设的节点普遍通过即为成立节点的信任机制。区块链中所有参与系统的用户共享一个公共区块链,不存在因单点失效而导致系统出现故障的情形,从而保证了系统的可靠性和数据的可获得性。区块链中的交易信息不包含任何隐私,在任何一个节点都可以查看记录在册的所有数据,从而保证了数据的公开与透明性。

区块链是一种按照时间顺序将数据区块以顺序相连的方式组合成的一种链式数据结构,并以密码学方式保证的不可篡改和不可伪造的分布式账本,具有去中心化、不可篡改、透明、安全和可编程性特点。每个数据块都链接到前一个块,形成连续的链,保障交易历史的完整性。区块链在金融、供应链、医疗、不动产等领域得到广泛应用。区块链在形成新质生产力中的作用在于促进数据共享。一是区块链实现数据共享机制。区块链通过改变数据存储和访问的方式,提供了一种更安全、透明和可追溯的数据共享机制,发挥数据要素作用形成新质生产力。二是区块链优化业务流程。区块链的不可篡改性和分布式特性有助于提高业务流程的效率和安全性,通过去中心化和自动化机制,区块链技术有助于打破传统中心化结构的限制,推动生产关系和信任机制的变革,通过提高交易效率形成新质生产力。三是区块链推动新一代信息技术产业发展。区块链技术作为大数据、云计算、物联网和人工智能等新一代信息技术的基础,为各领域的发展创造新机遇,金融服务、供应链管理、智能制造、教育就业、社会公益、知识产权和文化娱乐等多个领域的应用,通过推动新一代信息技术产业发展形成新质生产力。

区块链作为一种全新的数据存储和传输模式,为以大数据、云计算、物联网、人工智能等为代表的新一代信息技术的发展创造新机遇。在形成新质生产力中,要努力发挥区块链技术的作用,布局建设国家区块链网络,形成由区块链构建信任关系,加速数据要素可信共享、创造价值的新质生产力模式。一是把创新作为引领区块链发展的第一动力,加强区块链底层技术攻关,着力突破关键核心技术、建设协同创新载体、提升技术应用水平。二是围绕装备制造、农副产品、政务服务等重点领域探索推动区块链技术赋能生产、营销、配套服务等环节。在一些重点产业布局建立区块链安全检测平台,加快研发区块链核心基础软件及相关芯片、密码卡、区块链机等硬件产品。三是拓宽区块链技术的应用场景。面向先进制造、智慧农业、文化旅游、能源物流等领域，推动区块链跨界赋能，打造一批特色行业场景，推进区块链在政务服务、数字人民币、健康医疗、数据流通等领域融合应用。建立覆盖全国、链接全球的国家区块链网络，以自主可控的底层技术和标准体系，把沉淀在不同区域、不同领域的数据通过节点连接起来，加速流转、共享，充分释放数据要素的活力，支撑新质生产力加快形成数字经济新动能。

三、云计算

云计算是以互联网为中心，在网站上提供快速且安全的云计算服务与数据存储，让每一个使用互联网的人都可以使用网络上的庞大计算资源与数据中心。云计算具有提高资源利用率、降低互联网技术成本的功能。云计算将互联网技术相关的能力以服务方式提供给用户，允许用户在不了解提供服务的技术、没有相关知识及设备操作能力的情况下，通过互联网获取所需要的服务。云计算系统由大量商用计算机组成计算机集群，为用户提供集成式数据处理服务，数据可靠性和安全性问题通过分布式存储和冗余技术方式解决。云计算通过海量数据存储集成及高性能计算能力，云计算具备为用户提供个性化、针对性数据服务的能力，并通过云计算系统的自动检测功能，自动排除失效节点，保证用户数据的有用性，确保了云计算系统的正常运行并可为用户提供高质量的服务。

在形成新质生产力中云计算的作用在于：一是云计算技术使计算资源能够按需分配，提高了资源使用效率。企业可以根据实际需要快速扩展或缩减计算资源，降低了固定成本，提高企业的生产能力。二是云计算平台能够提供强大的数据处理和分析能力，帮助企业从海量数据中提取有价值的信息,指导决策,提高企业生产能力。三是云计算促进了跨地域、跨组织的协作,为创新提供了平台,使不同背景和专长的参与者能够共同工作,加速产品和服务的创新过程。四是云计算推动了从传统的产品销售模式向服务订阅模式的转变,为企业提供了新的收入来源和盈利模式。

随着数字化转型的深入推进,云计算已经成为数字经济时代的主要计算模式,未来需要提升云计算自主创新能力。加强云计算相关基础研究、应用研究、技术研发、市场培育和产业政策的紧密衔接与统筹协调。增强原始创新能力,着力突破云计算平台大规模资源管理与调度、运行监控与安全保障、大数据挖掘分析等关键技术。增强云计算服务能力,扩展云计算技术的运用,大力发展公共云计算服务,实施云计算工程,支持信息技术企业加快向云计算产品和服务提供商转型。支持云计算与物联网、移动互联网、互联网金融、电子商务等技术和服务的融合发展与创新应用,积极培育新业态、新模式。统筹布局云计算基础设施,加强全国数据中心建设的统筹规划,结合云计算发展布局优化网络结构,加快网络基础设施建设升级,优化互联网间互联架构,提升互联互通质量,加快云计算产业的发展。

第四节　数字经济与实体经济的深度融合

实体经济是高质量发展的底座,是全面建设社会主义现代化国家的坚实基础。进入新发展阶段,推进实体经济高质量发展关键在于实现数字技术与数据要素的双轮驱动,实现数字经济与实体经济的深度融合,提高实体经济的现代化水平,数字经济和实体经济深度融合是建设现代化产业体系的内在要求。

作为生产要素的数据渗透到实体经济生产流通的全过程,产生实体经济所需要的信息和知识。"数据+算法+算力"与实体经济生产活动深度融合,形成数字生产力。作为一种新的经济形态的数字经济,数字生产力与数字生产关系结合形成信息经济、网络经济、平台经济、人工智能经济等新型生产活动和生产方式。数字经济背景下的实体经济已经不是传统意义上的实体经济,而是在数字化、网络化和智能化转型以后生产效率提升、动能转换、生产模式变革以后的新实体经济。数字经济与实体经济深度融合的目标是:以数字经济与实体经济深度融合作为构建现代产业体系的引擎,推动实体经济高质量发展,助力现代化产业体系的构建。数字技术与实体经济互动融合是进一步释放数字化红利、构建现代化经济体系的主要抓手。在宏观上,数字技术与实体经济深度融合对畅通国内国际双循环、构建新发展格局发挥着重要的促进作用。在中观上,工业互联网等新兴数字技术应用与制造业深度融合,可以大幅改进工业企业生产流程的效率,改进产品和服务质量提供更好的技术保障。在微观上,数字技术创新及其扩散可以帮助企业大幅提升对需求的感知和挖掘能力。

一、数字经济与技术创新深度融合

数字经济与实体经济的深度融合在技术层面主要是实现数字技术与工业技术创新的融合,在融合中不断发展的各种数字技术通过创新过程组合形成"数据+算法+算力"的集成创新能力,使实体经济的生产工具由工业技术转变为信息技术与智能技术,劳动者的生产载体由生产车间变为信息互联网、智能互联网平台,使实体经济以大数据技术为动力与枢纽系统,以计算技术为计算存储系统,以人工智能技术为决策分析系统,以区块链技术为数字化信息系统。

新一代数字技术一般包括人工智能技术、区块链、大数据和云计算。数字技术与技术创新的融合要求人工智能技术把日益海量化的数据、不断优化的算法模型、持续提高的计算能力应用于实体经济,提高实体经济的智能化水平。云计算技术在数字经济与实体经济深度融合中的运用要求把许多计算资源集合起来,通过软件实现自动化管理。区块链技术优化了传统实体经济产业升级中遇到的信任和自动化问题,增强共享和重构助力传统产业升级,重塑信任关系。实现商流、信息流、资金流的合一,建立起高效的价值传递机制。大数据技术通过数据库软件工具捕获、存储、管理和分析能力的数据集,有效把握经济走向,提高实体经济企业的决策水平,给实体经济带来价值。人工智能技术、云计算技术可以提高实体经济的生产力,区块链技术和大数据技术可以改变实体经济的生产关系。

数字经济与实体经济技术深度融合的实质是把产业技术与数字技术融合起来,重要目标在于解决中国关键核心技术和重要零部件长期受制于人的问题,加快数字技术向实体经济渗透,扩大人工智能技术、区块链、大数据和云计算在实体经济中的应用场景。数字经济与实体经济技术深度融合解决的重点问题在于:一是突破核心技术瓶颈,补齐核心技术短板;二是推动传统实体经济创新模式和行为的革新;三是衍生出数字化技术与产品物理组件融合的新产品、新工艺和新商业模式;四是推动数字技术在实体经济各个方面、各个环节的广泛应用,以"数改智转"为基本途径,激活创新链动能。

数字技术是数字经济与实体经济深度融合的原动力,相应的技术创新制度和政策安排主要涉及:一是加大数字技术领域的研发力度。通过前沿数字技术研发推动推进数字产业化和产业数字化,提高数字经济与实体经济技术深度融合的效率。推动前沿技术的自主知识产权布局,占领数字技术创新的制高点。二是增强数字技术成果的应用转化能力,提升数字科技成果市场化应用程度,促进数字科技成果转化的市场化技术创新体系,为数字科技成果转化提供良好环境。三是扩大数字科技应用场景。从需求端引导数字科技供给能力,推动"智改数转"科学技术不断创新。推动实体企业全生命周期"智改数转"的数字化赋能。四是鼓励支持互联网平台企业输出数字化能力。发挥大型互联网平台企业数字技术工具在实体经济各个环节中的应用,引领带动实体经济中小微企业实现数字化转型。五是教育、科技、人才一体化推进。坚持科技作为推动数字经济与实体经济深度融合的第一生产力、人才作为支撑推动数字经济与实体经济深度融合的第一资源、创新作为引领推动数字经济与实体经济深度融合的第一动力,并使三者在推动数字经济与实体经济深度融合中结合起来。

二、数字经济与产业创新的深度融合

数字经济与产业创新的深度融合主要表现为数字技术的产业化和产业的数字化两个方面,目标是依靠数字经济实现产业基础的高级化和产业链现代化。积极抢占产业发展制高点,全面重塑实体经济产业核心竞争力。

现阶段的产业竞争表现为产业链竞争,提升产业链竞争力的主要路径是围绕创新链布局产业链,围绕产业链部署创新链。数字经济与实体经济产业层面的深度融合是数字技术与创新链的深度融合,把科技创新真正落实到产业发展上,依靠创新建立自主可控的产业链。创新链是从技术创意、技术研发、产业化、实体产品和市场化的转化过程,是由基础技术研究、技术转化、市场开发和价值实现等环节形成的链式结构。产业链是由原材料生产、技术研发、中间产品制造、终端产品制造以及流通消费过程构成的链式关系与形态,涵盖价值链、供需链、企业链和空间链。数字经济与产业链的融合涉及两个方面:一是利用数字科技创新攻克产业链中的"关键技术"和"卡脖子"技术,例如目前的产品内分工形成全球产业链。全球产业链环节的国际布局面临某些发达国家的断供和断链。以数字技术为基础的增材制造(即 3D 打印),则可能复制和替代部分分工环节。增材制造根据数字化的控制方式,减少原来实体经济生产的任务细分,在不改变实体经济工艺流程与产品特性的前提下,实现协同制造、提升生产效率。二是双链融合,使数字技术融入创新链,由数字技术的集成迭代、人机物的全面互联在实体经济生产活动中的几何级渗透与扩散所带来技术范式、价值形态、生产组织三个方面相互融合与渗透,形成"数字化—网络化—智能化"的发展路径。

数字经济与产业创新层面深度融合的机制是数智赋能机制,也就是通过数智化改造,拓展产业发展新空间,培育面向实体经济的数字经济新产业、新业态和新模式。支持传统产业的转型升级,推动传统产业的高质量发展。同时改变实体经济业务流程和管理模式,提升产业附加价值。重构传统实体经济的制造模式、组织方式,开拓实体经济产业发展新空间。通过数智赋能机制催生实体经济产业发展的新领域,延伸数字化产业链,协同推进数字化产业的发展,衍生出数实深度融合的新业态,衍生出物联网、工业互联网、智能制造等新领域,实现实体经济生产力的整体跃升。

产业数字化是数字技术和实体经济深度融合的重要方面,是产业对大数据的融合应用,通过数据分析将挖掘到的潜在价值信息应用到各行业中去,实现大数据与各行业的融合发展,从长期来看产业数字化可以改变实体经济生产函数中的全要素生产率和生产组织方式,提升实体经济生产效率。利用大数据、物联网、5G+工业互联网、云计算和人工智能等新技术赋能实体产业发展,催生实体经济的智能化生产、工业互联网创新应用、柔性化定制、共享工厂等新业态和新模式。把工业互联网作为数字经济与实体经济产业深度融合的战略抓手,大力推进 5G+工业互联网融合发展,重点培育集群领域,建设重点产业数据中心和产业大数据共同体。推广应用数字孪生、物联网、工业互联网等技术,布局集数字化设计、智能化生产、智慧化管理、协同化制造于一体的"未来工厂"。支持具有产业链、供应链带动能力的核心企业打造产业数据平台,以数字化供应链为依托,推动产业链强链、补链、固链。

三、数字经济与企业组织创新的深度融合

数字经济在企业组织层面的融合主要依托互联网平台和区块链。在融合中互联网和区块链网重塑了企业组织,互联网提供了企业组织的网络化效应,构建起了企业组织平台。区块链技术通过链接方式将网络组织以共用技术方式程序化,使平台兼具企业与市场的双重职能,借助互联网平台,通过新一代数字技术和智能技术的深度运用,将供给与需求匹配起来,构建起数字经济与实体经济深度融合的微观机制。数字经济与实体经济在企业层面的融合必须着力发展智能制造体系,推动生产智能化、产品智能化、服务智能化和管理智能化。

传统的企业组织有明确的边界,实行科层垂直组织系统,从研发、制造到销售等,各个流程是串联的。数字经济与实体经济在企业层面的深度融合使企业成为无边界的创新平台,借助互联网广泛吸引创新资源进入企业平台。企业由一个个创新团队组成,企业成为孵化器平台,员工组

成若干创客群体,全员创新、创造和分享价值。企业治理以选择创新项目为对象,以风险投资和品牌为纽带。企业内研发、制造、销售等各个流程是并联的,研发的过程同时就是制造和销售的过程。企业成为依靠互联网的创新平台后,企业范围扩大超出了已有的组织边界,原先非企业的员工组织的创新团队也可以进入企业平台。

企业通过数智化改造,提升业务流程数字化能力、智能化能力和数据能力。一是提升企业业务流程的数字化再造能力。把数据作为价值创造的核心要素,推动企业设施数字化、要素数字化、业务数字化,推动基于数据驱动的研发、生产、管理、营销、服务等业务流程创新。二是提升企业的智能化能力,使企业沿着智能制造要素—智能制造能力—智能制造系统的方向发展,以"AI+知识管理"驱动工作方式激发企业智能化变革,扩展企业在研发设计、生产制造、订单获取和产品服务方面的智能制造能力,通过智能工作推动企业的数字化进程,形成智能制造系统,推动企业生产的智能化、产品智能化、服务智能化和管理智能化。三是提升企业的数据处理和运用能力。企业通过互联网获得的大数据将成为发展的重要资源。

构建企业数字化赋能体系。一是推动企业架构向数字经济时代的新架构升级,新架构以数字核心技术为引擎,以云计算为全面支撑,以数据为核心生产要素。对企业组织架构、业务架构进行再造,数字化成为企业连接更多客户的枢纽,不断产生新产品、新服务。二是推动企业组织与云计算、大数据、人工智能等新一代数字技术的融合,实现实体经济企业从以"技术为中心"向"以数据为中心"转变,实现全要素、全产业链和全价值链的链接,形成创新生态系统。企业与合作伙伴通过平台接口实现交互和协同。向合作伙伴开放核心技术平台,分享相关创新成果。同时增加数据接口数量,扩大数据的共享范围,使平台吸引更多的企业向中心企业聚集。三是实现企业流程要素数字化、流程流转数智化、流程管理数治化,提高流程数据要素融通与共享,依托数字平台,从终端服务入手,推动线上经营和营销,推动企业的相关业务流程向云平台转移。四是构建企业的智慧供应链,企业的供应链与互联网、物联网、工业互联网的深度融合,使企业传统的供应链向智能、高效的生态系统演变,形成智慧供应链体系。智慧供应链依托先进的数字技术、信息技术和共享平台,对供应链中的资本流、物流、信息流进行整合,实现供应链全流程的互相联通,使实体经济企业供应链实现决策智能化、运营可视化、要素集成化和组织生态化管理。

打造良好的数字生态是数字经济与实体经济深度融合的保证,也是推动数字经济与实体经济深度融合的必由之路。数字生态系统是在数字经济背景下政府、企业和个人等社会经济主体通过数字化、信息化和智能化等技术,进行连接、沟通、互动与交易等活动,形成相互作用的社会经济生态系统。构建数字经济与实体经济深度融合的生态系统是一个系统化过程,需要完善相应的支持体系,构建政府引导、企业主体、社会参与的数字化网络生态。

目前,大数据、云计算、人工智能、区块链等新一代数字经济不断迭代升级,技术的迭代升级推动了数字经济的迭代升级。基于5G、云计算和大数据的助力,数字经济正在进入到以人工智能为核心驱动力的智能经济的新阶段。数字经济正在迈向新的阶段,数字经济与产业的融合转向数字经济之间的融合,数字经济时代的新质生产力成为推动世界现代化的新动力。在中国式现代化新征程中要抓住数字经济迭代升级的机遇,加快形成新质生产力推动中国式现代化进程。

第七章　发展新质生产力的创新机制

中国式现代化的第一推动力是创新。习近平总书记说：新质生产力"特点是创新，关键在质优，本质是先进生产力"[1]。前面所说的新质生产力在科技生产力、绿色生产力、数字生产力等方面的形成都要靠创新。这里需要围绕新质生产力的形成深入研究有效的科技和产业创新机制。

第一节　自立自强的科技创新

新发展理念明确创新是发展的第一动力。习近平总书记所说："在激烈的国际竞争中，我们要开辟发展新领域新赛道、塑造发展新动能新优势，从根本上说，还是要依靠科技创新。"[2]新质生产力反映生产力质的跃升，是创新引领的生产力。在形成新质生产力的过程中要坚持创新驱动发展战略，以科技创新推动产业创新，形成自立自强的科技创新和自主可控的产业体系。

---

[1] 习近平：《发展新质生产力是推动高质量发展的内在要求和重要着力点》，《求是》2024年第11期。

[2] 《习近平在参加江苏代表团审议时强调　牢牢把握高质量发展这个首要任务》，《人民日报》2023年3月6日。

一、与产业创新融合的科技创新推动中国式现代化

作为新质生产力的创新是与科技创新深度融合的产业创新。诺贝尔经济学奖获得者西蒙·库兹涅茨考察了欧美发达国家近百年经济发展的进程,在他的关于现代经济增长的定义中技术进步成为一个国家经济长期增长能力的基础。根据罗斯托的分析,起飞阶段和起飞以后的现代化阶段,发展的动力是不一样的。经济起飞靠投资推动,高的投资率成为实现起飞的重要条件。而在起飞以后的现代化阶段基本动力就转向了创新驱动。发展动力不转向创新驱动,现代化也就成为空话。

最早在经济上使用创新概念的是约瑟夫·熊彼特。他认为创新即生产要素的新组合,创新范围概括为产品创新、技术创新、市场创新和组织制度创新。后来克里斯托夫·弗里曼进一步将创新定义为:新发明、新产品、新工艺、新方法或新制度第一次运用到经济中去的尝试。创新的全过程包括发明、创新和创新的扩散三重概念。其中发明指为新的或改进的产品、工艺或制度而建立的新思想、图纸或模型,通常表达一种前所未有的构思。创新的扩散指创新的成果经过全体潜在采纳者之手扩散从而提高全社会生产率。诺贝尔经济学奖得主埃德蒙德·费尔普斯的创新定义也是强调新技术新发明的应用。他说:创新是指新工艺、新产品在世界上的某个地方成为新的生产实践。[1] 他特别强调经济学家与科学家的创新定义差别:科学家习惯把新工艺和新产品的发明都称为创新,不管用户是否接受;对经济学家来说,创新就是指新实践,而不仅仅是开发。经济合作与发展组织对创新的定义较为具体,指的是:一种新的或作出重大改进

---

① ［美］埃德蒙德·费尔普斯:《大繁荣:大众创新如何带来国家繁荣》,余江译,中信出版社2013年版,第22页。

的产品（商品和服务）或工艺，一种新的市场经营模式，或在商业实践、工作组织或外部关系中的一种新的组织方式的实施过程。

以上经济学家提出的创新定义有一个共同的特点，就是强调新发明的应用。就如熊彼特当年所说的：仅仅制造出令人满意的肥皂是不够的；诱导人们去清洗东西同样是必要的。现实中有许多创意和发明是充满智慧的，但是没有得到应用，也就没有多大价值。这就是说，创新要求将新的发现和创意落到实处，创造出价值。

2016年G20杭州峰会通过的《二十国集团创新增长蓝图》对创新含义有个完整的阐述：创新是指在技术、产品或流程中体现的新的和能创造价值的理念。创新包括推出新的或明显改进的产品、商品或服务，源自创意和技术进步的工艺流程，在商业实践、生产方式或对外关系中采用新的营销或组织方式。创新涵盖了以科技创新为核心的广泛领域，是推动全球可持续发展的主要动力之一，在诸多领域发挥着重要作用，包括促进经济增长、就业、创业和结构性改革，提高生产力和竞争力，为民众提供更好的服务，并应对全球性挑战。

在现代化的实践中，人们已经发现，创新不只是产品、技术、工艺等方面的创新，还应该包括产业创新。这样，在推进中国式现代化中，不但要求科技创新所包含的知识创新与技术创新不能脱节，还要求科技创新与产业创新不能脱节。科技现代化的直接作用是产业现代化，形成自主可控的现代化产业体系。这就是说，创新要实，实就实在产业化创新，由此形成新的增长点，既包括前瞻性培育战略性新兴产业，高科技产业化，又包括传统产业现代化。

从世界范围看，每一次现代化浪潮都是由每一次产业革命或科技革命推动的。谁抓住了产业和科技革命的机会，谁就能跨入现代化的大门，也有一些国家虽然没赶上科技和产业革命的机会，但其持续的科技创新和产业创新,同样也敲开了现代化的大门。我国错过了前几次科技和产业革命的机会,因而至今尚未进入现代化国家的行列。这同时也说明,我国要实现现代化,就必须抓住当前新科技和产业革命的机会,依靠科技和产业的创新推进中国式现代化。现代化是由产业创新直接推动的,建设现代化产业体系就成为推进中国式现代化的题中应有之义。研究世界现代化史,可以发现推动现代化产业创新的内容无一不是科技创新的成果。每一次产业革命都是科技革命推动的,科技革命即科学的突破性发现,产业革命即科技革命导致的产业的革命性变化。

国家的竞争力在于其产业创新与升级的能力。产业结构优化升级需要有创新的新兴产业来带动。我国已经成为世界第二大经济体,并且是世界制造业第一大国,但还没有成为制造业强国。需要依靠科技和产业创新,发展处于世界前沿的新兴产业,占领世界经济科技的制高点,从而提高产业的国际竞争力。适应当前的新产业革命浪潮,中国式现代化所需要的产业创新主要涉及三个方面:

一是开启以智能化、数字化为代表的新产业革命。数字化智能化是继机械化、电气化和信息化之后的第四次工业革命。在现代化新征程上推进新型工业化的目标是加快建设制造强国、质量强国、网络强国、数字中国等。构建新一代信息技术、人工智能、生物技术、新能源、新材料、高端装备等一批新的增长引擎。

二是开启新能源革命。进入生态文明时代推进现代化,已经没有先行国家当时那种资源、环境。走和平发展道路的中国式现代化也不可能走当年西方发达国家掠夺他国资源的道路,只能走绿色发展之路。我国所明确的"双碳"目标会带动新能源发展及相应产业的革命性变化。新产业革命则是新能源将替代前两次产业革命的化石能源,在更为广泛的产业领域开发和利用新能源技术、生物技术(生物能源等)、绿色环保技术和新材料。

三是产业迈上全球价值链中高端。我国经济体大而不强不富,原因是习近平总书记所判断的:"我国关键核心技术受制于人的局面尚未根本改变,创造新产业、引领未来发展的科技储备远远不够,产业还处于全球价值链中低端。"①产业在全球价值链中所处的产业环节附加值低,由此产生高产值低收益问题。要改变这种状况,只能是依靠创新驱动实现中国"智造",迈上价值链的中高端。同时面对发达国家在全球产业链供应链的脱钩断链,建立自主可控的现代产业体系,增强产业链、供应链的韧性和安全性。

概括起来,推动中国式现代化的产业创新方向就是党的二十大所指出的高端化、智能化、绿色化。从现代化角度界定的产业进步,突出的是科技创新的应用,也就是库兹涅茨所说的:"标志着现今这个经济时代的重大创新是科学被广泛运用于经济生产领域的问题。"②因此实现现代化的产业发展目标,必须以科技创新为前提,创造出推动产业创新的原创性核心技术。由此提出科技创新水平及其产业创新融合对现代化的重要性。

二、科技创新与产业创新的互动关系

理解新质生产力,必须明确科技创新与产业创新的关系。对推进现代化来说,创新的内容可以区分科技创新和产业创新,产业创新是科技创新的直接成果和落脚点,科技创新是产业创新的源头,发展新质生产力要

---

① 《习近平著作选读》第一卷,人民出版社 2023 年版,第 428 页。
② [美]西蒙·史密斯·库兹涅茨:《现代经济增长》,戴睿、易诚译,北京经济学院出版社 1989 年版,第 7 页。

求科技创新和产业创新内在融合。一般情况下都是先有科技创新后有产业创新。产业创新实际上是科技创新的实践,或者说是科技创新成果的应用。长期以来,我国的科技创新与产业创新脱节现象比较严重,科技创新没有明确的产业创新目标,导致产业创新的速度和水准跟不上世界产业创新的步伐。

基于上述科技创新和产业创新关系的分析,回过头来进一步研究科技创新的含义。过去常用的概念是技术创新,现在突出科技创新。一字之差反映创新源头的改变,科技创新是知识创新和技术创新之和,知识创新也就是基础研究,涉及科学新发现。过去技术创新相当多的是源于生产中经验的积累、技术的改进、企业内的新技术研发。由科学发现所推动的技术进步,会间隔很长的时间,需要几十年甚至上百年。自 20 世纪后期以来,科学上的重大发现转化为现实生产力的时间越来越短,缩短到十几年、几年。现在一个科学发现到产业创新几乎是同时进行的。这意味着利用当代最新的科学发现的成果迅速转化为新技术可以实现大的技术跨越。例如,新材料的发现、信息技术和生物技术的突破都迅速转化为相应的新技术。这种融合了产业创新的科技进步,体现了知识创新(科学发现)和产业创新的融合,这是技术进步路径的革命性变化,利用当代最新的科学知识可以实现产业技术大跨越。

当前世界范围同产业创新融合的重大科技创新,突出表现在以下几个方面:一是数字技术、人工智能及由此产生的大数据产业、人工智能等产业。二是依托数字技术、人工智能等新科技发展智能化、柔性化、网络化的先进制造业。三是量子调控推动的新兴通信产业。四是生命科学新进展推动的医药、能源、材料、农业、环境等方面的产业创新。五是依托绿色科技推动的新能源新材料的开发和利用。所有这些都是依托重大科技突破出现的产业高端化趋势。

三、高水平科技的自立自强

高水平科技自立自强包括两个方面含义:一是高水平,即高水平的科学技术。在基础研究、关键核心技术攻关、前沿科技研发、原始创新以及高素质科技人才培养等方面拥有强劲的实力。借助强大的科技创新实力能在全球范围内获得顶尖技术话语权和规则标准主导权、占领价值链和产业链制高点。二是自立自强。高水平科技自主可控和自我突破,不仅摆脱对他国科技的依赖,还能整体掌控自身甚至世界科技创新方向,形成经过反复检验的科技理论体系和实践模式,并可直接转化为先进生产力。高水平科技是自我突破的,从 0 到 1 持续地跨越,进而催生更多的新技术、新业态,进入发展新赛道、新领域,构建国际竞争新地位新优势。

库兹涅茨在考察现代经济增长时指出,新发明和新技术"大部分是发达国家的产物,任何国家的经济增长都依赖于这些发明的利用"。[1] 因此,"某个特定国家对现代经济增长的参与是一个学习和直接利用国际性技术和社会知识的问题"。[2] 面对先行国家创新的现代科学技术,发展中国家实现现代化的一个必要途径是分享和利用国际最新的科学技术。这是发展经济学所讲的发展中国家"后发优势":发展中国家与发达国家之间在创新投入上的差异,可以通过国际贸易得到改善,因为国际贸易可以促进知识在国际的传播,减少后进国家的研究开发费用,从而间接达到增加发展中国家资本积累的目的。这种利用知识传播中创造的"后发优

---

[1] 〔美〕西蒙·史密斯·库兹涅茨:《现代经济增长》,戴睿、易诚译,北京经济学院出版社1989 年版,第 250 页。

[2] 〔美〕西蒙·史密斯·库兹涅茨:《现代经济增长》,戴睿、易诚译,北京经济学院出版社1989 年版,第 255 页。

势",基本依据还是发展中国家的科技不发展,科技创新能力不强。中国发展的实践证明,这种后发优势在发展的初期阶段是成立的,但当后发国家的科技现代化水平接近先发国家时,就会遇到西方国家的技术封锁和阻扰,引进高新技术的障碍越来越大。发展中国家的后发优势将逐渐衰减。

改革开放开启以后我国依靠开放型经济,引进和利用外资,确实学习和分享了国际先进技术。但是,这种路径创新的源头在国外,驱动发展的先进技术很大程度上是外生的。主要表现是:创新的先进技术大多是引进和模仿的,引入的先进产业大多是加工代工型的。这种模式的技术创新基本上属于国外创新技术对我国的扩散,采用的新技术,是国外已经成熟的技术。核心技术、关键技术的知识产权不在我们这里。因此这种技术创新的意义在于缩短技术的国际差距,但不能进入国际前沿。这种跟随型创新对发展中国家的一定发展阶段是必然的过程。但引进的科技在发达国家已经是成熟技术,发展的新产业也是国际市场上开始产能过剩的产业。外生的创新技术不能改变后进地位,也谈不上现代化,尤其是受制于人。

现在我国的科技进步正在由跟跑转向并跑和领跑阶段。面对中国的发展,西方发达国家会在"中国威胁论"的幌子中竭力打压中国的经济和科技发展。中国式现代化所需要的是许多高端技术已经难以直接引进。正如习近平总书记所指出的,"近代以来,西方国家之所以能称雄世界,一个重要原因就是掌握了高端科技。真正的核心技术是买不来的。在贸易壁垒日趋严重、国际经贸形势不确定的背景下,迫切需要高水平科技的自立自强,以自主创新为主,加快实现关键领域及相关"卡脖子"技术的突破性创新。内生性科技创新需要抛弃等待引进国外新技术的观念,也不能对"以市场换技术"有过高的期望。这样,无论是我国所处的发展阶段还是国际环境都要求我国的科技创新走内生性的自立自强之路。内生性科技创新突出国家发展目标导向的基础性研究,创新原创性成果,创新具有自主知识产权的关键技术和核心技术及掌握核心国际前沿技术的产业,强调的是自主创新、自主知识产权。特别是在我国开启现代化新征程、与国外技术距离缩短甚至进入并跑和领跑阶段时,只有依靠自主创新的科技推动的内生经济增长才是可靠的、可持续的。

现在,我国走内生性科技创新之路的主客观条件已经具备。虽然发达国家在许多技术领域对我国断供、脱钩,但经济全球化和科技全球化的互动趋势没有变,信息化和数字化所推动的新科技革命的机会对各个国家都是均等的。尤其是科学研究领域的信息、人才交流是难以阻挡的。在全球化、数字化、网络化的条件下,我国与其他发达国家进入同一个创新的起跑线的基础性条件是,我国在许多重要领域已经具备了自主研发新技术的能力,有一批高水平研究型大学和科研机构,有能力跟踪世界高科技发展,大学和科研机构掌握的高科技的国际差距相对来说要比高科技产业的国际差距小,科学研究没有国界。特别不能忽视的是我国的举国体制,有能力集中科技力量攻关关键核心技术。

在中国式现代化新征程中所要推进的科技进步不能停留在跟跑水平,不但要实现并跑,而且要在某些领域实现领跑。引进国外先进技术固然可以推动科技进步,但实践证明,最前沿的技术是引不进来的,甚至会遇到技术封锁。因此高水平科技自立自强有以下要求:

一是与发达国家并跑。所谓并跑就是与发达国家科技创新的主攻方向一致。不管创新资源的来源如何,任何单个国家的经济增长都有其国外的基础。基本原因是:科技和产业的"时代划分是以许多国家所共有的创造发明为依据的。这是现代经济增长的一条特殊真理"①。在现代

---

① [美]西蒙·史密斯·库兹涅茨:《现代经济增长》,戴睿、易诚译,北京经济学院出版社1989年版,第250、251页。

具有划时代意义的共有的创造发明是数字化、智能化、绿色化科技。这些新科技同样成为我国科技创新的主攻方向，发达国家研发的新科技、新产业，我们同样也要研究和开发。只有在并跑中的科技创新才能进行平等的新科技相关问题的国际交流和对话，提升自己的科技创新能力，突破发达国家对我国断供的"卡脖子"技术。

二是在重要科技领域领跑。瞄准国际最新技术取得突破性进展，在重要科技领域成为全球领跑者，在前沿交叉领域成为开拓者，成为世界主要科学中心和创新高地。这种领跑者地位不是在实现现代化以后形成，而是要在现代化进程中就要不断开拓领跑领域。只有这样，才能实现中国式现代化的科技目标。

三是进入科技和产业竞争新赛道。经济发展的每一个时期都会产生反映当时最新科技水平的新产业和新动能，这就是新质生产力。数字经济就是崭新的、充满了基于数字技术的经济和社会体验的经济，互联网、物联网、云计算、电子商务等新技术、新业态、新平台融入实体经济，能使生产率和经济获得更快更长期的发展。在数字经济这个新赛道上与发达国家并跑领跑，进入国际前沿，必将加快我国的现代化进程。

自主创新不等于封闭创新。无论是内循环还是外循环，都离不开开放发展。习近平总书记在阐述中国式现代化需要处理好几个关系时，明确要求处理好自立自强与对外开放的关系。不断扩大高水平对外开放。中国式现代化不仅需要在开放中获取国际资源和市场，更要获取高端技术。在新发展格局下，我国科技参与的外循环表现在：在与发达国家主攻相同方向的科技和产业上通过平等交流获取前沿科技信息；依托我国超大规模的市场和内需引进外资高科技企业；以我国为主的产业链在全球布局或者进入全球产业链等，这些都是获取国际高水平技术的机会和路径。

党的二十大提出形成具有全球竞争力的开放创新生态的要求。这种开放创新生态主要涉及三个方面：一是重视研究型大学的基础性研究的开放。原因是基础研究的信息交流、科学家的交流遇到的障碍相对要少，可以在创新源头上增强创新能力。二是重视创新人才引进和合作，形成人才国际竞争的比较优势。三是重视制度型开放。以规则、规制、管理、标准等方面的制度型开放创造法治化的创新环境，尤其是知识产权保护制度达到国际标准。

第二节　创新体系的有效整合

习近平总书记在提出新质生产力概念时，明确要求整合科技创新资源，引领发展战略性新兴产业和未来产业，加快形成新质生产力。由此可见，整合创新资源在发展新质生产力中的前提性作用。

整合科技创新资源可以从国家创新体系理论得到说明。国家创新体系的概念是经济合作与发展组织（OECD）提出的，指的是：创新需要使不同行为者（包括企业、实验室、科学机构与消费者）之间进行交流，并且在科学研究、工程实施、产品开发、生产制造和市场销售之间进行反馈。因此，创新是不同参与者和结构共同体大量互动作用的结果。把这些看成一个整体就称作国家创新体系。[①] 国家创新体系的构成通常包括从事基础研究的知识创新体系和从事技术研发的技术创新体系。国家创新体系理论强调的是两大创新体系之间的互动和交流。基于中国式现代化的要求，新质生产力创新体系还必须增加一个，即现代化产业体系，原因是科

---

① OECD：《以知识为基础的经济》，杨宏进、薛澜译，机械工业出版社1997年版，第11页。

技创新最终要落脚到产业创新上。这样我国的新质生产力创新体系就是知识创新体系—技术创新体系—产业创新体系之间的互动和衔接,目标是创新具有自主知识产权的关键技术和核心技术,建设现代化产业体系。尤其是打通从科技强到产业强、经济强的通道,解决好从"科学"到"技术",再到"产业"的及时顺畅转化,建立有利于创新成果产业化的机制和通道。关键在三个方面:一是提高科技创新能力,尤其是知识创新能力;二是解决好知识创新和技术创新的对接,提供原创性关键核心技术;三是解决好科技创新与产业创新的有效衔接,使科技和产业进入世界制高点。

一、基础研究以关键核心技术为导向

创新核心技术的创新链,应该是从基础研究开始,致力于产生处于国际前沿的原创性核心高新技术,这就要求研究型大学和科研机构介入创新链。知识创新体系包括基础研究、前沿技术研究、社会公益性技术研究。关键核心技术是国之重器。现代化需要基础研究创造突破性科研成果,从而在工艺、产品和服务领域创造出颠覆性的变革。这种变革或改变现有的技术路线,或创造出全新的产业和市场。在知识创新体系中,研究型大学及其科学家是创新主体,是突破性科研成果的源头。涉及高水平研究型大学、高水平研究机构及与此相关的国家实验室、国家重点实验室、国家工程实验室、国家工程技术研究中心、国家工程中心、国家企业技术中心、国家级高端研发平台等。在这些研究机构中有着某一专业领域的长期研究积淀,更有广泛的国际科研合作渠道,具有更大概率取得突破性科研成果,不仅是国家基础科学和战略高技术研究的重要基地,也是科技人才培养高地。

目前我国同发达国家的科技经济实力差距体现在创新能力上。发展新质生产力的关键是在创新的源头上提高创新能力,突出需要解决基础研究以关键核心技术的创新为导向,也就是习近平总书记指出的:坚持目标导向和自由探索"两条腿走路",把世界科技前沿同国家重大战略需求和经济社会发展目标结合起来,统筹遵循科学发展规律提出的前沿问题和重大应用研究中抽象出的理论问题,凝练基础研究关键科学问题。①

提高知识创新能力的着力点是加大进入世界前沿的基础研究的力度。我国要成为世界创新高地,首先是成为基础研究的创新高地。其路径包括:实施一批国家重大科技项目,在重大创新领域组建一批国家实验室,中国的科学家提出并牵头组织国际大科学计划和大科学工程。依托这些项目和载体,可以产生突破性重大知识创新成果。不仅如此,由于新技术的知识产权限制,新技术的国际流动性明显弱于科学和知识的国际流动性,大学利用国际最新科学发现进行技术创新,可能实现技术的跨越,依托大学的知识创新、企业的技术创新就可能在许多领域得到当今世界最新科学技术的推动,现代化产业体系就有原创性创新成果的支撑。

二、孵化新技术环节的产学研协同

知识创新体系与技术创新体系的衔接体现在科学新发现中孵化为高新技术环节。在以科学新发现为源头的创新路线图中,孵化高新技术环节,是连接知识创新和技术创新的桥梁和纽带,越来越多的新技术、新产品和新企业在这个阶段产生。当前世界范围科技创新的新趋势是,技术创新和知识创新在高新技术孵化阶段相互交汇:一方面,技术创新的先导环节前移到科学向技术的转化过程;另一方面,知识创新的环节延伸到了

---

① 《习近平在中共中央政治局第三次集体学习时强调 切实加强基础研究 夯实科技自立自强根基》,《人民日报》2023 年 2 月 22 日。

科学知识转化为生产力的领域。高科技的孵化领域成为知识创新和技术创新的交汇点。

内生性科技创新的重要表现是基础研究成果及时转化为新技术、新产业。而在现实中，科学研究与产业实践是脱节的，企业技术创新与高校的知识创新没有很好地对接，表现为科技与产业"两张皮"。我国目前科学论文和专利的总量都已跃居世界前列，但是科技成果转化率长期偏低，企业技术创新能力还不强，在许多技术革命频发的基础性行业中，产业的核心技术仍然严重依赖国外，现在又遇到发达国家的断供。

诺贝尔经济学奖得主斯蒂格利茨认为，技术市场的供求信息是最不对称的。这可以说是基础研究成果得不到及时转化的一个重要原因。大学的创新成果得不到需求，也就没有创新的方向和动力。显然，发展新质生产力要求克服这种科技创新链中知识创新与技术创新、产业创新的脱节现象。产学研的协同创新提供了知识创新和技术创新有机衔接的机制和路径，在产学研协同创新平台上科技成果快速转化，促使科技发展与产业发展深度融合。

熊彼特等经济学家讲的技术创新主要指企业家创新。与此不同的是，中国的技术创新体系指的是以企业为主体、市场为导向、产学研相结合的技术创新体系。产学研协同表现为大学及其科学家同企业及其企业家的协同，以协同创新的平台实现产业发展、人才培养和科学研究的一体化。产学研协同创新不是一般的大学与企业之间的合作，而是功能的协同。产指的是产业发展，涉及企业和风险投资。学指的是人才培养，为新产业提供人才。研指的是科学研究，涉及大学和科研机构。产学研协同各方共同介入研发平台。高校科学家都能参与新技术研发，其基础研究成果顺畅进入，在研发平台上源源不断开发新技术，进入平台的企业及时采用新技术。

在产学研协同创新平台上,大学的科学家的知识创新向前走一步延伸到了孵化阶段,不限于创造知识,还要将科学研究成果推向应用;企业的技术创新不限于自身的研发力量,将技术创新环节延伸到了大学提供的科研成果的孵化创新阶段,科学家和企业家共同研发新技术。在孵化阶段知识创新主体和技术创新主体交汇,形成企业家和科学家的互动合作。在高新技术孵化阶段,科学家带着知识创新的成果进入,企业家是带着市场需求进入。产生创新成果的商业价值和技术的先进性两者的相互导向,解决了学术价值和商业价值的结合,从而使创新成果既有高的科技含量,又有好的市场前景。在产学研协同之前,创新是偶然的、个体化的行为。在协同创新平台上技术创新体系与知识创新体系对接后,高校多年的科研积累释放出来,源源不断地把实验室里的最新科技转变为新技术和新产品。

三、产业链对接创新链

习近平总书记要求:"我们要及时将科技创新成果应用到具体产业和产业链上"。[①] 新质生产力成果重要的应用场景就是产业基础高级化和产业链现代化。高级化的产业基础是由新质生产力提供的,数字化、智能化和绿色化是其主要内容。这里主要研究以新质生产力推动产业链现代化。

现代国际竞争是全球产业链的竞争。美国阻碍中国技术进步的重要路径就是利用产业链对中国的高科技企业断供技术、中间产品和市场。再加上近期新冠疫情在世界蔓延,导致多条全球产业链中断,由此提出产

---

① 习近平:《发展新质生产力是推动高质量发展的内在要求和重要着力点》,《求是》2024年第 11 期。

业链重组的要求。新质生产力的产业创新体系构建路径,就是围绕产业链部署创新链,发展科技含量高、市场竞争力强、带动作用大、经济效益好的战略性新兴产业。依靠创新推动产业迈上全球价值链中高端,尤其是整合科技创新要素攻关"卡脖子"环节。

促进创新链与产业链深度融合的目标涉及两个方面:一是在产业链的各个环节产生具有自主知识产权的关键核心技术。所谓自主,就是在设计研发、系统集成能力和营销等方面体现自主性。建立达到世界先进水平的产业链,追求的是竞争优势而不是资源禀赋的比较优势,需要更为关注供应环节的科技水平,零部件的供应商应力求达到世界级水平,拥有关键核心技术。某些发达国家封杀、断供的产业链环节,应当成为部署创新链的重点。二是要针对那些从全球价值链中低端向中高端攀升的环节布局创新链。面向中高端环节进行科技攻关,掌握中高端环节的核心和关键技术。处于价值链底部的加工组装环节,一方面要向研发设计环节延伸,提升价值链水平,这包括多种零部件、元器件的加工制造,例如汽车或飞机的发动机、高端半导体芯片、手机智能系统等;另一方面要向销售环节延伸,包括物流、服务等环节,利用"互联网+"提供的跨境电子商务平台进行市场和商业模式创新。企业努力进入技术和质量要求更高的元器件制造环节,并被全球价值链上的企业所采用,就会出现价值链环节的国内替代。替代环节的技术绝不是模仿的技术,实现替代需要具备的必要条件是:有自主知识产权,替代后的生产环节(如更精密的元器件)在技术上符合产业链标准,甚至比被替代的环节质量更高、成本更低。

产业链对接创新链还需要以人才链为牵引。形成新质生产力的创新驱动实质是人才驱动,围绕创新链和产业链部署优化人才链。推进创新链、产业链和人才链深度融合:一是强化人才链的前瞻布局,提高对全球战略性新兴产业和未来产业人才的洞察力和领导力,聚焦新一代信息技术、人工智能、生物技术、新能源等战略性新兴产业发展,培育"卡脖子"领域核心技术人才和产业发展急需人才。提高创新人才的本土培育涵养能力,提升人才创新支撑水平。二是做强"人才链"、激活"产业链"。针对断脱点补人才链,瞄准薄弱点做强人才链,发挥优势点延长人才链,以"人才链"赋能"产业链"。实现人才与创新链、资金链、供应链深度融合。

第三节　创新主体的创新激励

从整体上说,科技和产业创新形成的新质生产力对现代化具有效益递增的正效应。但对具体的创新项目来说,由于创新是走向未知的历程,风险和收益并存。正如诺贝尔经济学奖得主费尔普斯指出的:"事实上,所有创新都有偶然或者随机的因素。在一定程度上,新产品开发成功和得到商业化应用都是概率问题。"[1]因此,创新需要激励是由创新过程充满着不确定性和风险决定的。对各个创新主体都要根据其所处的创新阶段有特别的激励。

从整个创新链分析,创新的不同阶段有不同的投资主体,如政府投资和私人(企业)投资。进一步研究还可按功能将创新链各个阶段起决定性作用的资本区分为科学家的知识资本、企业家的人力资本和投资家的金融资本。这些资本分别对各个阶段之间的对接起着决定性的推动作用。具体地说,由知识创新阶段进入孵化新技术阶段,起作用的是知识资本(包括用于孵化的科学知识和创意),对科学研究成果的转化起着决定性作用。由孵化新技术转向采用新技术阶段,风险资本对科技创业起着

---

① ［美］埃德蒙德·费尔普斯:《大繁荣:大众创新如何带来国家繁荣》,余江译,中信出版社2013年版,第36页。

决定性作用。由创业和采用新技术阶段转向高新技术产业化阶段,企业家人力资本和科技人员的人力资本对商业模式创新和市场创新起着决定性作用。

一、科技和产业创新的风险和收益分析

创新实际上是不确定的"试错"过程,其风险概括起来有三个:一是创新项目选择风险。即所选的创新技术方向的风险,不仅涉及所选技术方向的先进性,还涉及自身的研发能力能否可及。二是研发风险。科学新发现转化为新产品、新技术存在较大不确定性。研发是否成功是不确定的,即使研发成功,能否被采用还存在一系列不确定性。三是市场风险。创新者对新产品市场规模和顾客的接受度难以估量,也会遇到市场上同类新技术产品的竞争,新产品一时难以被市场所接受,其价值也不一定能充分实现。四是财务风险。在创新活动的大部分阶段,创新者以净投入为主,创新成果很难在短期内形成稳定的收入,很可能自身的财务负担不了创新投入。而且,创新过程所投入的成本很大部分是得不到补偿的沉淀成本。

市场对创新创业有个筛选过程。据麦肯锡公司的数据:每 10000 个商业创意会产生 1000 家企业,其中 100 家会得到风险资本,20 家可以上市,2 家最终会成为市场领先者。[①] 当然,风险与收益是对称的,高风险伴有高收益。科技创新不成功则已,一旦成功,将会获得高收益。一般来说,谁投资谁收益,反过来也可以说,谁收益谁投资,同时也可以说谁投资谁必须承担风险。

---

① ［美］埃德蒙德·费尔普斯:《大繁荣:大众创新如何带来国家繁荣》,余江译,中信出版社 2013 年版,第 27 页。

对创新所处阶段的风险和收益程度采用信息经济学方法进行比较分析:创新所处的阶段越是靠近市场(如创新产品进入市场阶段),市场信息越是完全,风险越小;但市场竞争越激烈,潜在收益越小。创新阶段越是离市场远(如基础研究阶段),市场信息越不完全,风险就越大;但市场竞争越是不激烈,潜在收益也越大。以上两方面合并起来,科技创新成果从研发到被采用,直至其产品进入市场实现产业化全过程的各个阶段的风险和收益都是由高到低的序列,风险和收益程度也是对等的。

再把创新的潜在收益区分为社会收益和私人(企业)收益。从总体上说,创新的阶段越是靠前,创新成果的社会收益越是明显,创新收益难以完全收敛到哪个私人投资者。这就是通常所说的创新成果的外溢性。创新投资的阶段越是靠后,创新成果的私人收益便越是明显,能够收敛到私人投资者。中间阶段则是社会和私人收益共有。社会收益和收入收益在不同阶段的比较实际上明确了按谁收益谁投资的原则,规定政府和私人(企业)投资进入的创新阶段。

二、政府创新投入的激励和引导

基于科技创新的产业创新需要国家与市场共同作用。市场作用在于新产业的市场选择,风险投资和资本市场能够助力产业创新。但是产业创新不能只是靠市场的作用,需要政府的积极干预和引导,体现国家目标导向。就如波特所指出的:"国家的竞争力在于其产业创新与升级的能力。……当竞争的基础转为创造和知识积累时,国家的作用就变得日益重要……不同国家有不同的竞争力形态,没有哪个国家能在所有或大多数产业中独领风骚。因此,各国都能在特定的产业成功,因为本国环境对于这些产业最有前瞻性、活力与挑战性。"①

当今世界,技术进步更多来源于科学的新发现,产业创新需要基础研究提供核心技术。什么是核心技术? 一是基础技术、通用技术;二是非对称技术、"撒手锏"技术;三是前沿技术、颠覆性技术,现在所关注的新科技和产业革命是以智能化、信息化为核心,以大数据、云计算、人工智能等前沿技术为代表,所有这些产业革命都是直接以科技革命为基础。因此,创新阶段上延到发现新技术的基础研究(知识创新)阶段。国家创新体系建设尤其要重视基础研究,引导从事基础研究的研究型大学的科研方向顶天立地。"顶天"就是要瞄准世界科技前沿出世界一流的成果,"立地"就是要围绕国家重大发展目标为产业创新提供原创性、颠覆性核心技术。另外,由于基础研究成果国际转移的障碍小于新技术转移的障碍,基础研究可以利用全球创新资源,进行开放式创新,从而为企业获取国际最前沿的新产业技术。

基础研究阶段的创新成果基本上是公共产品。创新成果的得益者是全社会,不可能完全收敛到某个私人投资者。同时,正因为这个阶段离市场远,投资的风险也是最大的。私人投资者一般是不会轻易进入的。因此,这个阶段的创新投入主体无疑是代表社会利益的政府,以及公共基金。当然不排斥希望早期获取创新成果的私人投资者提前进入(如华为就参与基础研究阶段的投入)。而在科技创新链的终点阶段,即创新成果进入市场阶段,创新收益明显地收敛到投资者,谁投资、谁收益。这个阶段的投资主体,毫无疑问是企业。而且这个阶段企业本身就在市场上,这个阶段的信息较其他阶段更为完整,创新风险最小,但竞争也最激烈。

科技创新最为关键的是孵化新技术和采用新技术这两个阶段。这两

---

① [美]迈克尔·波特:《竞争论》,刘宁、高登第、李明轩译,中信出版社 2003 年版,第160 页。

个阶段的投资是否充足直接影响科技创新成功的产出能力。上述创新风险和收益的分析表明,虽然这两个阶段的潜在收益较大,但风险也大。这两个阶段的创新投资的主体应该是企业。但是,就如斯蒂格利茨所说:"在研究开发上的支出不仅属于固定成本……而且属于沉淀成本,一旦支出了这笔费用,就无法再收回了。这种高额的、固定的沉淀成本对于新厂商的进入构成了一种天然的屏障。"①因此创新激励的重点就在这两个阶段。需要通过政府投入的引导激励更多的企业投资进入这两个阶段。

为激励企业投资进入孵化和研发新技术阶段,政府需要提供引导性投入。其必要性:第一,以科学新发现孵化的新技术虽然主要为企业投资者得益,但仍然有一定的外溢性,具有提高全社会生产率的效应。这是知识生产和转化的外部正效应,社会因此也可能得到一定的收益。第二,这个阶段离市场还是有距离,市场信息不完全,孵化新技术是风险投资,并不都能成功,一般投资者为了避险而望而却步。而这个阶段对整个创新过程是最为重要的。因此,这个阶段的投资不能只靠私人投资,还是需要政府进入。政府作为社会利益的代表需要参与各类创新平台建设,如为众创空间和孵化器提供必要的引导性投入,为进入孵化平台的科学家提供资助。当然政府不能包揽其全部投入,更不是挤出私人投资者。

三、激励新技术孵化和研发

激励创新机制的设计对不同的创新参与者应该有不同等的激励。也就是说,在不同的创新创业阶段,各个参与者分享的收益和分担的风险是不等量的。明确这个特点对现实的创新创业激励体制和政策的设计有重

---

① [美]约瑟夫·斯蒂格利茨:《社会主义向何处去》,周立群、韩亮、余文波译,吉林人民出版社 1998 年版,第 163 页。

要的意义。

在孵化和研发新技术阶段,创新收益和风险的承担者实际上不是单一的或者说不是同一个主体。从总体上说,研发的新技术,有的由参与创新者自己采用,有的是进入市场转让,还有的是用于科技创业,包括风险投资者,都可能有明确的私人受益者,相应地就应该有明确的私人投资者。企业应该成为投资主体,但是,孵化新技术能否成功关键在大学、科研机构及其科学家进入孵化新技术的研发阶段。大学和科研机构进入孵化新技术阶段并不完全是为了和企业一样以营利为目标,实际上是其面向应用的延伸研究,不可能成为投资主体。这意味着孵化新技术的协同创新平台应该由企业投资来建(也包括政府的引导性投入)。过去把企业作为技术创新主体的地位理解为采用新技术的主体是不完全的。现在要激励新技术的研发,必须真正解决企业在孵化新技术阶段的投资主体地位。其必要性在于:第一,技术创新的孵化过程离不开企业;第二,孵化出的新技术是否具有商业价值和产业化价值,只能由在市场上打滚的企业作出判断;第三,孵化新技术所投入的资本可能通过高科技产品进入市场赢利而得到回报的是企业。因此,孵化高科技的投资主体应该是企业。

孵化新技术是产学研各方协同创新的活动,这里的激励机制是激励参与创新的各方各尽所能:某些人全身心地为负责新产品构思和设计;某些人专注于金融,选择值得投资的新公司;某些人与开发新产品的企业家共事;某些人专注于市场推广等业务。因此形成大众共同参与的协同创新的利益共同体。为此所要建立的激励创新机制,特别要关注各个创新主体之间协同的激励,形成各方互利共赢的体制机制。这种激励机制主要在创新成果价值的分配领域解决以下三大问题。

一是准确评价知识资本和创意的价值。知识资本是用以孵化新技术的知识,也就是成为资本的知识。根据新增长理论,知识的积累是现代经济增长的重要因素,知识不仅形成自身的递增效应,其内生增长的作用还在于渗透于物质资本和劳动力等生产要素,提高全要素生产率,从而使整个经济的收益递增。因此厂商为了实现技术进步必然要将投资投向知识转化为技术的环节,这是效益最高的投资。在孵化新技术阶段虽然企业是投资主体,但更为重要的是孵化新技术的两个先导要素:知识创新成果和创意。激励知识资本,就要在市场上和收益分配时满足其价值实现要求。科学家原来只是从事基础研究,现在被吸引进入孵化新技术创新平台,但其参与研发的目标与企业不完全相同。他们进入产学研创新平台,科技水平及其成果价值是其追求的主要目标。他们所要追求的是延续科学研究所需要的资金投入,以最终在孵化出的可以应用的新技术上充分实现其科学研究的价值。当然他们也会关注新技术孵化成功所形成的知识产权的归属或分享,这是对其知识价值的肯定。对企业来说,激励大学及其科学家进入协同创新平台的主要手段,就是为科学家提供充分的延伸研究的资金和相关研发条件,并且将其享有的知识产权作为创新收益分配的依据。

二是孵化的新技术的价值实现。市场竞争机制是一般的经济活动的重要动力机制。但是,对创新来说,只是靠市场的压力还是不够的。就如斯蒂格利茨所说,知识市场较一般的商品市场最大的区别是信息最不完全,创新成果能否为市场接受也是不确定的,创新成果的价值能否完全实现也是不确定的。往往在初期,只有投入,没有收益。进入市场初期创新成果连成本都难以补偿,而且新技术的仿冒剽窃非常严重,创新者为创新支付了巨大的成本,但创新成果的复制几乎是没有成本的。结果是降低创新者收益,直接影响创新动力。这意味着,创新动力需要特殊的激励制度安排。创新动力固然需要市场竞争的压力,但创新的根本动力就是创新成功后可以获得垄断利润。这就是知识产权保护及其收益的制度,以保证知识产权的垄断性收益。①

三是知识资本与物质资本分享收益和共担风险。孵化新技术的创新是知识资本和物质资本的结合。虽然孵化新技术的主动性资本是知识资本,但物质资本是不可或缺的。由于孵化新技术的创新过程充满着风险,因此科技创新和创业的初始阶段物质资本投资的主要形式是风险投资。根据硅谷和中关村等创新活跃地区的经验,孵化新技术除了需要科教资源外,还需要活跃的风投公司,他们提供物质资本。他们一般从孵化新技术阶段就开始对所选择的项目进行投资,直至利用孵化的新技术推动科技创业。顺畅的风险投资(创业投资)渠道,为有技术而缺资金的项目提供风险投资是孵化出新技术并使科技创业得以成功的关键。没有活跃的风险投资,创意不可能用于实践,也不会有活跃的科技创业活动。尽管为支持科技创业,各级政府都会安排一部分支持性投入,但更多的还是要靠企业性质的风险投资公司的投资。既然孵化新技术是知识资本和风险投资的集合,孵化出的新技术价值就要实现两者的价值。需要明确的是,知识资本价值和作为物质资本的风险资本价值不是此消彼长,而是共享收益的关系。风险资本的职能是要充分实现知识资本的价值,但自身价值的实现则是另外的渠道。就如奈特所指出的:"在现代经济中新企业的创建和建成后企业的经营之间的分离的趋势很明显。一部分投资者创建企业的目的是从企业的正常经营中得到收益。更多的人则期望从建成后的企业的出售中获得利润,然后再用这些资本进行新的风险投资活动。"②作

---

① [美]约瑟夫·斯蒂格利茨:《社会主义向何处去》,周立群、韩亮、余文波译,吉林人民出版社1998年版,第165页。

② [美]富兰克·H.奈特:《风险、不确定性和利润》,王宇、王文玉译,中国人民大学出版社2005年版,第187页。

为创业投资的风险资本的价值实现,不是作为股东取得股权收益,也不是直接参与创新成果实现的价值分配,而是获取股权转让时的收益。其运行目标更具有流动性,要能及时从建成后的企业的出售中退出,然后再进入新的风险投资项目。因此,对其的最大激励就是其进入和退出新创企业的便利。这就要求建立完善的科创板和创业板之类的资本市场,不仅能够为科技企业年轻时就能上市迅速扩大资本规模,而且为风险投资提供便捷的退出通道,以便进入新的创新项目。为激励知识资本(用于孵化新技术的科学知识和创意),孵化新技术取得成功并被采用后知识资本价值应该得到实现从而获得相应的收益,但创新不成功,只是承担其知识资本价值没有得到实现的风险,相对于风险投资者来说经济风险较小。真正或者说实际承担创新失败经济风险的是风险投资者。对风险投资者来说,风险投资公司之所以愿意承担风险,其基础是高收益的驱动。原因是其投资在多个创新创业项目上,其中某个或几个项目一旦成功会有大的收益,足够弥补创新创业失败项目的支出。为激励创新,激励风险投资,政府可以为某些创新项目提供引导性投入,实际上也是风险投资。这可以在一定程度上减轻风险投资者的风险压力,使某些风险投资成为耐心资本。

四、激励科技企业家

科技企业家不同于风险投资者,其科技创业具有长期行为。风险资本在企业初创成功、在创业板等资本市场上市或产权交易后就可能退出,创业企业家不能就此停止,还要继续经营企业。在风险投资退出后,企业家运作的资本是通过资本市场招来的社会资本。企业在资本市场上的长期表现与他们的利益息息相关,持有企业股权的企业家和科技人才同时也要承担企业在资本市场上价值下降的风险。由此就产生企业内在的长期的发展动力。为了与一般的企业家相区别，有必要将科技创业中的企业家称为科技企业家。科技企业家不仅具有一般的企业家精神和素质，还要有科学家的素养和视野，这就是科技企业家人力资本。对他们来说，不断积累人力资本是提升人力资本价值的基本路径。

一是科技企业家的企业家职能。科技创业不只是组织科技创新活动，不仅仅是研发，还有经营管理、市场销售等方面的活动。不仅需要以市场为导向，还需要对接国家的产业政策，在这里，企业家的人力资本功能，就不单纯是其运行的物质资本的价值增值，而是包括创新成果在内的科技企业的整体价值的增值，他们所从事的是创新成果价值的增值活动。科技企业家经营科技企业，要把创新成果推向市场，充分实现其潜在价值，还需要进一步推进两方面创新：一是商业模式的创新，寻求将新产品推向市场的运行和合作模式；二是市场创新，选择并扩大新产品市场，进行各种市场营销活动。所有这些创新行为都会使创新成果价值进一步增值。

二是科技企业家的科学家视野。虽然科技创业企业在创业时是以某项创新成果起步的，其运行也着力于该项成果的价值实现，但其企业一旦创办就不只是经营这一项创新项目，科技企业家需要基于新技术供给，进一步研发新技术，对创新成果进行改良性创新，扩大创新成果的效应，甚至在企业中建立新技术孵化器。从企业的长期发展考虑，企业也可能需要进行转型，甚至在原有创新成果即将进入生命周期的衰落阶段前创造性毁灭自己，从而以新创新的产品和技术替代创办企业时的技术。

显然，科技企业家与一般的企业家不同，他们既有深厚的学科知识，又有敏锐的商业化眼光的经营人才。企业家没有相应的知识层次，没有科技视野，就不知科技创新的方向，也不知怎样去开发知识产品，也不知如何与科学家合作。培育和集聚科技企业家的基本条件是要有科技企业家成长的土壤和制度生态,既要促进企业家知识化,又要促进创新创业的科学家企业家化。

科技企业家的创新行为是企业家人力资本的体现。创新企业能否或者在多大程度上成功,与企业家的人力资本相关。如果说孵化新技术是知识资本和风险资本的结合,那么科技创业则是企业家的人力资本和风险投资家的金融资本结合。这两种情况都颠覆了传统的资本运行理论。资本是实现价值增值的价值。传统的资本理论强调的是物质资本雇佣技术、劳动力等要素,追求的资本增殖体现在利润最大化。而在孵化新技术阶段则是知识资本价值增值,追求的是创新成果价值最大化,体现在孵化出的新技术转让时获得最大的价值评价。企业家人力资本的价值能够得到充分的评价并得到实现是对这个阶段创新的最大激励。激励的基本方式是股权激励,这是人力资本价值股权化。因此,科技创业企业的股权结构不能只是投入的资金份额,还必须包括科技创业者的人力资本股权。基于这些考虑,针对人力资本的股权激励有以下三个方面考虑:

首先,科技创业企业的股权结构包含科技企业家人力资本股权。通常的企业股权结构指物质资本的投资结构,科技创业企业则不然。与传统企业不同,科技企业不仅仅是劳动和资本的结合,它还是高科技的思想与资本的结合。知识资本和人力资本是科技创新和创业之"本",一般的创业主要靠物质资本(资金),是以物质资本雇佣技术和劳动。科技创新创业则主要靠知识资本和人力资本。如果说孵化新技术阶段是知识资本雇佣物质资本(风险资本),那么科技创业阶段则是企业家人力资本雇佣物质资本,运作进入的风险资本。风险资本退出后则是运作从资本市场招来的社会资本。因此科技企业中创新收益的分配制度更为重视知识资本和人力资本的作用。创业企业的股权结构的主体部分是科技创业者的人力资本股权。创业企业家以人力资本价值享有的股权收益与企业在股票市场上的市场价值紧密联系在一起。资本市场对企业价值的评价越高,企业家的收入也就越高,这是对科技企业家人力资本价值的肯定。

其次,科技创业的企业家一般是一个团队。构思新产品的项目通常要先组建一个有创造力的团队,商业化生产和推广新产品的项目往往需要设立一家由各方面人才组成的公司,这意味着科技创业是整个经营团队创业,优秀的科技企业是由团队造就的。因此其创新体制机制建设需要对整个团队进行激励。虽然科技创业企业一般是以孵化出的新技术创业的,但在科技创业企业的运行中创新不能停顿,一方面,需要对所采用的新技术根据市场需要进行创新,并且要基于新技术开发多种产品;另一方面,企业要能可持续,还需要推动新的创新。因此科技企业的科技人才成为第一资源。科技企业之间的人才竞争也非常激烈。科技和管理人才在科技创业企业中的价值也是其人力资本价值。科技和管理人才人力资本价值的实现形式除了高薪外就是其在企业中的股权激励,通常采取股票期权的方式。这样,在科技创业企业中,股票期权不只是经理人持有的,还被视为吸引创新人才进入科技创业企业的报酬,将其股权收入与企业在股票市场上的市场价值紧密联系起来。其人力资本价值可以随着企业市场价值的提升而提高。将来企业一旦上市或出售给大公司,与企业创业者一样有可观的潜在市场价值。即使在公司上市时其拥有的股权没有变现,企业在资本市场的表现是这些人才长期的创新动力。

最后,风险投资家实际上也不只是物质资本的承担者,同时也是人力资本的承担者。他们对所选择的风险投资项目需要有判断力和专业能力,资本投入创业企业后,他们也需要从自身利益考虑对企业管理运作进行辅导,努力规避市场风险。所有这些行为都是其企业家人力资本价值的体现,因此风险投资家也会提出在实现其物质资本价值以外的人力资本价值的要求。满足其价值实现的要求,就是对其参与创新投资进行激励。

与一般的企业运行不同,科技创业企业的运行起决定性作用的企业家人力资本是进入创业团队的科技和管理人才的人力资本。在人力资本价值股权化,其收益与资本市场评价联系在一起的条件下,科技创业企业运行目标就是追求企业整体价值,体现科技创业企业各方参与者对创新价值共享的要求。具体地说,知识资本因其创意和新的知识和技术成为科技创业的初始要素而追求知识产权的回报。风险投资者也只有在创办的科技企业在上市或股权转让后才能得到自己的收益。科技企业家和科技人才的人力资本价值需要随着企业市场价值的提升而提高。显然,每个创新参与者只有在创新企业的整体价值提升中才能得到利益。因此,科技创业成功,企业价值的整体提升就成为所有创业者的共同利益追求。这是设计科技企业创新激励机制的关键。

既然明确科技创业企业运行目标是追求企业的整体价值,支持科技企业上市的资本市场的作用就凸显出来了。科技创业企业所追求的企业整体价值的实现依赖于在资本市场上获得最高的价值评价。科创板和创业板之类的股票市场可以使科技企业在年轻时就上市,不仅可以使风险投资在获取股权转让收入后及时退出,还能在股票市场实现创新企业及其各类资本的价值,从而使为科技创业作出贡献持有企业股权的创业者和高技术人才得到股权收益和巨额的回报。就像在硅谷创业公司不断挂牌上市,每天诞生百万富翁,在这种股权收益的刺激中何愁不产生科技企业家。

综上所述,无论是科技创新还是科技创业都需要有效的激励机制。激励可以是来自政府,也可以是来自市场,还可以来自科技企业自身。由于科技创新和创业是包含多个阶段的创新链,各个阶段的创新内容和创新主体不完全相同,所需要的激励也是不一样的。根据信息不完全的程度和社会得益的程度,政府的创新激励主要是进入创新链的前端环节,创新链的后端环节则主要靠市场激励。在明确科技创新创业中的知识资本和企业家人力资本价值后,创新激励对象和机制需要创新。在孵化新技术环节,起决定性作用的是知识资本,因此创新成功,其成果转让或被采用需要充分实现知识资本价值。而在科技创业阶段,起决定性作用的是创业企业家的人力资本,激励创业的机制是其人力资本股权化。进一步地激励使创业企业上市,使创业企业股权化的人力资本价值与资本市场对企业的评价联系在一起,成为企业长期创新和发展的动力。

第八章 适应和促进新质生产力
发展的新型生产关系

　　根据马克思主义关于生产关系一定要适应生产力性质的基本原理，习近平总书记基于新质生产力指出：发展新质生产力，必须进一步全面深化改革，形成与之相适应的新型生产关系。① 生产力决定生产关系，生产关系反作用于生产力。面对新质生产力的生产关系研究，涉及两个方面：一是适应新质生产力的生产关系调整；二是为发展新质生产力所要推动的生产关系调整。

第一节　适应新质生产力的市场经济体制

　　适应新质生产力的生产关系调整涉及所有制结构，分配结构和市场经济制度等社会主义基本经济制度框架内的调整。在所有制结构上更为关注知识产权保护，特别是数据产权的确权和保护。在分配结构上健全要素参与收入分配机制，更好地体现知识、技术、管理、人才等要素对新质生产力的贡献及其价值。这里重点研究社会主义市场经济与数字经济的深度融合，形成数字经济的市场化和市场化的数字经济，推动市场经济现

---

　　① 习近平：《发展新质生产力是推动高质量发展的内在要求和重要着力点》，《求是》2024年第11期。

代化。

完善市场经济的基础制度就是习近平总书记在党的二十大报告中指出的，"完善产权保护、市场准入、公平竞争、社会信用等市场经济基础制度"①，在此基础上建设高水平市场经济体制和高标准市场体系。数字经济与实体经济的深度融合是"技术—经济范式"的融合，数字经济与市场经济的深度融合是制度融合，体现适应新质生产力要求的生产关系调整和优化。

一、数字经济与市场经济融合完善产权保护制度

产权是被用来界定人们在经济活动中如何受益、如何受损，以及他们之间如何进行补偿的规则。产权是具有排他性的财产权利，包括物权、债权、股权、知识产权等各类的财产权。产权不仅指人对物的权利，还指由人们对物的使用所引起的相互认可的行为关系，涉及产权的保护、流转、转让、交易以及多元股权的混合等。产权可以分割为所有权、经营权、收益权等，这些权利可以分离，分别属于不同的相关的经济行为人。现代产权制度的特征是归属清晰、权责明确、保护严格、流转顺畅。保护产权是完善产权制度的重要环节，通过明确产权归属、规范产权运作，为市场经济运行与发展提供保障。

进入数字经济时代，产权保护有了以下方面的新内容。首先，是数字化的财富产权保护。长期以来，人们讲的产权主要指物质产权。产权保护也主要指保护物质产权。在数字经济背景下，知识、信息以及越来越多的财富数字化，产品、服务、财富通过数字化供人们享用。消费者不用通

---

① 《习近平著作选读》第一卷，人民出版社2023年版，第24页。

过购买实物产品，可以通过手机等移动终端直接交易和消费数字产品和服务，人们通过数字化的平台及其终端获取信息和服务，形成财富的共享。其次，是共享经济中的使用权保护。在工业经济时代产权结构中的使用权与占有权是对称的。而数字经济是共享经济，占有权与使用权是不对称的，更多是基于使用权的产权关系，由此提出使用权的保护问题。最后，完善数据要素价值的实现机制。数据要素价值的实现途径是实现数据的资源化、资产化和资本化。完善数据资源化的机制涉及建设大数据平台，加快多源异构数据的融合和汇聚。完善数据资产化的机制要求在数据产权的基础上，明确数据产权归属。完善数据资本化的机制涉及按照市场化手段推进数据产权证券化等形式，使数据成为可流通的资本，推进数据共享流通。

（一）建立与数字经济相适应的新型财产权制度

针对上述数字经济发展对传统产权保护制度带来的挑战，关键在于把握数据的特有属性和产权制度的客观规律，建立与数字经济特征相适应的新型财产权制度。

数据产权是新型的财产权利，数据不仅区别于传统物权法中的物，也区别于知识产权中的知识产品，数据财产权不能被传统财产权体系所涵盖，需要针对数据的特有属性和产权制度的客观规律，建立一种新型的数据财产权制度。这种新型的数据财产权制度应该包括数据控制权、数据处理权、数据处分权、数据收益权。

数字经济产权制度与传统产权制度不同，传统产权遵循"一物一权"的原则，具有排他性，而数据产权具有非排他性特征，数据价值的实现依赖多方合作，需要根据个人数据、企业数据和公共数据各自的特性进行分类分级确权授权。在数字经济与市场经济深度融合中完善数字产权保护主要涉及以下方面：一是明确数据、算法、模型等新型知识产权客体的界定和确权。依据《中共中央 国务院关于构建数据基础制度更好发挥数据要素作用的意见》(以下简称《数据二十条》)在国家数据分类分级保护制度下，推进数据分类分级确权授权使用制度，探索数据产权结构性分置制度。建立公共数据、企业数据、个人数据的分类分级确权授权制度。推进实施公共数据确权授权机制，推动建立企业数据确权授权机制，建立健全个人信息数据确权授权机制，建立健全数据要素各参与方合法权益保护制度。

(二)建立健全与数字经济发展相适应的知识产权制度体系

诺贝尔经济学奖得主斯蒂格利茨指出，信息与技术创新都具有纯粹的公共品属性。"任何人不可能阻止其他人来分享其成果，因此任何人也不可能完全占有信息与技术创新所带来的收益(即非排他性)。"[①]创新产品市场信息不完全，创新成果能否为市场接受也是不确定的。创新成果的复制几乎是没有成本的，没有从事创新投入的其他厂商通过复制仿冒从创新成果中得到收益，结果是降低创新者收益。数字经济时代以共享创新成果来实现经济增长成为趋势。创新驱动需要的制度安排，在于保证创新成本得到补偿并得到创新收益。保障创新者的创新收益的制度安排就是明确并保障创新技术的厂商拥有垄断收益权。

我国数据产权制度正处于探索阶段，需要依据数字经济发展的实践进行数字经济产权制度的创新。建立健全数据产权管理法律法规，构建数据产权的法律制度体系，强化数据生产、流通、使用过程中的法律保障。以法律形式确立数据产权的权利归属、权利范围及使用等，使数据产权的

---

①　[美]约瑟夫·斯蒂格利茨：《社会主义向何处去》，周立群、韩亮、余文波译，吉林人民出版社 1998 年版，第 172 页。

流通和使用有法可依。建立健全与数字经济产权保护相适应的知识产权司法保护的专业化机构、司法保护的程序和规则,拓展与数字经济产权保护相适应的知识产权保护的渠道和手段,加强知识产权行政部门的职能和协作。利用大数据、人工智能等技术探索知识产权行政保护的新模式和新方法,完善与数字经济产权保护相适应的知识产权保护的理论体系,构建以知识产权为核心的数字经济创新体系,实现知识产权与数字经济的良性互动。

探索知识产权行政保护的新模式和新方法。利用大数据、人工智能等技术提升行政保护的智能化水平,推动专利链与创新链、产业链、资金链、人才链深度融合,提高数字和知识产权的创造、运用、保护、管理水平。推动知识产权行政保护领域数字化改革,运用互联网、大数据、云计算、人工智能、区块链等新技术在知识产权行政保护领域的新应用,探索"区块链+司法+知识产权保护"模式,大力推动知识产权保护数字化治理模式创新。统一产权交易信息发布机制,实现全国产权交易市场联通,深化区块链数据产权应用,运用区块链技术实现数据管理的标准化。鼓励数据产权制度创新,支持具备条件的地区在数据产权登记、产权评估、产权流转、产权交易等方面的试验,探索可推广的经验。

二、数字经济与市场经济融合完善市场准入制度

作为市场经济基础制度的市场准入,指的是各类企业无歧视地进入市场。建立公平统一、开放透明的市场准入制度,主要涉及三方面问题:一是有市场可入;二是进入市场无限制,既无市场垄断,也无行政垄断,还没有所有制歧视;三是统一的负面清单准入制度。负面清单必须开放透明,明确市场准入的质量、安全、环境和技术等标准。负面清单以外的领

域各类企业都可平等进入。突出标准限制,例如安全、技术、环保等标准。

（一）数字经济助力全国统一大市场建设

目前,我国市场准入的主要问题:一是市场准入实际上存在所有制的限制,有的领域只允许国有企业进入,非国有企业不可进入;有的领域只允许内资进入,外资不能进。二是由于自然经济和计划经济的残余,我国的统一大市场没有形成。不仅存在市场被条条(部门)和块块(地方)分割,而且各类要素市场放开程度不一。所有这些导致市场对资源配置起决定性作用受到制度性限制。面对市场准入方面的制度性限制,固然可以通过深化市场化改革的路径来打破,但不可忽视的是数字经济可以在技术上打破市场准入方面的限制。实体市场被互联网、物联网平台替代,可以在技术上破除全国统一大市场建设的各种障碍。

数字经济具有高创新性、强渗透性、广覆盖性,可推动各类市场主体加速融合,依托大数据、云计算、人工智能等数字技术,在融合渗透的基础上推动数字经济的实现条件从产品相关性变为市场占有率与用户数量,扩大市场的空间范围,数字经济具有互联互通的机制,这一机制能削弱市场分割,推动建立全国统一大市场。构建数据要素市场推动互联互通,弱化市场准入的障碍,强化地区经济联系,降低市场分割的效应。

数字平台具有整合市场主体的功能。在区块链、人工智能、大数据、物联网、云计算等新技术引领下完善市场准入,利用数字经济平台逐步融合企业和市场的功能,实现数据在部门间融通共享,推动商品市场数字化改造和智能化升级。利用数字平台汇集多种市场交易主体的海量信息,促使各类市场主体直接沟通,通过完善市场准入将分布在全国的市场主体与企业内部各环节连接起来,打通生产、交换、销售等经济循环过程中关键环节的堵点,消除数据要素部门间、区域间、平台间、企业间流通壁垒,使信息、物流流通更加顺畅,打破传统市场的地理空间局限,形成市场准入的空间拓展机制。

(二)数据要素的市场准入

数字经济与市场经济融合完善市场准入制度解决的是有场可入和进入市场无障碍问题,尤其是实现数据要素的市场化配置,保证数字经济的各类要素和数字经济主体自由选择进入市场。

数据的共享价值在于高效流通和使用,数据安全流动的前提条件是完善数据产权保护,数字经济背景下数据价值是多方参与条件下创造的,产权界定具有复杂性和模糊性,需要通过法律手段和政策手段来确保数据产权保护,在数据产权制度基础上完善安全流动机制,建立数据来源可确认、使用范围可界定、流通过程可追溯的数据流通规则,包括数据要素流通标准体系、市场准入规则、数据要素交易规则、数据流通中介服务机构规则和数据流通治理规则,既保证数据安全,又保证数据的有效流动,实现公共利益。

在数字经济时代,为发挥数据作为关键生产要素发挥作用,需要以市场方式来实现数据的有偿共享。数字经济完善市场准入制度需要克服数据要素市场不健全问题,推动数据要素自由流通。完善数据市场准入的机制是以数据集中和共享为途径,打通信息壁垒,形成覆盖全国、统筹利用、统一接入的数据共享大平台。构建多层次数据市场交易体系,统筹构建全国统一的数据大市场,优化数据要素市场空间布局,推动各类资源快捷无障碍流动。构建开放透明、规范有序、平等竞争、权责清晰、监管有力的数据市场准入制度。建立数据流通准入标准规则,在放宽数字经济新业态新领域准入同时,营造公平畅通的市场准入环境。

完善市场准入要建设完善的数据要素市场,优化数据要素市场空间布局,消除数据要素部门间、区域间、平台间、企业间流通壁垒。完善全国统一的数据要素市场顶层设计。构建全国统一的数据要素大市场规则,制定全国统一的数据交易标准体系,全国统一的数据交易机制,促进数据的跨区域流动,消除数据要素部门间、区域间、平台间、企业间流通壁垒。发挥数据要素突破空间限制的优势,充分实现数据价值。探索建立区域性数据交易中心,以数据为纽带建立数据要素跨地区的合作机制,实现数据要素区域流通合作,优化数字基础设施和应用的空间布局,完善跨区域数据中心运行增值服务,促进东西部地区加强国内数据中心市场合作,注重东西部算力供需精准对接。提升数据在各地区数据要素市场的流通效率,完善数据要素流通和交易制度,借助数字技术提升生产要素跨区域流通效率,数字经济背景下的市场准入不仅有线下准入,而且有线上准入。数字平台成为市场准入的参与主体,获取了市场准入权。企业进入线上市场由平台来决定,数字平台制定不同于线下市场的规则,线上市场的分工更细,新产品、新业态、新模式以及新职业不断涌现。数字平台准入权和平台上的经营规则,形成线上线下互动机制,推动线上市场准入和线下市场准入之间的一体化。根据平台上的经营规则,企业进入线上市场由平台来决定。数字经济完善市场准入要形成线上线下互动机制,推动线上市场准入和线下市场准入之间的一体化。

针对数字经济快速发展的现实,完善市场准入负面清单动态调整机制,对数字经济来说,必须明确数据流通中不能交易或严格限制交易的数据项。与其他类型的经济形态不同,数字经济的市场准入负面清单最为突出的是数据安全,也就是风险防范,其中涉及影响国家经济安全的数据保密,影响市场秩序的数据作假和传播,泄露私人信息,都应该列入负面清单,相应地需要建立数字经济安全风险预警体系。

三、数字经济与市场经济融合完善公平竞争制度

公平竞争是现代市场经济的本质特征,完善公平竞争的要求是加快建设统一开放、竞争有序的市场体系,促进和保护市场主体公平竞争,保障各类市场主体平等使用生产要素,公平参与市场竞争,激发市场活力,提高资源配置效率。公平竞争制度是包含竞争性政策、公平竞争审查、公平产权保护。卡尔·夏皮罗、哈尔·瓦里安在《信息规则:网络经济的策略指导》中指出,"设计竞争政策和反垄断政策的初衷应当是保护公平竞争,而不是惩罚赢家,保护输家"[①]。重点是反垄断和不正当竞争等问题,还要克服行政保护。

（一）数字经济与市场经济融合提供完善公平竞争的技术机制

数字技术被广泛应用使市场秩序结构发生深刻变化。平台规模扩大、市场主体增加和新商业模式创新改变着市场结构和运行规则,对市场秩序产生重要影响。通过数字经济与市场经济的深度融合,在传统市场经济的自发秩序、监管秩序和法律秩序基础上,加强技术秩序的形成,形成新的秩序结构,实现各种市场秩序、各类监管之间的最优组合维护市场有序运转。以数字经济完善公平竞争的核心是要营造统一有序的公平竞争营商环境。数字技术为保障公平竞争提供了新的手段:

一是以互联网平台推进反垄断和反不正当竞争。利用互联网平台及其提供的数据,通过对大量用户信息与行为数据的分析,准确甄别企业行为。

---

① ［美］卡尔·夏皮罗、哈尔·瓦里安:《信息规则:网络经济的策略指导》,孟昭莉、牛露晴译,中国人民大学出版社2000年版,第278页。

二是完善公平竞争的政府治理机制。提升数字经济市场竞争治理效能,提升政府数字经济治理水平和治理效能,跨部门、跨区域、跨领域的数字经济协同监管机制,形成政府、市场、社会多元主体协同,构建纵向联动、横向协同的数字经济竞争监管体制。

三是依托 5G、互联网、大数据、AI、区块链等数字技术,完善公平竞争的治理机制。区块链技术、人工智能等技术的应用,可以增强市场透明度和公平性。区块链技术可以实现去中心化的信任,保障数据的安全和真实性,人工智能技术可以辅助监测和识别虚假宣传等不正当竞争行为。

(二)数字经济领域的公平竞争

数字经济在促进公平竞争和经济发展的同时,也带来了资本无序扩张、贫富分化、数字鸿沟、系统性风险、算法歧视等影响公平竞争的问题。在数字经济发展中垄断造成了价格歧视和社会福利损失,特别是不正当竞争和垄断带来了创新的阻滞,制约了技术创新。而且,数字经济背景下市场垄断与不正当竞争甄别与判断更为复杂。因此,在数字经济领域也有完善公平竞争的要求,"从生产效率、社会福利和激发创新等方面审视不正当竞争,体现反垄断政策的初衷"。

数字时代的市场竞争逻辑发生深刻变化,竞争方式由产品服务竞争向生态系统竞争转变,竞争优势由追求规模经济向依托网络效应、规模经济和范围经济叠加转变,竞争格局由竞争性结构向垄断性结构转变。传统经济中技术进步缓慢,企业竞争主要是市场内竞争,而数字经济条件下技术创新、算法创新、数据要素在竞争中发挥作用,利用平台、数据、算法、技术、人力资本等形成复合优势竞争、动态竞争、跨界融合等竞争方法。因此,数字经济领域完善公平竞争需以效率提升和激发创新为目标,建设有利于创新的市场环境,建立数据共享机制和流量分配机制,提升数字经济竞争治理效能,消除系统性风险、数字鸿沟等问题,促进引导数字经济的健康发展。

数字经济的平台组织模式和网络经济效应,短时间内会形成规模扩张,取得垄断地位。数字经济的竞争格局由竞争性市场结构转向垄断性市场结构。[①] 打破数据垄断和流量垄断,限制和约束垄断与不正当竞争,维护市场公平竞争,营造创新氛围。围绕行业内反垄断、跨行业无序扩张、数据使用公开开放等方面做好数字经济公平竞争市场秩序的制度设计。建立适应数字经济的反垄断审查标准,在公平监管环境下加强反垄断与行业规制的协同性,依托数据公平开放防止数据垄断。建立促进公平的数据要素收益分配制度,健全数据要素由市场评价贡献、按贡献决定报酬机制,强化基于数据价值创造和价值实现的激励导向。

加强数字经济领域公平竞争的法律制度建设。完善以反垄断法、反不正当竞争法为主体的数字经济竞争治理基础性法律法规,利用数字技术提高对新型数字经济垄断和不正当竞争行为的甄别和判断能力,加强数字经济重点领域专项制度建设,制定专利滥用、数据滥用和平台排他性行为监管适用的法律。同时加强数字经济反垄断合规体系建设,不断完善反垄断监管体制,优化反垄断监管职权的层级配置,推动形成与统一反垄断监管相适应的执法模式,推进数字经济领域垄断问题的专业化执法。引导并协助数字平台企业建立有效的反垄断合规管理体系,加强面向数字领域企业的公平竞争,发挥行业组织在促进数字领域公平竞争中的作用。

尽管数字平台的各个细分市场由几大平台占据较高比例,但平台间竞争较激烈,使竞争性市场所具有的特点并未被消除。在数字经济发展

---

① 江小涓:《数字时代的技术与文化》,《中国社会科学》2021 年第 8 期。

中线上经济活动不断增多,线上数字平台成为数字经济的主要存在形式,平台成为与政府、市场、企业并列的市场主体,市场准入权从市场和政府端让渡给了平台,这种情形表明构造线上市场的公平竞争营商环境显得很有必要。线上市场的公平竞争营商环境需要引入竞争,以解决平台利用大数据实施价格歧视问题,在平台和数字生态系统中重建市场竞争机制,促使平台保持市场所具有的公平竞争特性。把反垄断需要与线上营商环境建设相结合,将营商环境建设从线下转到线上,完善线上市场的公平竞争机制,统筹优化线上线下市场竞争生态,处理平台规则制定权,让各方参与者可以公平竞争,以公平竞争构建适应数字经济发展的营商环境。

四、数字经济与市场经济融合完善社会信用制度

信用制度是关于信用及信用关系的制度安排,是约束人们信用活动和关系的行为规则,在市场经济中各种交易活动凭借信用进行交易,社会信用制度是市场经济的基石,也是高水平市场经济体制的重要基础制度,社会信用制度的完善程度直接影响市场经济的稳定和发展。数字经济的发展,数据成为新的生产要素、新一代数字经济的广泛使用,都要求在数字经济与市场经济的深度融合形成新质生产力中,以数据要素和数据技术驱动社会信用制度的完善。

(一)数字经济为完善社会信用制度提供平台和技术手段

数字经济完善社会信用制度就是建设数字化社会信用体系和机制。数据治理、确权及使用、流通交易、公共数据开发利用、重点行业数据应用等都与信用密切相关,社会信用体系与大数据融合发展能推动数据的高

水平应用,实现社会信用制度的数据赋能,实现社会信用体系数字化、信用信息的共享化、征信评信用信的智能化、信用联合惩戒的精准化,拓展信用体系的内涵和外延,实现社会信用体系数字化和现代化。社会信用的数字化不仅可以促进市场经济信用制度的创新,而且能为数字经济自身的发展提供现代化的信用制度保证。数字经济完善社会信用的数字化机制能够实现信用信息采集的多维化、信用信息传递的平台化、信用产品供给的多元化、信用联合惩戒的精准化以及信用监管的智能化,有效解决数字经济模式下的信息不对称和道德风险。

数字经济利用大数据和机器学习等数字技术来识别信用的创新性手段,能够将个人或者组织的信用更具象化、更低成本地表现出来。数字经济推动社会信用制度的创新拓展信用主体信用信息的来源和应用场景,强化市场主体信用约束的同时减少交易中的信息不对称,降低交易成本,提升交易效率。

数字经济与市场经济融合能形成信用风险数字化预警机制,实现信用信息的互联互通,支持多部门协同监管,通过建立信用信息智能处理模型,基于信用分类和数字技术手段构建企业信用风险预警机制,及时防范和处置风险。

数字经济的新经济形式需要新的数字化社会信用体系进行规范和约束,数字经济能够为信用信息的采集、使用和交易提供便利,借助强大的数据和平台支撑,通过数字经济甄别真伪,使市场主体的信用信息能够更加高效精准地生成、获取和流通。

(二)数字经济与社会信用制度是相互促进的

在数字经济下经济行为人的失信行为又有新表现:互联网平台是开放的,每个平台都有无数个企业,一个企业可以进入多个平台。但买卖双方是不直接见面的,各方只是同平台发生关系,平台实际上成为第三方。针对失信问题是惩处平台企业还是惩处进入平台的犯错企业,不是那么容易分清。这也提出了数字经济领域中的信用制度建设和完善问题,数字经济领域的失信问题需要相应的制度安排。在数字经济背景下,新商户、新品牌、新产品急速涌现且快速迭代,产生了许多新的监管问题,需要通过数字经济与市场秩序融合得以解决。

针对上述问题需要借助数字技术创新监管方式,全面推进社会信用体系数字化转型。以数字技术推动信用治理新格局,应用数字技术创建政府、企业与公民新的联系与沟通方式,形成信用治理新格局。以系统信用有效解决信任问题,推动信用治理模式的转变,并借此搭建信用信息服务平台,提供标准化的社会信用产品。利用区块链、大数据、人工智能等新一代数字技术,适应数字经济发展规律,将社会信用机制嵌入数字经济监管过程中,扩大数字技术在信用机制中的应用场景,建立健全以信用为基础的新型监管机制。

一是以数字技术推动信用评估体系升级。利用大数据、互联网技术建立个人信用信息、公共信用信息和市场信用信息数据库,建立国家级信用大数据平台和全国信用信息共享平台,打破数据壁垒,建立跨部门的信用信息共享机制,提高信用信息共享的覆盖面。推动社会信用体系建设的数字化和智慧化。以大数据技术为基础多源头采集数据,并纳入评估系统,为用户提供信用服务。以数字技术促进信用评估的技术模型更新换代,新型信用评估模型与传统模型的组合应用,提高信用评估的效率和质量。以数字技术的信用服务降低管理成本,提高管理效率。

二是以区块链与人工智能等数字平台和技术建立新型社会信用体系。以区块链技术建立系统信用,让区块链技术在社会信用体系建设中发挥重要的作用。区块链技术是一种"创造信任"的工具,通过区块链的去中心化特性,建立更加透明、安全的社会信用体系。区块链技术通过跨链技术、信用数据确权以及共识机制等技术手段,实现信用信息系统的互联互通与信用数据的交换共享,实现公共信用链与市场信用链的互联互通与共享。构建"信用+公共服务"模式,推动社会信用体系的数字化转型。积极探索物联网、大数据、区块链、云计算、人工智能技术在企业信用评级、公共信用档案建设、金融信用评估等领域的多场景应用,实现数字经济与社会信用叠加,为社会信用体系建设注入新活力。

三是完善数字经济与信用制度融合的治理制度。社会信用制度的数字化,需要在法治轨道上推动。完善数字化社会信用立法体系,构建数字社会信用法治监督机制,规范信用信息和信用数据处理和利用,实现数字化社会信用体系建设的法治化、科学化和规范化发展。将社会信用机制嵌入数字经济监管中,建立数字化信用风险防控机制,对信用信息的监测和分析,构建对失信市场主体的预警告知机制,提高数字化监管效能和预警能力。

除了上述从数字经济角度阐述适应新质生产力调整生产关系外,还要适应绿色生产力调整的生产关系,包括绿色市场和绿色消费等方面的关系。

第二节　以新型生产关系整合科技创新资源

生产关系的调整不仅需要适应新质生产力的调整,还需要建立促进新质生产力发展的生产关系。根据习近平总书记关于整合科技创新资源,引领发展战略性新兴产业和未来产业,加快形成新质生产力的重要讲话精神,建立促进新质生产力发展的新型生产关系,除了建立激励创新的体制机制外,关键在于整合好科技创新资源,推动科技创新和产业创新的融合,促使科技创新成果迅速转化为新技术、新产业。教育、科技、人才是形成新质生产力的基础性、战略性支撑。因此,建设新型生产关系的着力点是按此要求构建创新高地和人才高地,整合科技创新资源。

国际经济的竞争,说到底是创新能力的竞争。习近平总书记指出:"当今世界,谁牵住了科技创新这个'牛鼻子',谁走好了科技创新这步先手棋,谁就能占领先机、赢得优势。"[①]根据新质生产力的内涵,发展新质生产力要实现的创新是实现科技和产业相融合的创新。各种科技创新资源是通过一定的生产关系进行整合的;整合的重要功能是吸引和集聚创新要素,构建创新高地;起整合作用的既有市场作用,又有政府作用。

一、产学研各方的深度对接和协同

发展新质生产力不能只是科技创新,也不能只是产业创新,而是科技创新和产业创新深度融合的创新。相应的创新主体不只是企业,还有作为知识创新及基础研究主体的大学。一方面,从事基础研究的研究型大学和科研机构成为培育和发展新质生产力的先导性基地。基于这种作用,大学及其科学家都不能孤立地凭自己的喜好进行创新,要以培育新质生产力为导向、以产业创新的关键核心技术为导向、以创新未来产业技术为导向。不仅如此,还需要高度重视基础研究成果的应用,促进新科技向新产业的转化。另一方面,企业是技术创新的主体,但其创新源不完全来自企业,更多地来自大学的基础研究成果。企业作为技术创新的投资主体需要成为孵化新技术、新产业的主体,不只是为研发新技术提供市场导

---

①　中共中央文献研究室编:《习近平关于科技创新论述摘编》,中央文献出版社 2016 年版,第 26 页。

向,还需要为新质生产力导向市场,培育新科技、新产业成果的消费者,即导向市场。

科技创新和产业创新深度融合,表现为知识创新体系和技术创新体系的对接和协同,围绕产生战略性新兴产业和未来产业的核心技术的科技创新进行协同创新。其机制涉及实验室、孵化器、研发机构之间的联系,科学研究、中试、产品和技术开发之间的合作和反馈。在大学与企业共建的产学研协同创新平台上,科技创新和市场导向的直接互动,不仅包括知识创新主体与技术创新主体的互动合作,还包括科技创新与创造消费者的协同,既包括引导科学新发现孵化新技术的导向,又包括引导市场对技术创新的导向,这会大大缩短传统市场导向下创新模式所要经历的"试错"阶段,从而加快创新的过程、减少创新的风险,使创新的技术和产业既进入前沿,又有市场价值。从这一意义上说,产学研协同创新平台本身就是新质生产力的创新高地,产学研各方共同建立研发新技术的平台和机制,共同参与研发新技术。在科技成果转化平台,企业和大学不仅建立了研发共同体,也建立了互利共赢的利益共同体。大学与企业共同构建协同创新的组织(平台),将产生源源不断的创新成果。这些创新成果,不仅有企业家所关注的商业和市场价值,也有科学家所关注的科技价值;既有企业家提供的市场导向,又有科学家提供的科学导向,还有大学提供的新技术人才的培养。这些方面的协同作用正是产学研协同创新的真谛。产学研协同创新,不只是大学和科研院所作为技术供给方、企业作为技术需求方,而是在以科学新发现为导向的技术创新中产学研各方都共同参与研发新技术,共同推动新质生产力的形成。

产学研不完全是企业、大学和科研院所三方的机构问题,而是指产业发展、人才培养、科学研究三方的功能问题,是科学界、教育界和产业界协同推动形成新质生产力。与此相对应,各个方面的创新投资更多地投向孵化和研发新技术环节和产学研协同创新平台,体现了对创新要素的整合。

二、大众创业、万众创新

大众创业、万众创新实际上是鼓励创新的市场化表现,对培育未来产业有特别的意义。未来产业,既要有处于国际前沿的科技,又要有未来的市场价值。未来产业的研发存在高度的不确定性和风险,而且会产生沉没成本。因此人们把这种创新称为"试错"过程。打通颠覆性、前沿性科技向新产业转化的堵点和卡点,促进新科技的产业化创新,关键是构建起未来产业创新的体制机制生态。

一般来说,产业化创新涉及创新项目的选择和判断、中试、各个方面的技术支持、风险资金支持等环节。未来产业的创新,一开始靠的是创意,也就是说,科技创新成果为产业创新提供了基础性成果,在此基础上转化为新产业重要的是创意。实践证明,未来产业的创新并非都是预先安排好的,预先安排的并非都会成功,这就是人们所说的"有心栽花花不开,无心插柳柳成荫"。而创意成为未来产业,又存在很大的不确定性,有失败的风险。而且,产业创新本身是一项系统工程,未来产业一般是创新型小微企业甚至是某个创新者首先提出创意,但仅有创意是不够的,还需要有大众创业、万众创新的整合。2006年,诺贝尔经济学奖得主费尔普斯将其《大繁荣》一书的副标题定为"大众创新如何带来国家繁荣",他对大众创业、万众创新的景象描述为:"现代经济把那些接近实际经济运行、容易接触新的商业创意的人,变成了主导从开发到应用的创新过程的研究者和实验者,而科学家和工程师往往被他们召集过来提供技术支持。事实上,现代经济把各种类型的人都变成了'创意者',金融家成为思考者,生产商成为市场推广者,终端客户也成为弄潮儿。"①具体地说,参与创新和创业的,除了有创新构想和创意的人士或企业外,还有不同投资主体参与风险投资,例如天使投资人、风险投资公司,还有不同生产商对新创意进行转化,还有人对创新成果进行各种市场推广,连终端客户(消费者)也要进行评价和学习。将这些方面整合起来,就是大众创业、万众创新的含义。当然,不排除一些有实力的企业砸重金进行产业化研发。显然,所谓的大众创业、万众创新不是指人人创业,而是指创新创业的大众参与,每个人各尽所能参与创新创业。而要形成这种创新创业的氛围,前提是经济要有活力,从体制机制、文化理念、社会认同上形成全社会创新创业的氛围。

三、产业创新和风险投资

现阶段体现新质生产力的产业创新无一不是新科技成果的转化。推动科技成果产业化的投资实际上是风险投资。这种投资是有风险的,有风险就可能存在风险厌恶。鼓励生产企业直接参与孵化新技术的创新投资是重要途径。企业进行创新投资与自己的长期发展密切相关,在创新过程中,企业可能理性地指导创新行为,可以通过不断地调整技术路线以适应创新目标,从而把不确定性降到最低。创新未来产业存在不确定性,有很大的失败概率,因为它不仅涉及技术路线的改变,还涉及市场的接受程度。只有不断地"试错"才会成功,失败后再次创新,成功的概率就会大大提高。因此,社会要给予创业者足够的宽容,促使其成功。可见,产业创新的容错纠错机制就是营造鼓励创新、宽容失败的良好氛围。具体

---

① [美]埃德蒙德·费尔普斯:《大繁荣:大众创新如何带来国家繁荣》,余江译,中信出版社2013年版,第30页。

来说,针对产业化创新的创意,如果创意取得成功并被采用后,其创意价值应该得到实现并获得相应的收益;但如果创新不成功,只是承担创意价值没有得以实现的风险,相对风险投资者来说经济风险会较小。真正或者说实际承担创新失败经济风险的是风险投资者。我国为激励创新、激励风险投资,政府建设了科技园、参与建设孵化器和众创空间,这里政府提供的引导性投入实际上也是风险投资,这可以在一定程度上减轻风险投资者的风险压力。

科技成果产业化最为缺乏也最需要的是金融支持。无论是风险投资家还是一般的生产企业,进入孵化新技术阶段,其投入的资金都不可能是自有资金,大部分需要通过银行信贷和资本市场。这就提出对科技金融的需求以及金融自身的创新要求。如果说创新科技成果是科技成果转化的必要条件,那么金融支持就是其充分条件。针对孵化新技术阶段存在风险的特点,政府需要鼓励专业的创投公司提供创业投资。金融创新的一个重要方面是发展科技金融,推动科技创新与金融创新的深度结合,促进金融资本开展以科技创新成果孵化为新技术、产业化的金融活动。这样,商业性银行和金融机构就成为科技金融的主体。由于科技成果转化阶段紧邻知识创新阶段,此阶段产生的创新成果同时具有明显的外溢性(公益性),并不只是具有私人属性。因此,政府参与这个阶段的投资就很有必要了。政府参与风险投资机制可以弥补市场性风险投资的不足。当然,政府介入推动科技成果转化的创新投资,不是代替企业和私人投资,而是起引导作用,对培育创新创业有积极作用。

四、科技自立自强和开放创新

根据习近平总书记关于中国式现代化的重要讲话,我们所要建立的新质生产力创新高地需要处理好对外开放与科技自立自强的关系。首先,创新高地要立足于自立自强,提高自主创新能力,因此进入创新高地的不能限于企业,尤其要吸引从事基础研究的大学和科研机构的实验室等科研机构进入,以产学研协同创新平台为主体。其次,构建开放创新的生态环境,科技和产业创新不仅要求大学和企业相互开放、基础研究和新技术研发相互开放,还要求吸收全球先进的技术和管理经验,在直接引进国外先进技术遇阻的条件下,吸引国际创新资源(尤其是创新人才)进行开放式创新,共同研发有自主知识产权的新产业技术,这是一条较为可靠的途径。这种开放创新的生态环境,最为重要的是对标高标准国际经贸规则的制度型开放,尤其是实施严格的知识产权保护制度。最后,突出企业的创新主体地位,关键是明确企业作为创新主体的含义。将企业作为创新主体,有一个演进的过程,起初企业是新技术的采用主体,后来是新技术的研发主体。企业虽然是技术创新的主体,但受制于自身的自主创新能力,难以发挥出主体作用。只有在与大学及科研机构的合作创新中才能提高创新能力,从而成为创新主体。发展新质生产力的技术创新不只是停留在采用新技术环节,而是延伸到科学新发现、孵化为新技术的环节。这样,企业作为孵化新技术的主体,也就成为产学研协同创新平台的投资主体。虽然科技园、新产业园一般由政府来规划,但创新高地更多地还是要靠企业来创建。

五、举国体制下的政府引导

发展新质生产力离不开政府的引导,尤其是实行举国体制的中国政府。政府的引导除了提供国际前沿的科技和产业发展趋势的信息外,还需要优化引导机制和整合相关政策。其引导机制和政策整合主要表现在以下三个方面。

一是高水平基础研究和新技术孵化需要得到政府的支持和企业的超前投资。服从于提高国家自主创新能力和着眼于原始创新产生具有自主知识产权的创新成果,政府要推进建设有特色的高水平大学和科研院所,实施一批国家重大科技项目,在重大创新领域组建一批国家实验室,积极提出并牵头组织国际大科学计划和大科学工程,从而为科技和产业创新提供源源不断的前沿性知识和思想。在政府的推动下大学与企业共建高新技术研究院,形成产学研协同创新平台,对发展新质生产力有明显的引领作用。

二是政府科技和产业政策的支持和引导要落到实处,包括建立政府和企业共同设立新科技和未来产业引导基金,为科技型企业的产业化创新提供风险投资,对具有未来产业前景的项目给予足够的支持。发展和完善科创板之类的资本市场和其他各类风险投资市场,使创新未来产业的投资进出顺畅,鼓励更多的耐心资本介入创新投资。

三是升级各类科技园、产业园。各类科技园、产业园是政府规划并主导的科技和产业融合的创新高地。正像新产业的生命周期缩短一样,已有的科技园、产业园集聚的科技创业的生命周期也在缩短,对其的升级要求更为迫切。我们注意到,2023 年 10 月 23 日,美国商务部(DOC)经济发展管理局(EDA)宣布在全美范围内指定 31 个区域技术中心,以启动"技术中心"(Tech Hubs)计划的第一阶段,为美国打造关键技术生态系统。这 31 个技术中心分布在全美 32 个州,重点关注 8 个领域,包括 3 个自主系统技术中心、2 个量子技术中心、6 个生物技术中心、5 个精准医疗技术中心、5 个清洁能源技术中心、2 个关键矿物技术中心、4 个半导体制造技术中心以及 4 个材料制造技术中心。这些中心的建立实际上是培育新一代新质生产力的科技园、产业园。这对我国发展新科技、新产业、新能源为代表的新质生产力高地既是挑战也是启发。

基于全球新科技革命和产业革命的推动、全球化竞争加剧,依靠吸引外资和增加出口带动产业园区发展的动力日趋减弱,而政府主导的工业园区发展模式应当及时调整。依据新质生产力发展的要求,园区经济发展的新方向和新目标是数字化、智能化、绿色化和高端化,使园区经济成为新质生产形成的新载体。随着新工业革命的爆发和信息技术的发展,大数据、互联网、人工智能等技术应用场景的扩大,将大数据、互联网、人工智能等技术资源整合到产业园区可以带动园区人才、信息、资金、数据等各类要素的链接,依托产业园区链接城市、链接创新、链接服务、链接生活,改造传统产业园区,让产业园区自身生产力产生裂变,实现转型升级。园区打造成新式智能、智慧园区,将以往的资源招商型产业园区向新兴产业型产业园区转变,从而实现传统园区向智能、绿色、智慧化园区的成功转变,使产业园区成为新质生产力形成的新载体,衍生出平台经济等新的园区发展模式。推进产业园区打造智能化、柔性化、开放化制造业平台,实现对产业园区内制造业的智能化改造,以新质生产力为核心推进产业园区转型升级。

基于科技园、产业园培植新质生产力的功能,其迭代升级的路径可以把代表旧质生产力的项目和产业逐步移出,做强新质生产力项目,吸引下一代新质生产力项目和产业入园。当然,也可以直接发展体现新一代新质生产力的新的科技园和产业园,例如数字经济园区、人工智能园区、未来产业园区等。引导战略性新兴产业、高新技术产业在园区内集聚、融合发展,这不仅是支撑和引领园区转型升级的新的增长极,也是以产业园区经济转型升级形成新质生产力的主要着力点。以数字融合、智能融合、产融结合、产城融合等模式,持续推动园区产业跨越式融合协调发展。同时,加快各级各类产业园区主导产业与上下游相关产业和配套产业的融合与集聚,整合和强力发展名优产业带动新质生产力的形成。

新质生产力的核心要素是科技创新,围绕新质生产力的形成,产业园区将逐步走向以研发中心、研发型产业、科技服务业为主体的研发型产业园区。围绕发展新质生产力,提供集高新技术企业培育、科技企业孵化、技术转移、成果转化、科技金融服务等于一体的科技创新服务,提高园区企业的创新能力和产品竞争力,推动产业园区创新型产业集群升级发展。抓紧数字经济带来的机遇,发展新经济、新产业、新业态,加速园区管理智慧化的突破,实现园区产业结构高端化,打造园区核心竞争优势。

第三节　完善知识产权保护制度

为加大力度驱动科技创新,发展新质生产力,需要实施知识产权战略,其内容包括两个方面:一是严格保护知识产权;二是推动新技术、新知识的扩散和应用,实现知识产权价值最大化。促进发展新质生产力的重要制度安排是要更好地体现知识、技术、人才的市场价值。严格的知识产权保护制度就能体现这个要求,保护知识产权就是保护创新。创新者只有在严格的知识产权保护制度下获取足够的创新收益,才会有创新的动力。

一、知识产权保护激励创新

在现代经济中,许多知识是可以被编码化或者数字化为信息,例如成为软件、商标、专利、品牌等。知识产权是人类智力劳动产生的智力劳动成果所有权,它是依照各国法律赋予符合条件的著作者、发明者或成果拥有者在一定期限内享有的独占权利,包括版权(著作权)和工业产权(专利权、商标权等)。随着科技的发展,为了更好地保护创新产权人的利益,知识产权制度应运而生并不断完善。从严格意义上来说,产权是一个法学概念。产权又称为财产所有权,是权利人拥有的对某项资产或者权益的支配、使用和处置等的权利。它形成了对其他人使用该项财产的限制,是神圣而不可侵犯的。

知识产权是一种无形产权。作为新质生产力的创新成果是颠覆性、前沿性的科技,是以前从未出现过的新发现的知识。这些知识及其科技成果一经产生,就具有公共物品性质。公共物品指在消费和使用上具有非竞争性和非排他性的物品。所谓非竞争性,是指一种商品消费数量的增加不会增加其他消费者的成本,即增加消费的边际成本为零。例如,互联网平台和数据,增加一个使用者不会增加它的成本。非排他性是指无法将某个人或者某个群体排除在某种商品的消费之外,无论我们是否愿意,都不能把他人排除在互联网服务之外。当一种知识被"生产"出来以后,由于没有相应的权利保护,往往会产生"搭便车"的行为,即人们希望免费地享用这种物品,从对某种产品的消费中获得了收益而创新者却得不到补偿。这样,生产"知识"的人因为得不到任何的补偿就不会有创造"知识"的动力。在知识产权得不到保护的社会,一定是技术落后的社会。

如果给予"知识"的生产者颁发法律证书,证明生产者拥有这种"知识"的产权。当其他人需要这种知识的时候需要付出相应的代价,最简单的方式就是交费使用,如果没有付费就使用则会受到法律的惩罚。知识产权对创新者的创新成本起到了补偿的作用。这样就对生产者起到了保护和激励作用。生产"知识"的人在获得相应的收益后,会专注于新"知识"的研发和生产,而且利用他的专业能力对原有的"知识"进行更新换代,这样新的"知识"产品又会大规模地运用到社会的产品生产中,社会取得长足的发展和进步。

创新是需要成本的,也具有很大的不确定性。创新的成本需要得到收益。知识产权保护,一方面是对创新者或者人才的补偿,他们付出了劳动,甚至经历了多次失败的教训,物质和精神都发生了消耗,得到的收益是他们提供知识的补偿;另一方面则是对创新者的激励,是对他们创造创新行为的肯定。知识产权保护就是给予经济主体或者法律主体对某种技术或者知识的所有权并对此加以保护,从法律上保障所有者的权益。这里的知识并不仅仅局限于字面上的内容,它是对"具有稀缺性、进步性,能够将生产者与其他厂商或者个人区别开来的技术、能力、产品"等的高度概括,知识产权包括专利权、商标权、版权等,是具有排他性的私人权利。如果没有产权的保护,那么创新的成果很容易被复制和模仿,而且复制和模仿成本要远远低于其创新的成本,理性的生产者将会选择复制和模仿而不是创新,出现"劣币驱逐良币"的现象。因此,知识产权保护制度对创新型企业和创新型国家的建设具有十分重要的战略意义。

知识产权保护对经济的发展起着重要的导向作用。知识产权保护能够促进社会由模仿创新向自主创新的转变。虽然严格的知识产权保护制度可能会造成垄断价格的出现,但是斯蒂格利茨(2011)把专利垄断带来的收益部分看作一种有益的征税,这种"税收"直接补贴给了创新者,产生激励效应。把新知识浓缩为一种可传递的信号,通过法律制度保护这些信号的收益权,使那些使用这些新知识盈利的公司必须支付费用,这在本质上是对创新的一种"价格激励"。另外,模仿行为的发生需要有三个前提:模仿动机、模仿能力和突破法律制约的可能性,其中的法律制约主要指知识产权制度。知识产权保护制度赋予了新知识的生产者以更可靠的利益预期,使创新者对创新失败的担忧在远期找到了平衡,同时,严格的知识产权制度将迫使模仿者加入创新的行列，从长期看对经济发展有利。

知识产权的保护和使用与经济发展的阶段密切相关，二者具有正相关关系。知识产权保护的严格程度与经济发展的水平呈正相关。这是因为知识产权保护制度内生于各国经济发展阶段。或者说，不同的经济发展阶段适用于不同的知识产权保护强度。发达国家占有技术优势，往往强调知识产权保护的重要性，而发展中国家技术相对落后，需要从发达国家引进、消化、吸收技术，往往反对过宽和过强的知识产权保护。自主创新能力较弱的发展中国家，在经济发展的初期以模仿创新为主，较弱的知识产权保护制度有利于以模仿为主的技术进步。随着相对技术水平不断提高，自主创新对技术进步的作用逐渐凸显，加强知识产权保护将更有利于创新的发生。

当一个国家对商标、版权的保护力度较弱时，恶意模仿使那些创新企业还没来得及建立起自己的品牌声誉，就因创新成本无法回收而退出市场。留在市场中的却是不注重创新、不注重品牌的模仿型企业，他们没有能力和动力去提高产品质量。因此，通过对版权、商标类知识产权的保护，增强企业维护自身声誉的意识和动力，在"声誉激励"机制作用下可形成企业追求产品质量的氛围，而不断提高质量的目标又需要通过创新来实现。于是，形成了"知识产权保护—声誉激励—追求产品质量—创新"的传导机制。

我国转向创新驱动发展阶段后经济发展的动力由依靠劳动和资本转向依靠自主创新能力的提升，尤其是着力发展新质生产力，严格的知识产权保护制度就变得十分重要。加强具有实用性和先进性的知识产权保护，将激励社会大众的创新热情，实现全民创业，营造尊重创新的良好氛围。这也是培养创新人才、构建创新文化的法律条件。

国际贸易条件的变化,以及日益收紧的资源环境约束,决定了我国的发展方式必须向技术推动的内生增长和自主创新转变。要在全社会形成自主创新的氛围,知识产权保护这一激励机制至关重要。一方面,通过完善知识产权制度逐步与国际接轨,可使我们更好地融入国际社会,推进国际化;另一方面,有效的知识产权保护可使我们在新的全球化背景下,吸引更多的顶尖研发人才,利用全球创新资源。最重要的是,知识产权保护形成了创新收益预期,可激发全社会创新活力。[1]

一般认为,存在一个知识产权保护的临界值,当经济发展超越了这一临界值,加强知识产权保护有利于促进创新。根据克鲁格曼(1979)对"产品周期"的分析,创新国家在初始阶段出口使用新技术开发的新产品,当这项技术扩散到国外时,创新国家又开始进口该产品。因此,发达国家在一项新技术开发初期(见图 8-1, t_0 点)可能会执行更严格的知识产权保护政策,而在技术成熟期(见图 8-1, t_1 点)或许会有意无意地放松管制,此时技术会向作为跟随国家的发展中国家转移。接受技术转移的发展中国家对引进的新技术进行消化、吸收,在此基础上再创新,并在知识创新的引领下,于 t_2 点实现自主创新, t_2 点即为知识产权保护的临界点。

二、知识产权价值的实现

知识产权制度不排斥新知识、新技术的社会传播和扩散。知识产权保护的是对新知识的收益权、处置权,而非新知识本身。申请知识产权就是与社会达成一项交易,即发明人把自己的创新成果向社会公开。作为

---

① 洪银兴等:《产学研协同创新研究》,人民出版社 2015 年版,第 289 页。

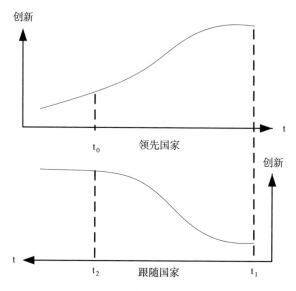

图 8-1 领先国家和跟随国家创新关系

交换,代表公权力的法律赋予其收益权。从这个角度看,知识产权制度是在一定的约束条件下通过市场交易的方式实现的一种均衡。

知识和技术等创新要素不同于物质要素,其使用具有规模报酬递增的特点,因而创新不排斥新知识、新技术的广泛采用。只有当全社会都能采用自主创新成果时才能谈得上经济发展方式的转变,这也是发展新质生产力的基本要求。一般来说,强化市场竞争机制,就可以推动创新成果的扩散。但只是存在竞争机制是不够的,创新成果的全社会扩散机制还涉及两个方面的建设:一是通过计算机和通信网络将新知识、新技术数字化进行传播;二是通过促进公众接受多种知识和技能的训练掌握学习的能力,从而形成"学习型社会"。对知识产权拥有者来说,需要通过知识产权营销来实现知识产权价值最大化,使用者对拥有者付费,不仅使新知识、新技术得到广泛使用,还能使拥有者得到更多的回报。

为了防止搭便车行为,创新者申请保护的目的是促进知识的应用,一项知识虽然得到了保护,但是没有让其走出实验室,没有真正地用到实际的生产和消费过程中就没有任何实际的意义,反而浪费了大量的人力和财力。创新者在申请知识产权保护的时候做好筛选工作,把那些存在应用价值,具有发展前景的知识筛选出来,做好"优胜劣汰",将有限的资源应用到"有用"的知识的开发和保护中去,积极推动知识产权的利益分配和交易,让创新更具有持续性和竞争力。

现代知识产权制度鼓励合作。在开放的背景下,知识和技术创新者、技术需求者通过协同的方式共享知识、信息、研发平台和试验生产线,提高了创新的质量和数量。在现代经济实践中,创新中的合作不断增加,专利的市场交易也始终存在且日益重要。知识产权的作用没有因合作创新的增加而淡化,相反,清晰界定知识产权是协同创新的基本前提条件。在创新者、机会、环境和资源这些创新要素中,创新者是最具能动性和最重要的部分。公平的机会、良好的环境和丰富的资源,无不与知识产权保护情况密切相关。在开放的背景下,知识和技术创新者、技术需求者通过协同的方式共享知识、信息、研发平台,提高了创新的质量和数量。协同创新的效率明显高于独立创新和模仿。协同创新通过合作获得外部创新资源,提高创新成功概率,分担创新风险,缩短创新时间,提高了经济效益。在产学研协同创新中,最核心的内容就是知识产权,因为这涉及创新收益的分配。没有清晰的知识产权界定,产学研的协同创新不具有可操作性,因为随之而来的纠纷将使产学研同盟很快瓦解。推动知识产权保护将有利于产学研的结合和相关收益的分享,是保证这一发展模式的重要支撑。

无论是创新型体系建设,还是知识产权战略的实施,都必须将企业放在中心地位。创新成果的转化需要企业,在市场经济条件下,创新的需求也最初在企业的需求中被发现出来,因此企业成为创新的主体。企业拥有自主知识产权的核心技术,是推动创新的前提。企业有敏锐的嗅觉,先时而动,转化新技术是增强企业竞争能力的条件。对企业来说,没有自主创新成果,知识产权保护制度就是无本之木、无源之水,就是一个空壳,没有发挥作用的余地。同时创新的成果还必须要有实用性,能够具有转化为产品的可操作性,否则会造成资源的浪费而得不到任何形式的补偿。

创新是一个循序渐进的过程,企业也许只是对产品做了轻微的改动,但这就是进步,这小小的变动也许就会给企业带来巨大的经济效益,关注小的改进,关注一线开发设计和从业人员是进行创新的起点。行业没有高低之分,创新也没有高低之分,再简单的产品也具有创新的余地。德国一家做螺丝钉的企业,几十年来专注于自己产品的研发,能够将螺丝钉做到任何情况下都不会松动的程度,世界上几大飞机公司都订购他们的产品,有了技术就有了竞争力,就有了市场,就有了能够生存的资本。处于价值链的底端,最终会被市场所淘汰。

第九章　发展新质生产力的人才支撑

习近平总书记指出："现代化的最终目标是实现人自由而全面的发展。"①按此要求,中国式现代化既涉及物质方面,使人民过上美好的高品质的生活,又不能只见物质不见人。要求物质文明和精神文明相协调,不断促进人的全面发展,在社会主义中国实现现代化,归根结底就是要实现人的全面发展,提高人的文明程度,从而实现人的现代化。这是由我国的社会主义性质所决定的。人的现代化水平直接影响发展新质生产力能力,因此习近平总书记提出:要按照发展新质生产力的要求,畅通教育、科技、人才的良性循环,完善人才培养、引进、使用、合理流动的工作机制。要根据科技发展新趋势,优化高等学校学科设置、人才培养模式,为发展新质生产力、推动高质量发展培养急需人才。②

第一节　人的现代化和人的全面发展

现代化不能只见物质不见人。党的二十大关于中国式现代化的论述

---

① 习近平:《携手同行现代化之路——在中国共产党与世界政党高层对话会上的主旨讲话》,《人民日报》2023 年 3 月 16 日。

② 习近平:《发展新质生产力是推动高质量发展的内在要求和重要着力点》,《求是》2024 年第 11 期。

明确要求物质文明和精神文明相协调,不断促进人的全面发展,实现全体人民共同富裕。2023 年 7 月,习近平总书记在苏州市考察时指出:"苏州在传统与现代的结合上做得很好,不仅有历史文化传承,而且有高科技创新和高质量发展,代表未来的发展方向。"①关于人的现代化,马克思主义经典作家在关于未来社会的设想中就有明确的论述,这是中国推进社会主义现代化的方向。

一、人的全面发展

党的二十大报告指出:"物质富足、精神富有是社会主义现代化的根本要求。物质贫困不是社会主义,精神贫乏也不是社会主义。"与西方式现代化单纯追求物质层面的现代化不同,中国式现代化物质文明和精神文明一起抓、相协调,反映社会主义现代化的特征。中国式现代化所要促进的人的现代化包括人的生活品质、人的精神文明程度和人的全面发展三个维度。这里从发展新质生产力角度着重分析人的全面发展所体现的人的现代化要求。

人的全面发展是马克思设想的未来社会的特征。在《资本论》中,马克思设想的未来社会的人,不仅是自由人,还是全面发展的人。这就是马克思所说的,未来社会是一个"更高级的、以每一个个人的全面而自由的发展为基本原则的社会形式"②。人的全面发展是马克思基于"现代工业的基础是革命的"科学判断提出来的。他说:"现代工业通过机器、化学过程和其他方法,使工人的职能和劳动过程的社会结合不断地随着生产

---

① 《习近平在江苏考察时强调 在推进中国式现代化中走在前做示范 谱写"强富美高"新江苏现代化建设新篇章》,《人民日报》2023 年 7 月 8 日。
② 《马克思恩格斯选集》第 2 卷,人民出版社 2012 年版,第 267 页。

的技术基础发生变革。这样,它也同样不断地使社会内部的分工发生革命。……大工业的本性决定了劳动的变换、职能的更动和工人的全面流动性。"①由此,对工人提出的生死攸关的问题是,"用那种把不同社会职能当做互相交替的活动方式的全面发展的个人,来代替只是承担一种社会局部职能的局部个人"②。其出路就是通过教育来使劳动者成为全面发展的路径。他设想,"工人阶级在不可避免地夺取政权之后,将使理论的和实践的工艺教育在工人学校中占据应有的位置"③。这表明,基于技术进步所导致的分工、技能的革命性变化,劳动者必须成为全面发展的人,才能够胜任由技术基础变革所导致的分工职能的不断革命。

进入新时代的现代产业的基础更是革命性的,尤其是数字经济条件下,数字技术不仅排斥简单劳动,而且排斥技能劳动;不仅替代某个就业岗位,甚至替代某个就业行业。在此背景下,分工职能的变动,劳动者的流动性更为全面频繁。在此背景下,人的全面发展在现代化进程中显得更为紧迫和重要。根据进入新时代的现实条件,尤其是发展新质生产力的需要,人的全面发展主要涉及以下内容:

第一是身体素质的现代化。党的二十大报告提出了推进健康中国建设的目标,把保障人民健康放在优先发展的战略位置。就我国人均预期寿命来说,2010 年为 74.83 岁,2021 年提高到 78.2 岁,根据 2035 年远景目标纲要,到 2030 年,人均预期寿命将突破 79 岁。在此基础上推进人的现代化,需要进一步健全公共卫生体系,不仅要提高医疗水平,还要提高公共卫生和防疫水平。加大力度推进生物技术和医疗技术的科技进步,增强城乡居民抗疾病风险的能力。

---

① 《马克思恩格斯选集》第 2 卷,人民出版社 2012 年版,第 231 页。
② 《马克思恩格斯选集》第 3 卷,人民出版社 2012 年版,第 683 页。
③ 《马克思恩格斯选集》第 2 卷,人民出版社 2012 年版,第 232 页。

第二是人的文化素质的现代化。现代化需要提高全民族的文化水平。党的二十大要求提高全民族的教育水平,这是推动人的现代化、应对科技进步的必要过程。第七次人口普查显示,中国具有大学文化程度的人口为 21836 万人,每 10 万人中具有大学文化程度的由 2010 年的 8930 人上升为 15467 人,比例从 8.9%上升至 15.5%。这个指标同发达国家相比还有一定的差距。中国要实现现代化教育要率先实现现代化,不仅要求提高接受教育的年限尤其是高等教育的普及,还要提高各类教育的质量,推进优质教育资源的均衡配置,促进人才区域合理布局和协调发展。

第三是促进人的观念达到现代水准。现代人是具有现代知识、现代观念、现代思维方式和现代行为方式的人。就如诺贝尔经济学奖得主缪尔达尔指出的:"现代技术不是得到和使用一种工具问题。现代技术跟随现代思想而出现。你不能以古代的思想去掌握现代工具。"①观念现代化指人的心理态度和价值观念从传统向现代的转化。要对中国式现代化形成共识和认同就要冲破传统思想观念的障碍:需要由故步自封不思进取的观念转向勇于改革创新的观念;需要突破在低收入发展阶段的发展理念,例如进入现代化发展的新阶段需要改变过去单纯追求高速度增长的观念,转向高质量发展观;需要从掠夺自然资源、支配自然的观念转向保护自然与自然和谐共处的现代化观念。

第四是劳动者知识和技能的现代化。面对数字化技术在各个产业中不断渗透,劳动者在数字专业上的技能提升是必不可少的。劳动者学习能力的提升就是教育和技术赛跑,尤其是要克服"数字鸿沟"。教育不能限于在校教育,还需要推进劳动者在职培训之类的终身教育机制建设,现代社会的人应处在一个连续不断的教育过程中,终身学习,不断更新自己

---

① [瑞典]G.缪尔达尔:《亚洲戏剧》,见[澳]海因茨·阿恩特:《经济发展思想史》,唐宁华、吴良健译,商务印书馆 1999 年版,第 199 页。

的知识结构。

二、以文化人

为实现上述人的现代化目标,需要提升人的精神文明程度即以文化人,涉及人的思想素质、观念和思维的现代化。第一是解决人的价值观问题。在社会主义现代化中要促进人的现代化就是要以社会主义核心价值观为引领,用社会主义核心价值观铸魂育人。建设具有强大凝聚力和引领力的社会主义意识形态,巩固和壮大奋进新时代的主流思想舆论。第二是发展社会主义先进文化。不能设想一个国家和地区经济上达到现代化后还是文化的沙漠。也不能设想,人在物质上富有但精神上空虚会成为现代人。文化产品不同于物质产品,它有先进和落后的问题,有方向问题。我国有五千年的文化底蕴和积淀,有条件在保持传统文化优势的基础上,高起点发展体现时代和科技特征的社会主义现代文化推动中华优秀传统文化创造性转化、创新性发展。在中国式现代化进程中的精神文明建设表现为对各个市场主体经济行为的引导,就发展新质生产力来说,需要形成全社会的创新文化。主要落实在两个方面:一是企业家文化;二是公民文化。

就企业家文化来说,企业文化是企业家道德观、价值观的体现。企业竞争力一定意义上说是企业文化的竞争力。企业活动所要实现的价值不仅是物质的价值,还要实现企业家文化价值。成功的企业是在现代价值观引领下发展起来的。企业家文化可以概括为两个方面:一是创新文化。经营者敢冒风险,敢于创新并不断创新就是企业家文化。二是主动承担社会责任的文化,经济学中一直有"经济人"假设,最为典型的是亚当·斯密的"看不见的手"的假说:每个人都只关心自己的利益,在一只看不见的手的指引下,最终实现社会的利益。后来的经济学家逐步发现这种价值观的缺陷。诺贝尔经济学奖得主诺思在解释制度变迁时指出,将什么都解释为人们按自我利益行事的理论,不能解释问题的另一面,即社会利益的实现并不都是在大家追求自身利益中实现的。诺思所推崇的企业不是仅仅追求自身的利润目标,还应有主动实现社会目标的意识形态。"其基本目的在于促进一些群体不再按有关成本与收益的简单的、享乐主义的和个人的计算来行事。"[1]这种意识形态主要指社会强有力的道德和伦理法则。为了实现社会的利益,企业应遵守社会共同的道德标准,克服市场运行中各种机会主义的"搭便车"和违约行为。习近平总书记考察南通张謇博物馆时对企业家文化给予充分的肯定:张謇在兴办实业的同时,积极兴办教育和社会公益事业,造福乡梓,帮助群众,影响深远,是中国民营企业家的先贤和楷模。[2]

就公民文化来说,党的二十大报告要求:提高人民道德水准和文明素养,在全社会弘扬劳动精神、奋斗精神、奉献精神、创造精神、勤俭节约精神。这种公民文化可以说是人的现代化之本。具体地说,公民文化除了文化教育水平外还有两个方面文化:一是创新文化,只有形成这种文化,才可能有大众创业、万众创新的社会氛围。二是道德规范,从社会资本角度所要求的道德规范,不只是个别人的洁身自好,而是要求整个社会的道德规范。在一个相互信任的社会中,社会资本是最雄厚的。在这种互惠性的社会关系网络中,实施合同、规范和维持市场秩序,从而推进现代化的成本是最低的。

人的现代化的内涵是随着科技进步和经济社会发展而不断深化的,

① [美]道格拉斯·C.诺思:《经济史中的结构与变迁》,上海三联书店、上海人民出版社1994年版,第11页。
② 《习近平赞扬张謇:民营企业家的先贤和楷模》,新华网,2020年11月3日。

在技术进步和经济社会的快速变革推动下,必然带来人的思想观念和行为方式的变化。实现人的现代化,就是要推进人的思想观念、行为方式、生活方式、价值观念从传统向现代化的转变。形成新质生产力中,人的现代化的深化,其本质就在于培养人们的创新思维和创新精神,促进人的世界观、价值观,以及思想、知识体系、素质、能力等的现代化。

第二节　围绕创新链优化人才链

人才是形成新质生产力的重要战略资源,形成新质生产力,推动高质量发展,对人才数量、质量和结构都提出了全方位的新要求。形成新质生产力应对激烈的国际竞争,都要求我们完善人才战略布局,推进人才强国战略,以赋能创新人才为导向深化人才体制机制改革,加快整合、延伸全球人才价值创新链条,加快建设世界重要人才中心和创新高地。过去我们强调的比较优势一般指的是资源禀赋的劳动力数量多和劳动力便宜的优势。进入创新驱动阶段这种所谓的人力资源优势已不具有竞争优势。在新质生产力形成中,科技是第一生产力,创新是第一动力。相应的生产力中劳动者要素跃升的重要体现是,从事技术、管理和数据劳动的复杂劳动者对发展新质生产力起着越来越大的决定性作用,因此人才成为发展新质生产力的第一要素。党的二十大明确要求加快建设世界重要人才中心和创新高地,形成人才国际竞争的比较优势。

一、人才链与创新链对接

习近平总书记在说明新质生产力时强调,要及时将科技创新成果应用到具体产业和产业链。这就是他要求的围绕产业链部署创新链,围绕创新链布局产业链,由此形成产业链和创新链的对应关系。在发展新质生产力中,人才是第一要素,由此提出围绕创新链和产业链部署人才链的要求,形成新质生产力需要推进创新链、产业链和人才链深度融合。习近平总书记要求整合科技创新资源,引领发展战略性新兴产业和未来产业,加快形成新质生产力。这里所说的"整合",所包含的含义就涉及产业链、创新链和人才链的整合,其内容包括做强"人才链"、激活"创新链"和"产业链";针对断脱点补人才链,瞄准薄弱点强人才链,发挥优势点延人才链,实现人才链与创新链、资金链、供应链深度融合。

从发展新质生产力的实践看,产生颠覆性科学技术、形成新质生产力是科学家和国际一流人才,新科技形成战略性新兴产业的领军人才是科技企业家,提出未来产业创意的是各类创新型人才。由此不仅需要科研人才,还需要有创新精神的企业家、生产一线的管理人才、工程师和高技能人才等。归结起来,创新人才链涉及培养基础研究人才、研发人才、管理人才、创业人才、技能人才等。他们各自在不同的创新阶段发挥能动作用。人才强国建设就需要围绕创新链优化人才链。人才战略支撑必须与形成新质生产力的战略目标保持一致,彰显人才在形成新质生产力中的战略性支撑作用,造就形成新质生产力的科技领军人才和创新团队,培养具有国际竞争力的青年科技人才后备军,为形成新质生产力提供人才保证和智力支持。

根据新质生产力的内涵和发展新质生产力的要求,人才链与创新链对接的关键在于培育和打造对全球战略性新兴产业和未来产业具有洞察力和领导力的人才,尤其是战略科学家和科技企业家。这两方面人才可以说是人才链的链主。

二、大力培养和使用战略科学家

面对加快建设世界重要人才中心和创新高地的要求,我国创新型科技人才结构性矛盾突出,主要表现是:"世界级科技大师缺乏,领军人才、尖子人才不足。"①这也是我国发展新质生产力的短板。形成新质生产力的人才战略支撑建设的关键是加快建设国家战略人才力量。战略人才力量指服务于国家战略需要的各层次科技创新人才,是国家战略科技力量的主体,也是形成新质生产力的人才主体。鉴于此,要大力培养使用战略科学家,坚持实践标准,在国家重大科技任务担纲领衔者中发现具有深厚科学素养、长期奋战在科研第一线,视野开阔,前瞻性判断力、跨学科理解能力、大兵团作战组织领导能力强的科学家。要坚持长远眼光,有意识地发现和培养更多具有战略科学家潜质的高层次复合型人才,形成战略科学家成长梯队。我国需要的战略科学家,既包括谋划科技长远和全面发展的战略科学家,也包括在某个专业领域起引领作用的领军科学家,主持大科技工程的技术总师、工程总指挥等,他们既精通本专业业务,又有放眼全局和未来的战略思维,并且能带领一个团队攻坚克难。

培养使用战略科学家,要把战略思维作为一项重要指标。具有战略思维,意味着能够对科技发展趋势、国家重大需求、国际竞争建设一支以战略科学家和领军人才为核心的高水平人才队伍。现阶段需要聚焦新一代信息技术、人工智能、生物技术、新能源等战略性新兴产业发展,扩容升级各类人才计划,培育"卡脖子"领域核心技术人才和产业发展急需人才。

---

① 《习近平关于科技创新论述摘编》,中央文献出版社2016年版,第108页。

在形成新质生产力中高度重视在世界前沿领域中引进和培养战略科学家、科技领军人才和创新团队，关键在两个方面：一是战略性创新高地的建设。建设世界性战略性科技创新高地就是为战略科学家及各个科学领域的领军创新人才及团队提供用武之地，为各类人才搭建干事创业的平台。二是构建起聚天下英才而用之的制度体系。积极打造吸引集聚全球高端人才的开放创新生态，这是充分发挥战略科学家领军作用的制度保障。其中包括建立体现各类人才价值的评价、激励机制和环境。各类人才在创新体系中的职能和作用不同，需要分类评价和分类施策，在创新人才的教育与培养、发现与评价、使用与管理、分配与激励等方面完善政策体系，尤其是要充分信任战略科学家并给予充分的科研决策权。

三、弘扬科技企业家精神

企业是创新主体，不等于说所有企业都能成为创新主体，关键是企业中要有创新的组织者，这个组织者就是企业家，尤其是科技企业家。对企业家的创新素质和职能，从熊彼特开始，经济学家们早有一系列的界定和论述。熊彼特把生产要素新组合的实现称为"企业"，把职能是实现新组合的人们称为"企业家"。根据熊彼特的定义，经营者只有在从事创新活动时才能成为企业家。"每一个人只有当他实际上'实现新组合'时才是一个企业家，一旦当它建立起他的企业以后，也就是当它安定下来经营这个企业，就像其他的人经营他们的企业一样的时候，他就失去了这种资格。这自然是一条规则"。① 创新有风险，厌恶风险就没有创新。因此企业家的创新精神就被归结为敢冒创新风险的精神。也就是说，企业家不

---

① ［美］约瑟夫·熊彼特：《经济发展理论》，贾拥民译，中国人民大学出版社 2019 年版，第 22—93 页。

但不厌恶风险,而且敢冒风险、勇于开拓、不断创新。这是企业家的基本
素质。

根据新质生产力要求,对科技企业家来说,只是具备创新精神是不够
的。在科技创新中,科技企业家不仅要有创新精神,还要有科技视野,成
为孵化新技术新产业的引导者。一方面,科技企业家具有企业家的创新
素质,敢冒风险,能够洞察市场需求,体现以市场为导向;另一方面,科技
企业家具有科学家的素质,能够洞察科学新发现的科学价值,体现创新成
果的先进性,也就是敏锐地发现并引领新质生产力的趋势,就像比尔·盖
茨、乔布斯等当年发现 IT 并引领以互联网为代表的新质生产力,现在马
斯克、库克正在引领空间技术和人工智能。我国的任正非引领了新一代
信息产业。显然发展新质生产力的关键就在于培育和造就大批科技企
业家。

科技企业家在发展新质生产力中的引领作用突出在以下几个方面:
首先,各类创新人才的集聚和培育在很大程度上靠科技企业家的作用。
人尽其才是对人才的最大吸引力。其次,科技企业家需要具有协调产学
研各方的能力。对企业的技术创新与大学的知识创新两大创新系统进行
集成,对多个主体进入的新技术孵化活动进行组织协调,是科技企业家的
基本职能。科技企业家所推动的企业创新的动力不只是竞争,更是合作。
尤其是进入其创新链的各个主体间的合作。由于企业家的组织和协调,
形成产学研各个创新主体之间的互动和交互作用。再次,科技企业家需
要主动连接市场和科技创新过程。既能对孵化的新技术进行导向,又能
对消费者进行导向,使开发的技术和产品有良好的市场前景。最后,企业
从孵化新技术阶段就进入的创新过程具有不确定性、协同性和连续性的
特点。科技企业家的组织职能就在于不间断地引导创新并根据最终的市
场目标及时调整创新方向,直至开发出品质更高、成本更低的产品进入市

场并取得财务回报。

科技企业家在发展新质生产力中有重要作用,为此提出了集聚并培育科技企业家的要求。根据党的二十大关于弘扬企业家精神,加快建设世界一流企业的要求,培育科技企业家,不仅需要相应的制度建设,还需要有效的激励,既要促使企业家具有科学家的视野,又要促使从事科技创业的科学家具有企业家的创新精神和经营能力。

总的来说,实现产业链、创新链、人才链的深度融合,需要深化人才发展体制机制改革。为各类人才搭建干事创业的平台,建立健全人才服务保障体系。深化人才激励机制改革,构建充分体现创新要素价值的收益分配机制,激发人才的原始创新动力。充分激发科技人才的创新创业创造活力,营造有利于创新创业创造的发展环境,吸引更多优秀人才投身我国科技创新和产业创新事业。以企业为中心集聚创新资源和人才资源,提高企业对高水平科技人才的吸引力和承载力。形成新质生产力要突出企业科技创新主体地位,把科学家精神与企业家精神结合起来。

第三节　在教育与技术赛跑中建设人才高地

习近平总书记在中共中央政治局第十一次集体学习时强调:要按照发展新质生产力要求,畅通教育、科技、人才的良性循环,完善人才培养、引进、使用、合理流动的工作机制。[①] 人是生产力中最活跃和最革命的因素,教育、科技、人才是形成新质生产力的基础性、战略性支撑。建设教育强国、科技强国、人才强国具有内在的一致性和相互支撑性。把三者有机

---

①　习近平:《发展新质生产力是推进高质量发展的内在要求和重要着力点》,《求是》2024年第 11 期。

结合起来、一体统筹推进,形成创新高地和人才高地可以有力支撑中国式现代化。

一、教育现代化先行

邓小平同志曾经提出:"我们要实现现代化,关键是科学技术要能上去。发展科学技术,不抓教育不行。靠空讲不能实现现代化,必须有知识,有人才。"[1]教育作为推进民族振兴和社会进步的重要基石,是促进人的全面发展,提升人民综合素质的重要路径,是提升人的现代化水平的最直接的手段。在形成新质生产力的过程中,要加快推进教育改革,实现教育的现代化。基于教育在人的现代化中的地位和作用,教育现代化应先行。

现代化与人的受教育程度相关。就如发展经济学家森德鲁姆所说:"现代经济行为的扩散和人吸收现代技术的能力,并以教育、社会基础和制度为基础。根据这个观点,一个社会,它的成员的教育程度较高,它提供的基础结构较大,它的经济制度较好,能鼓励现代技术的学习与运用,它才能被认为是较发达的社会。"[2]库兹涅茨描述现代经济增长的主要特征是知识扩展的速度和领域明显影响经济增长率和经济结构。因此知识存量的可传播性特征以及一个国家在现代经济增长过程中对知识的依赖性变得非常明显。其必然后果是现代教育特别是高等教育在现代化国家的普及。

教育现代化的目标之一是形成新质生产力的新型劳动者。也就是说

---

[1] 《邓小平文选》第二卷,人民出版社1994年版,第40页。

[2] ［英］R.M.森德鲁姆:《发展经济学:分析和政策的框架》,转引自［澳］海因茨·沃尔夫冈·阿恩特:《经济发展思想史》,唐宇华、吴良健译,商务印书馆1999年版,第201页。

培养能够掌握和发展现代科学技术的劳动者,现代化就是学习和直接利用国际先进技术和知识的过程。经济发展的初期以减少文盲为目标,而推进现代化则要以普及高等教育为目标。因此,接受过高等教育的人数所占的人口比例成为现代化的重要指标。

发展教育,提高全民族的文化水平,是推动人的现代化的必要过程,是形成新质生产力的基础工作。基于人的现代化目标及教育在现代化中的地位和作用,教育要先于其他方面实现现代化。教育现代化不仅表现为接受教育的年限尤其是高等教育的普及率,而且也表现为教育质量的提高。高质量人才培养需要高质量的教育,因此教育现代化要落实到提高教育质量上。现代化国家教育现代化的重要标志是大学的现代水准和能力:一是具有跟踪并掌握最新现代科学技术的能力和机制;二是具有培养创新型人才的能力和机制;三是具有同企业进行产学研协同创新、推动现代科技成果转化的能力和机制;四是具有弘扬民族文化、吸纳世界先进文化、实现文化传承创新的能力和机制。

教育现代化要以最新知识提供给受教育者。以互联网、人工智能、物联网、区块链等为代表的信息技术的迭代更新,以及数字经济与实体经济的融合发展,对新时代的教育提出了更高要求,要培养全面型数字经济人才。数字经济时代,传统的应试教育已经无法满足新时期社会发展对人才的需要,要加强素质教育,提升人才综合素质。适应新质生产力发展,要进一步推动数字化教育改革,加强数字教育,全面提升人民数字素养,使人们能够共享数字成果。充分利用数字经济发展所创造的新技术、新业态、新模式等,实现现代教育教学内容和教学方法的数字化转型。尤其是在数字经济发展到人工智能阶段,各类教育就需要提供人工智能方面的课程,满足现代化背景下学生获取最新科技知识的需求。

教育投资具有倍增效应。提高人均受教育年限的一个明显效果是可以实现个人知识水平的提升;个人受教育程度不同,学习能力、知识消化能力及技术应用能力也不同。人是技术的载体,是技术推广和应用的主力军,而技术推广和应用同劳动者的文化素质密切相关。个人文化素质直接影响其与技术的结合程度,直接影响技术转化为生产力的效果和速度。

二、教育与技术赛跑

其知识创新和技术进步日新月异,面对日新月异的技术进步,皮凯蒂在《21 世纪资本论》中提出"教育与技术赛跑"的理论。该理论对教育的重大挑战是,教育不仅仅是传播新知识,使劳动者的就业能力适应技术进步,还要创造新知识,走在技术进步的前面,引领技术进步。

首先,普通教育尤其是高等教育与技术赛跑。适应发展新质生产力需要,科技创新人员的知识要不断更新和创新。高等教育的专业、学科内容需要超前布局。例如,近期美国多所研究型大学和国内的著名大学要求各个学科都要设置人工智能等新科技学科,就是为培育未来产业教育先行。教育与技术赛跑要求教育、科技、人才"三位一体"推进。教育、科技和人才发展必须与国家发展战略和产业政策相协调,以实现科技和人才对国家经济社会发展的有力支持。在基础学科方面,高校要充分发挥创新资源聚集、基础研究深厚、交叉平台广布的优势,以国家战略需求为导向、以前沿科技发展为引领、以学校学科优势为基础,开展集成性、系统性的有组织科研攻关,为创新发展提供基础理论支撑和技术源头供给。在战略导向方面,高校要从经济社会发展和国家安全面临的实际问题中凝练科学问题,实现自主创新能力的跃升和有组织基础研究的组织形式创新,致力于提出原创性的概念、原理、方法,开辟新赛道,突破关键核心技术。聚焦世界科技前沿,凝练科学第一性问题,加快布局前瞻性基础研究,强化原始创新自主布局能力与学科交叉,打造新型的科技创新平台。围绕大数据、人工智能、元宇宙等现代信息技术领域,加快专业知识体系的迭代更新。在科技创新方面,高校要加强与区域经济社会发展和行业、产业需求的对接,通过与企业共建校企联合研发平台、共同设立产学研前沿探索基金等方式,聚焦重点产业和新兴产业升级发展中前瞻性、先导性、探索性的技术问题,把关键核心技术作为突破口和主攻方向,着力解决影响制约国家发展全局和长远利益的重大科技问题,推动中长期科研攻关,加快提升国家创新体系整体效能。在人才战略方面,统筹推进各类人才队伍建设,把人才集聚和重大战略实施同步谋划。高校要创新人才培养模式,提高人才自主培养的质量,以问题和需求为导向,构建高质量基础学科人才培养体系。

其次,职业教育和终身教育与技术赛跑,克服数字鸿沟之类的新科技鸿沟。技能投资是教育投资的重要方面,可以以职业教育、技能培训、技术推广等为手段,以实用技术、职业技能、现代管理等为主要培训内容,提高从业者技能水平。如果说已有的科技在很大程度上替代简单劳动的岗位,那么人工智能之类的新科技将会在很大程度上替代复杂劳动岗位。因此,教育与技术赛跑的重要方面是促使劳动者适应新质生产力的发展不断提升就业能力,培育适应新质生产力的劳动力大军。形成新质生产力的教育现代化不能仅限于在校教育,还需要推进劳动者在职培训之类的终身教育机制建设。现代社会的人应处在一个连续不断的教育过程中,终身学习,不断更新自己的知识结构。这就是党的二十大报告提出的:"推进教育数字化,建设全民终身学习的学习型社会、学习型大国。"与在校教育不同,在职教育主要是提供专业知识与技能的教育和培训,包括各类技术的培训和管理的培训。其意义有两个方面:一方面,这是一种人力资本投资。专业化的知识技能和人力资本积累可以产生递增的收益,并使其他投入收益及总规模收益递增。另一方面,这是一种长期性投资。从事不同岗位工作的劳动者和管理者能够不断地适应新科技的发展和应用。根据皮凯蒂的《21世纪资本论》分析,财富和收入趋同的力量是知识的扩散和对培训教育的投入,也就是通常说的"富脑袋"。知识和技能的缺失所造成的结构性失业成为相对贫困的重要原因。现实中造成贫富差距的一个重要原因是不同区域和城乡居民获取的教育资源尤其是优质教育资源不均衡。从这一意义上说,不断以新知识新技能对劳动者进行终身教育,提高其就业能力本身也可成为推动共同富裕的重要途径。

三、提升全民数字素养与数字技能

数字经济是新质生产力的综合质态。数字经济的发展及其应用需要数字人才支撑。形成新质生产力中,数字技术的迭代更新为产业发展带来新的发展机遇,同时对人力资源提出了更高的要求,就要提升人的数字素养和数字技能,全面提升人的综合素质,充分释放数字化的发展潜力,培养数字化人才,以数字化人才推动形成新质生产力。数字经济发展和数字化创新要求数字化人才结构相匹配,适应数字时代人的现代化要求,优化人才结构、人才生态,打造数字化管理人才、数字化应用人才和数字化专业人才的集聚高地。

第一,提升人才资源的数字化工作能力。数字经济的快速发展,需要全民数字素养与数字技能的提升,跨越数字鸿沟,应进一步加强对人才资源的数字化培训,提升数字化工作能力,通过数字技术的应用,提升个人的创造性。完善人才的数字技能培训体系,提升人才资源对数字技术的应用能力,提高数字技能。

第二,提高人才资源的数字创新、创造能力,培育高水平的数字人才。形成新质生产力应正确把握新一轮科技革命和产业变革带来的发展机遇,增加数字资源供给,实现优质数字资源的共享发展,全面提升全民的数字素养,深化人才交流与合作,创新数字经济时代的人才培养模式,大力培养数字经济领域的高水平人才。同时,要进一步增强人才资源的数字化意识,提高人才资源对数字化发展的适应能力。

第三,建立和完善新时期数字人才发展的体制机制,强化数字人才发展的制度保障。应进一步建立健全形成新质生产力的人才评价激励机制,创新人才发展体制机制,完善制度体系建设,推进人才治理体系的现代化建设,把人才发展现代化放在推进中国式现代化和形成新质生产力的进程中,让人才发展现代化,成为推动中国式现代化和形成新质生产力的重要内容。

第四,推动教育的数字化转型,促进数字经济时代创新人才培养。数字化已经成为高等教育改革发展的主题,世界各国积极推进高等教育数字化战略。高等教育数字化转型打破了传统的高等教育模式,重塑了高等教育新形态,成为高等教育高质量发展的新引擎,推动高等教育实现智能化、个性化、终身化,为人的全面发展奠定基础。因此,高等教育数字化转型是适应形成新质生产力的高等教育整体性变革,是培养引领数字经济时代的创新人才的客观需要。要顺应数字经济发展的趋势,适应形成新质生产力的人才需要,推动高等教育数字化转型,培养高水平新质生产力人才队伍。

第十章　发展新质生产力的金融支持

金融是国民经济的血脉，是国家核心竞争力的重要组成部分，为发展新质生产力提供资本支持和相关服务，是新质生产力发展和经济高质量运行的重要推动力。金融服务并支持发展新质生产力，不仅仅是资金量的支持，更为重要的是根据新质生产力的特点进行金融工具的创新，对发展新质生产力进行全方位、全流程的支持，做好科技金融、绿色金融、普惠金融、养老金融、数字金融五篇大文章。

第一节　发展新质生产力不同阶段的
金融需求及其工具

新质生产力可以节省部分物质资源、环境资源之类的物质投入，但不能节省资金投入。就如马克思当年所指出的："正像人呼吸需要肺一样，人要在生产上消费自然力，就需要一种'人的手的创造物'。要利用水的动力，就要有水车，要利用蒸汽的压力，就要有蒸汽机。利用自然力是如此，利用科学也是如此。电流作用范围内的磁针偏离规律，或电流绕铁通过而使铁磁化的规律一经发现，就不费分文了。但是要在电报等方面利用这些规律,就需要有极昂贵的和复杂的设备。"①发展新质生产力也是这样,不仅研发新技术需要足够的资金投入,而且其充分应用也需要足够的资金投入,金融在其中的作用就凸显了。首先,科技创新的路线超出了企业的范围。与通常的以企业技术创新为源头的创新路径不同,科技创新是以科学新发现为源头的创新,涉及产学研多个环节,需要动员多个投入主体,特别是在科技创新的前期阶段更需要金融介入和资本提供,因此就提出发展科技金融的要求。其次,科技创新存在明显的不确定性。一是投资回收期长,有些创新如生物医药的发明,从科学研究到临床应用历经时间很长,其间还需要不间断地投入;二是投资收益的不确定性,新思想能否孵化为新技术有很大的不确定性,由新技术开发出来的新产品能否被市场所接受也存在很大的不确定性。创新成果的不确定性就产生投资风险,因此就提出了发展风险投资的要求。故以科技创新为核心的新质生产力形成与发展具有明显的长周期性和高风险性,需要与科技创新模式相匹配的长线资金介入。长线资金践行长期投资的理念,是耐心资本,能够匹配新质生产力发展的特点。

一、新质生产力各发展阶段的资金需求

在以科技创新为核心、以科技成果转化和产业化为桥梁、以构建现代化产业体系为目标的新质生产力发展过程中,在不同阶段对金融及其资金需求会有所差异。

形成新质生产力的创新全过程涵盖知识创新、创新的知识孵化为新技术和新技术产业化等环节。创新各个阶段的金融需求、创新活动的主

①《马克思恩格斯文集》第 5 卷,人民出版社 2009 年版,第 444 页。

体、目的和成果形式差异较大，创新者面临的风险及融资成本承受能力也明显不同。通过机制设计创新各类金融工具以促进科技与金融的深度融合，从而为科技创新活动提供充足的资金支持，是金融支持新质生产力发展的重要内容。

如图 10-1 所示，在科技创新的上游即知识创新环节，创新关注的是新思想和新知识的发现，创新主体大多为大学院校和科研机构，创新场所主要是实验室，创新成果具有基础性、公益性和公共性等显著特征。新思想和新知识的发现具有一定偶发性，也有极大的不确定性，而一旦发现则具有很强的外溢效应，收益难以向私人收敛；并且知识创新远离终端市场，能否转化以及何时转化为被市场接受的产品也充满变数。因此，知识创新环节的研究费用难以成为商业性投资的对象，主要由国家投资和公益性投资，也不可能求得可靠、稳定的利润回报。但在创新驱动发展中也会出现一些有远见的风险投资者和企业看准了知识创新的作用，为获取未来产业制高点和谋求长远发展目标，会向科学家直接提出重大科学项目申请，对特定的知识创新项目进行风险投资。

科技创新的中游环节即孵化和研发新技术环节，是依据科学发现和新知识产生的创意孵化和研发新技术、新产品的阶段。新思想、新发现、新创意孵化为新技术阶段，需要建设孵化器。这个阶段的资本投入充满风险，创新收益开始向投资者收敛，同时其成果也具有外溢性。这个阶段的投资，以风险投资为主，政府也会投入部分引导性资金。

在科技创新的下游环节即采用新技术环节、创新成果产业化环节，也就是创新产品进入市场的阶段，新技术的普遍推广及新产品的大规模生产，使该阶段具有风险小、资金需求量大、融资成本承受能力强的特点。研发引致的新技术、新产品逐步获得市场的认可，创新活动风险已经基本得到释放和控制。收益已明显收敛到企业和私人投资者，此时风险投资开始退出,以寻求下一个投资机会。此时采用新技术的企业面临的是市场竞争和风险。为支持生产规模扩大、市场占有率提高以及产品性能改善,资金需求量会急剧膨胀。在此背景下,支持企业发展的金融由科技金融转向一般的商业性金融,银行信贷和资本市场直接融资成为主要方式,政策性金融仅在优化产业结构、完善现代化产业体系、打造产业国际竞争优势等方面发挥宏观调控作用。

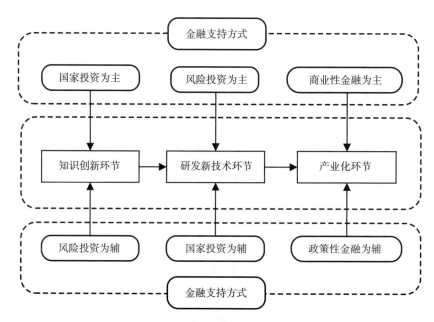

图 10-1　科技创新不同阶段的金融支持方式

根据生产力发展的客观趋势和新质生产力所体现的主要特征,金融支持发展新质生产力就是金融支持新科技研发、新能源利用、新产业培育以及数字经济发展,中央金融工作会议明确要求"做好科技金融、绿色金融、普惠金融、养老金融、数字金融五篇大文章",其中科技金融、绿色金融、普惠金融、数字金融与发展新质生产力紧密关联。

二、科技金融支持新科技研发

作为新质生产力的科技是属于国际前沿的高端新科技,尤其是原创性、颠覆性科技。在科技发展日新月异的今天,我们要与世界科技强国并跑乃至领跑,就更需要加大科技研发投入,提升革命性科技创新能力,并加强科技成果转化应用,上述目标的实现有赖于金融支持。但科技创新尤其是颠覆性技术创新是高风险性活动,存在研发失败概率大、创新成果无法转化应用等诸多风险,以间接融资为主导的传统金融体系,金融机构偏好发展前景明朗、增信措施完备、融资周期短、风险小的客户。所以传统金融无法有效满足高科技研发的资金需求,也无法合理分担高科技创新的风险溢出,因此需要革新原有金融体系,创新和优化金融供给方式,加大金融支持高科技创新力度。科技金融就是应运而生支持高科技创新的创新性金融模式。

科技金融是支持和促进科技创新、成果转化和科技企业发展的一系列金融工具、金融制度、金融政策与金融服务的系统性安排。科技金融与商业性金融的区别在于不是追求一时的商业利益,科技金融支持的科技创新项目具有前沿性,追求的是科技创新成果收益,并承担相应的创新风险。科技金融通过改进服务模式和搭建服务平台,构建服务于科技创新创业的金融服务体系与金融生态环境,实现科技创新链条与金融资本链条的有机结合。从基础研发到科技成果转化,再到产业化,最后到现代化产业体系建设,都离不开科技金融的支持。科技金融为科技创新企业提供融资渠道,促进创新资源合理配置,推动科技成果转化和产业升级;反之,科技手段的创新和应用场景的扩大又可以大幅提升金融的运行效率,降低运营成本和金融风险,助力金融高质量发展。

科技金融供给侧主体除了传统的持牌金融机构(包括国有商业银行)外,还加入了许多新兴科技企业、数据企业、平台企业和中介服务组织。其中平台型科技金融企业快速崛起,成为资本实力雄厚、平台集聚效应明显的大型公司,他们具有平台覆盖面广和受众信任度高的优势。科技金融以服务科技创新和国家高科技自立自强为主线,打破传统金融固有的思维范式和体制机制束缚,构建与发展新科技相匹配的新型金融服务生态体系,实现"金融—科技—产业"良性循环与互动。科技金融要创新风险管理理念,转变传统信贷思维,打破唯抵押担保的观念,通过构建合理的科技企业价值评估体系,并应用科学的估值方法,发掘科技企业的信用价值和发展前景,增强科技金融供给与科技企业需求的适配性。

科技金融创新并优化金融工具,丰富金融产品链条线。科技金融要形成多主体参与、全社会支持的发展态势。通过政府、金融机构和企业共同建立各类创新和产业引导基金等工具,引导更多社会中长期资金流向科技创新领域。科技金融要为科技型企业提供全生命周期的金融服务,根据初创期、成长期、成熟期等不同发展阶段科技企业需求,有针对性地提供多元化金融服务,实现科技金融服务能覆盖科技创新全链条,尤其是在面对科技创新"最后一公里"的"创新死亡谷"困境方面,发挥破题的关键作用。科技金融机构可发挥资本与平台双作用,向广大科技型中小企业提供资本支持和资源整合对接,帮助科技型中小企业安全跨过"创新死亡谷",并进一步加速其成长壮大。

科技金融要严格按照国家的制度规定、政策导向和监管要求,依法依规开展业务,通过切实将资金投向符合要求的科技企业及项目,支持国家科技创新战略实施。防范和禁止披着科技金融的外衣,钻制度漏洞,找政策空子,打监管擦边球,实则进行非法融资、脱实向虚、无序扩张的不法行为。

三、绿色金融支持发展绿色生产力

绿色金融是指将绿色发展的理念融入金融活动中,通过为清洁能源、环保产业等领域提供金融产品和服务,推动经济社会的绿色低碳发展。与传统金融相比,绿色金融更加强调人类社会的环境效益,它将环境保护和资源的有效利用程度作为计量其活动成效的主要标准,并通过自身活动引导各经济主体注重自然生态平衡,最终实现经济社会的可持续发展。2002 年 10 月,世界银行下属的国际金融公司和荷兰银行等金融机构在伦敦召开的国际知名商业银行会议上提出一项企业贷款准则:要求金融机构在向一个项目投资时,要对该项目可能对环境和社会的影响进行综合评估,并利用金融杠杆促进该项目在环境保护以及项目所在地绿色发展方面发挥积极作用,即"赤道原则"。在这一准则下,逐渐形成了绿色金融的概念。绿色金融是为支持环境改善、应对气候变化和资源节约高效利用的经济活动,即对环保、节能、清洁能源、绿色交通、绿色建筑等领域的项目投融资、项目运营、风险管理等所提供的金融服务。绿色金融所要支持发展的绿色生产力突出体现在以下两个方面:

第一,绿色金融推动新能源革命。从能源角度看,以化石为能源及以此为基础的产业已属于旧质生产力,新产业革命的方向应该是创新、发展和运用清洁能源。正在到来的新工业革命,根据里夫金的定义,是以可再生能源为基础,是互联网技术和可再生能源的结合。新能源革命就是为生产生活提供廉价的新能源,提供代替石油的新一代燃料和高密度储能的材料、器件和技术。创新环保和低碳技术,创新高效低耗、高品低密、高标低排、无毒无害、清洁健康等绿色技术,改造整个传统制造业,使整个工业生产过程绿色化。包括以节能减排的新技术替代或节省日渐枯竭的不可再生资源,由此产生的革命性变化是,目前的化石能源产业将逐步被光伏、氢能源之类的新能源产业所替代;与此相应,环保产业、生物技术产业将成为支柱或主导性产业。

第二,绿色金融是"绿水青山"到"金山银山"的重要桥梁和转化器。其具体内容主要包括:一是攻克大气污染控制、水体污染治理、土壤污染治理、废弃物资源化利用等关键技术,提高生态承载能力;二是在绿水青山建设中创造生态产品,增加生产生态产品所必需的投入,吸引更多的金融资源参与生态产品生产;三是提升生态产品生产能力,增加生态产品产出。

绿色金融主要是顺应全球绿色转型和我国"双碳"目标的需求。扩大绿色信贷、绿色债券、绿色基金、绿色资产证券化、绿色保险、绿色PPP、碳金融等产品的应用范围,完善碳减排支持工具、支持煤炭清洁高效利用专项再贷款等工具,丰富绿色金融内涵,不断提升绿色金融供给质量,为新能源开发利用、生态保护及绿色低碳转型发展提供全方位的资金支持。

绿色信贷是绿色金融体系构建的最重要基础。是金融机构通过主动审查信贷业务活动中的潜在污染风险,在信贷流程中建立污染风险防控机制,充分发挥信贷的引导作用,限制污染型项目投资,支持绿色、低碳、可持续的环境友好型投资,以推动经济社会发展的整体绿色转型和可持续发展。

绿色保险又称为"环境污染责任保险",是为解决经济社会活动中必须伴随但偶发的环境危险、环境污染、生态破坏等威胁人的生命健康和可持续发展而提供的一种保险制度安排和长期治理机制。广义上的绿色保险是与环境风险管理有关的各种保险安排,包括应对气候变化、污染和环境破坏等;狭义的绿色保险是指环境污染强制责任保险,是以企业发生的污染事故对第三者造成的损害依法应负的赔偿责任为标的的保险。狭义的绿色保险是一个险种,属于技术层面的产品设计。

"绿色债券"指将所得资金专门用于资助符合规定条件的绿色项目或为这些项目进行再融资的债权债务凭证。政府部门、金融机构或企业发行绿色债券向社会募集资金,同时承诺按一定利率支付利息并按约定条件还本付息。绿色债券所募集的资金主要用于支持环境保护和绿色发展,包括节能减排技术改造、清洁能源开发与利用、低碳城市和低碳乡村建设、碳汇林建设、水资源保护和开发利用、污染防治、环境修复等绿色发展项目。

在数字经济背景下发展绿色金融需要建立绿色金融信息大数据共享平台,推动绿色金融信息互联互通,同时还要打破绿色信息孤岛,推动水、电等绿色发展核心数据的信息共享,为金融机构开展绿色金融提供信息基础支撑。

四、普惠金融支持科技型小微企业创新创业

普惠金融包含"惠普"和"金融"两个方面。普惠的意思是普遍惠及,普惠金融是全社会所有阶层、所有成员、所有地区能够机会均等地从金融体系中获得支付、储蓄、融资、投资、风险分散等现代化金融产品及其服务。普惠金融旨在通过金融服务的普及和提高,增强金融包容性,其核心是要使金融普惠到弱势群体,使更多的受众能够享受金融服务带来的便利和增值收益。普惠金融不仅仅是政策性金融的责任,也是商业性金融的责任。普惠金融是金融机构共同参与推动共同富裕的社会责任,同时又要尊重金融机构经营的商业性特征。

从发展新质生产力的角度,普惠金融涉及对科技型小微企业的创新支持。在创新实践中可以发现,许多创新都是科技型小微企业首先发动

和率先尝试的。普惠金融惠及科技型小微企业现实意义重大。传统金融偏好大企业、强担保、短周期、低风险，而科技型中小微企业普遍存在轻资产、无抵押、长周期、高风险的特点，按传统信贷评估规则往往难以获得足够的金融支持。因此，创新金融供给方式，发展普惠金融，能在一定程度上解决科技型小微企业的资金瓶颈，支持其加大研发投入，帮助其发展成为重要的创新创业源。

首先，从源头上降低普惠金融供给成本。降低普惠金融供给成本是普惠金融高质量发展的前提，它能提高科技型小微企业金融服务的可得性，并切实降低融资成本，从而降低企业研发成本，激发科技企业家的研发意愿，增强科技创新投入的决心。目前，运用大数据、云计算、人工智能等技术和普惠金融融合产生的数字普惠金融，有效降低了金融的供给成本，是普惠金融赋能科技型小微企业的重要方式，应予以引导和发展。

其次，着力强化普惠金融供给的稳定性和持续性。对于债务性资金而言，除了资金成本，资金可用期限也直接影响企业和科技企业家的投资决策。普惠金融实施机构对科技型小微企业的科技研发项目，除了加大首贷力度外，做好续贷、增贷工作更为重要。要避免在资金宽松时大量推贷，在银根紧缩时大量收贷，确保资金供应有序和相对稳定。

最后，要提高知识产权资产在普惠金融供给中的增信作用。包括专利权、著作权在内的知识产权，既是科技型小微企业实力的体现，也是科技型小微企业最为重要的资产。在科技创新引领经济发展的时代，被金融机构视为"软资产"的专利权、著作权等，已经变得越来越"硬"。因此，金融机构应科学研判科技发展方向，合理把握科技型小微企业的科技创新含金量，准确评估科技型小微企业所拥有的知识产权资产价值，有效拓展其知识产权抵质押融资服务。

五、数字金融支持发展数字生产力

数字经济是当前国际科技和产业竞争的新赛道,也是新质生产力的综合体现。数字金融支持数字经济发展,本质上就是支持新质生产力发展。

数字经济是在数据成为关键生产要素的背景下产生的。数据、互联网平台、数字技术成为数字经济的基本要素。相应地,数字经济发展的基本要求:一是数据真实可靠,且广泛应用;二是互联网平台互联互通,且达到规模经济;三是现代数字技术广泛应用。由于金融是现代经济的血脉,金融数字化就能起到这种先导和带动作用。

数字金融通常被定义为传统金融机构或互联网科技企业利用数字技术实现融资、支付、投资及其他新型金融业务模式。数字金融的内涵与数字经济定义中"使用数字化的知识和信息作为关键生产要素、以现代信息网络作为重要载体、以信息通信技术的有效使用"大体对应,因此数字金融本质上是数字经济在金融领域的映射。如同传统金融之于传统经济,数字金融也是数字经济这个肌体的血脉,两者密切相依、共生共荣。数字金融可促进金融普惠化、改善风险防控,但无序的数字金融创新也会产生系统性风险,增加监管难度。

数字金融借助互联网平台进行的第三方支付可降低金融服务成本。传统金融模式依赖实体网点,而数字金融摆脱了对金融实体网点的依赖,降低了物理成本,同时减少服务人员数量,降低人工成本。数字金融的成本投入集中在数字基础设施,客户服务边际成本趋近于零,导致数字金融平台可以发挥规模效应,以极低的边际成本为巨量客户服务。

数字金融在金融产品和服务中广泛应用诸如信息技术、互联网技术、移动技术等数字技术,充分发挥数据的生产要素作用,构建适应数字经济内在属性和发展要求的金融生态体系。不同于传统金融模式,数字金融的供给主体通常是互联网平台企业,数字金融通过平台和数字技术准确获取客户信息,并利用大数据建模对客户进行数字画像,数字金融能有效细分客户需求,降低个性化金融服务成本。互联网平台与传统金融机构合作建设共享的数字金融生态圈,联合推动产业数字化进而反哺金融数据要素的挖掘与更新,同时实现不同平台或金融机构之间共享数据要素。

随着物联网、区块链、人工智能和大数据等新一代数字技术的发展,数字金融有望实现产业链上下游原始数据的一手采集和保真流通,从而穿透中小微企业的资产状况,实时监控潜在风险,实现税务等政府部门、银行等金融机构以及产业链上下游企业的数据互联互通,能有效实现单一来源数据的交叉验证,从而帮助金融机构看清资产、降低风险,助力众多中小微企业获得普惠金融服务,从而破解中小微企业融资难、融资贵问题。金融数字化转型扩大全链条覆盖的动态实时数据源,实现不同市场主体在业务交互和数据共享方面的互信互认,并对产业金融业务主体资格认定、共享数据技术标准、凭证与票据的合规监管等方面出台明确统一的标准规范,为供应链金融、贸易金融等参与主体多、验证成本高、交易流程长的金融场景提供底层基础支撑。

中国金融体系以间接金融为主,商业银行作为间接金融体系的核心,其数字化转型是商业银行融入国家数字经济发展大局的重要依托。银行数字化转型是指用数字技术重构银行的全部业务和组织,通过深度应用大数据、人工智能、物联网、云计算、区块链等新兴数字技术,对银行的渠道、营销、产品、风控、数据应用、运营管理等各个方面进行全方位重塑,实现银行业务线上化、数据化、智能化、开放化,从而全面提升银行服务水平与运营效率。

金融服务实体是数字金融支持数字经济发展的基础和前提。数字金融以数字技术为依托，以高效运行为特征，保证数字金融不偏离服务于数字经济的主轨道，就要把金融资源更多配置到经济社会发展的重大战略、重点领域和薄弱环节，支持科技创新、清洁能源开发，扶持战略性新兴产业和未来产业，确保把数字金融为数字经济服务落在实处。只有这样，数字金融才能实现助力现代化产业体系建设和支持新质生产力发展的最终目标。

数字金融与数字经济的深度有机融合是数字金融支持数字经济发展的主要方式和必然选择。一方面，金融机构应当大力发展金融科技，充分利用互联网技术、区块链、大数据、云计算、人工智能等前沿科技，提升经营效率、管理水平和风险控制能力，提升金融业自身新质生产力水准；另一方面，金融机构要不断创新数字金融产品与模式，丰富数字金融的应用场景，助推数字产业化和产业数字化发展。

充分发挥数字金融价值发现和资源配置功能，是数字金融支持数字经济发展的实现途径。数字金融作为金融创新与科技创新叠加融合形成的高级金融形态，兼具数字与金融的双重属性，能够高效推动资金、信息、数字等生产力要素向高科技产业、绿色产业聚集，优化资源配置结构，提升资源配置效率，为数字经济高质量发展注入科技动力和能源动力。

金融五篇大文章形式上具有相互补充性，本质上具有逻辑一致性，其最终目的都是满足经济多样化金融需求和服务于经济高质量发展。数字金融与科技金融结合形成数字科技金融，重点服务数字科技领域，着力提升国家科技创新能力，实现科技高水平自立自强；数字金融与普惠金融结合形成数字普惠金融，重点服务中小微企业、"三农"领域、低收入群体，提升金融服务覆盖面，为经济实现包容性增长提供动力；数字金融与绿色金融结合形成数字绿色金融，重点服务清洁能源、低碳环保等绿色产业领域技术开发及应用,不仅可以拓宽金融服务应用场景和推进绿色金融产品体系创新,还能为绿色产业项目、绿色科技研发、绿色金融体验提供多样化的融资渠道,为实现经济可持续发展提供保障。

第二节　风险投资与资本市场
支持科技和产业创新

科技创新及其产业化的每个阶段都始终贯穿着不确定性,充满着失败的风险,正如费尔普斯所言:"事实上,所有创新都有偶然或者随机的因素。在一定程度上,新产品开发成功和得到商业化应用都是概率问题。创新是走向未知的历程。"①因此,对科技创新的投资是风险投资,往往存在创新投资供给的缺口。

一、风险投资是发展新质生产力的重要推手

从风险和收益的关系分析,风险有两类:一类是不会伴有收益的风险,这种风险必须规避;另一类是可能伴有收益的风险,这种风险就要敢冒。与科技创新相关的风险投资就属于后者,且根据风险与收益对称的原则,高风险往往伴随着高收益。创新活动不成功则已,一旦成功,将会形成暂时性的市场垄断,获得超额剩余价值。正是因为创新活动具有高风险、高收益的特性,融资方式的选择至关重要。

在科技创新的各个阶段中,上游阶段即知识创新阶段主要靠政府投

---

① ［美］埃德蒙德·费尔普斯:《大繁荣:大众创新如何带来国家繁荣》,余江译,中信出版社 2013 年版,第 36 页。

入,下游阶段即产业化阶段主要靠商业性金融,新质生产力所要研究的金融主要在风险最大的科技创新的中游环节,即科技研发阶段和新技术孵化的金融问题。科技创新的中游环节可以细分为两个阶段:一是孵化新技术阶段;二是利用孵化的新技术创业阶段。对孵化新技术、新企业之类的创新和创业投资,有明显的不确定性,需要以风险投资为主要形式的金融支持。就如奈特所指出的:"在现代经济中新企业的创建和建成后企业的经营之间的分离趋势很明显。一部分投资者创建企业的目的是从企业的正常经营中得到收益,更多的人则期望从建成后的企业的出售中获得利润,然后再用这些资本进行新的风险投资活动。"[①]可以说,过去几十年美国高科技产业的发展史就是一部极其生动的创业投资的成功史,苹果、微软、思科、IBM 等科技巨头无一不是在风险投资的扶持下快速成长起来的。保罗·克鲁格曼曾指出,美国经济增长的60%—70%应归功于新经济的带动作用,带动新经济发展的正是美国的风险投资业,而新经济的主体则是新兴产业。

风险投资者为创业活动提供资本支持以及相应的非金融服务,既专注于创新项目的市场,又专注于创新项目的科学价值,并且着力对创业企业提供辅导和帮助,促进高新技术成果转化,从而获得高资本收益。风险投资者之所以愿意承担风险,原因是只要其投资的多个项目中有少数项目成功,足够弥补失败的成本。

与传统的商业信贷和公开市场融资相比,风险投资不仅给创新活动提供资金支持,更是运用自身专业优势和资源整合能力,为创新活动提供业务支持,降低科技创新风险。从某种程度上讲,企业经营者和风险资本家行为目标具有契合性,风险资本家广泛参与企业战略制定、人事安排、

---

① [美]富兰克·H.奈特:《风险、不确定性和利润》,王宇、王文玉译,中国人民大学出版社2005年版,第187页。

融资规划,通过高水平的创业指导、业务引领、团队促成等,既提高了创业企业的内部治理水平,也降低了风险投资与创业活动间的信息不对称程度,大大提高了创业企业的成活率,最大限度地发挥资源配置优势,从而获得高额回报。

增强风险投资活力,就是为发展新质生产力注入强劲动力。增强风险投资活力的关键是充分调动各类风险投资资金进入以科技创新为核心的新质生产力领域。鼓励多元化主体参与风险投资,并非意味着每个投资主体都去投资创业项目,更为有效的途径是建立风险投资基金,并着力扩展风险投资基金来源渠道。

一是建立多种所有制形式的风险投资公司。一般来说,风险投资公司应该是商业性、以营利为导向的法人。但从实际情况看,不能仅仅限于此。从全球范围观察,有些国家政府通过其所属的科技园举办风险投资公司,也有不少国家的银行有其所属的风险投资公司。鉴于此,我国除了积极鼓励发展私人风险投资公司外,应考虑通过开发区、银行等机构创立风险投资公司。建立此类风险投资公司和风险投资基金需要突出克服两个问题:第一,风险投资公司不能成为"避险"公司,要敢于向科技创业投资,更多地进入孵化高新技术以及由此催生的战略性新兴产业和未来产业。第二,风险投资公司不能变成仅仅提供货币资金的"甩手掌柜",应根据自身了解市场的优势,主动对科技创新与科技创业进行市场导向,以选择和确定有商业价值和发展前景的技术孵化项目。

二是建立政府导向的风险投资基金。投资科技创新创业企业的风险程度远高于投资成熟企业,投资战略性新兴产业和未来产业的风险程度也远高于投资一般产业。如果没有特殊的资金来源、投资形式以及政府必要的支持,就难以吸引社会资金投资进入这个领域。主要努力方向有以下几个方面:(1)政府投入与科技金融相捆绑,对于战略性新兴产业、未来产业或符合政府导向的项目,通过这种方式增强金融资本的投资信心;(2)财政出资组建创业投资引导基金,通过参股创业投资企业、跟进投资,为创新创业企业发展注入活力;(3)设立政府背景的融资性担保公司或者风险投资补偿基金,降低资金投入科技创新活动的风险,引导和鼓励民间资本投入创业企业。为了减少风险厌恶情绪对风险投入的恐惧,引导性投入应采取公司化、市场化运作方式,在激励机制设计上避免短期化倾向,更加注重中长期激励。

三是培育包括天使投资、创业投资、私募股权在内的风险投资人才队伍。风险投资活动的专业性、复杂性和综合性,使高水平的风险投资人才在风险投资活动实施过程中举足轻重。因此,既要制定符合创新人员引进与成长、适宜创业投资和天使投资发展规律的优惠政策,从而激发社会各界创业热情,培育适宜风险投资人成长壮大的土壤,又要运用孵化器及其他产学研平台把富于创业激情、敢于承担风险、懂技术和金融的风险投资人才孵化出来,使其在科技创新活动中发挥引领作用。尤其重要的是,政府主导的风险投资活动及其僵化的激励约束机制无法激发风险投资人的活力和热情,需要通过强化风险投资的市场化运作机制,为风险投资市场的活跃提供制度保障。

从目前风险资本重点投资的领域来看,主要集中于新能源、人工智能、生物医药、智能制造等方向,其中新能源主要投向新能源汽车、电池技术、新能源发电、配电技术等,人工智能主要集中在自然语言处理(NLP)、计算机视觉、机器学习、智能机器人、无人驾驶等,智能制造领域的 PE/VC 投资主要集中在机器人与自动化、物联网、大数据与云计算等。这些投向也正是新质生产力所代表的发展方向。为实现风险投资基金有效支持新质生产力发展,需要着力解决好前端资金募集(包括基金规模和期限设置)、中端投资项目选择和后端基金退出问题(即"募、投、退"三大问题)。

基金募集规模以基金有效运作和满足被投资项目资金需要为前提;基金存续期限要适当延长,尤其对科创类基金(即主要投向高科技企业或高科技项目的风险基金),基金期限以有效覆盖项目孵化到成功全过程为优,从而实现投资方和被投资方双赢的格局。投资项目应选择重点战略性新兴产业和未来产业。为实现基金良性退出和投资循环,需要进一步丰富基金退出渠道,完善基金退出制度,改变以往主要依靠 IPO 路径和严重依赖股票市场的局面,着力发展诸如协议转让、企业回购等多种退出方式,既实现风险投资基金支持新质生产力发展的力度不降低,又能有效缓解为上市而突击性投资所产生的"资本扎堆"乱象。

二、完善的资本市场是发展新质生产力的重要条件

不同类型企业的资产形态及其构成不同,业务模式及其盈利特征不一,其对应的融资体系也会有所差异。传统工业和房地产等重资产的企业,由于固定资产占比大,易于通过资产抵质押的方式获得银行信贷,并且这类企业由于技术成熟,通常具有相对稳定的收益和可靠的现金流,能够周期性偿还银行贷款利息,故传统工业企业发展通常依赖以银行信贷为主的间接融资。而对于科技创新创业企业而言,其具有较高的技术壁垒,并且没有足够的动机向银行详细披露其研发信息和技术要点,因此银企之间存在严重的信息不对称;另外,科创企业研发投入较高,研发结果存在极大的不确定性,现金流不稳定,盈利能力存疑,并且其核心资产为人力资本和知识产权,难以有效定价并作为抵质押物。因此,科创企业发展面临明显的信贷约束,需要不同于传统的间接融资渠道,即需要资本市场的直接融资。一方面,直接融资具有独特的风险共担和利益共享机制,与科技创新企业的风险性和不确定性具备良好的适配性;另一方面,相较

于传统重资产行业通过银行贷款等间接融资方式获取资金，直接融资会更综合地考虑其经营模式、研发能力、技术优势、人力资本、管理团队等非财务指标，合理淡化资产抵质押增信方式。

资本市场是现代金融的重要部分，它既是风险投资退出的重要通道，又是科创企业持续性融资的主要阵地。根据科创类企业不同发展阶段的风险特征和收益情况，资本市场支持的方式有所不同。如图 10-2 所示，在企业发展初期，风险高、收益不明确，以风险投资、科创类板块股票市场的股权性融资为主，以可转换公司债券等转债性融资为辅；在企业发展中期，风险有所降低，收益预期改善，以转债性融资为主，以公司债券等债券性融资为辅，此时也是前期风险投资通过股票市场退出的时间窗口期；在企业发展后期，风险降至最低，收益稳定可靠，以债券性融资为主，以增发等股权性融资为辅。

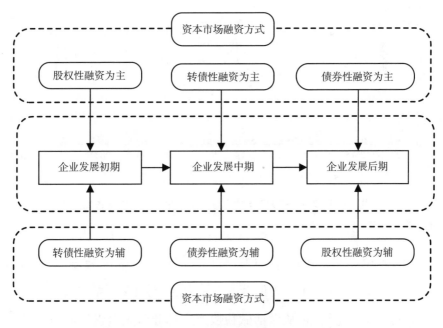

图 10-2　企业发展不同阶段的资本市场融资方式

如图 10-3 所示,从 2014 年到 2023 年我国资本市场稳定发展,为支撑重大基础研究、关键技术创新、推动科创企业高质量发展提供了资本支持,已逐步凸显支持新质生产力发展的阵地性作用。但与发达国家相比,我国资本市场规模仍不大,直接融资比重尚较低。以社会融资存量结构衡量,股票、债券等直接融资方式在美国非金融企业融资结构中的占比达67%左右,而我国仅为 11.20%,其中股市融资仅占 3%。纵观 2014 年以来历年我国社会融资构成情况,间接融资比重远超直接融资,居各融资方式之首。尽管以银行贷款为主的间接融资占比呈下降态势,但股票、债券等直接融资方式占比仍低,尤其是股票融资基本上处于 3% 的比例水平。因此,我国资本市场发展存在较大的提升空间。

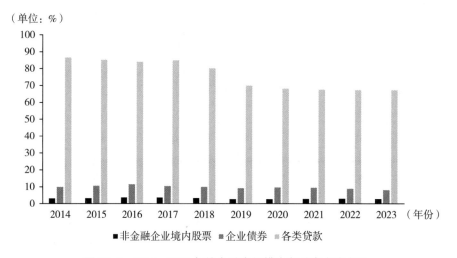

（单位：%）

图 10-3　2014—2023 年社会融资规模中各融资方式占比

资料来源:东方财富 Choice 数据终端。

建设规范、透明、开放、有活力、有韧性的现代金融市场,关键是活跃资本市场,加大对新质生产力的精准支持力度,同时又要增强资本市场内在稳定性。具体来说,可从做活做稳股票市场和做大做强债券市场两大方面着力。

（一）增强股票市场促进科技和产业创新功能

股票市场是资本市场的核心,增强资本市场韧性的关键之一是要打造估值合理、波动理性、交投活跃、进退有序的股票市场,其中以完善首发上市(即 IPO)、再融资、并购重组和退市四个方面为要点。

第一,对于符合新质生产力发展方向的企业申请首发上市给予政策倾斜。如简化审核流程、缩短审核时间、适当放宽上市条件等,尤其要充分发挥科创板、创业板在加快形成新质生产力方面的战略性平台作用。随着新质生产力的深入发展,必然会出现新经济形态,需要证券交易所和证券上市审核监管部门不断优化上市制度、修改上市条件、丰富上市方式、加快上市进程,以满足新经济企业多元化上市需求,支持其发展。如港交所和新交所修改发行上市标准,允许不同投票权架构公司上市交易,以吸引科技独角兽企业;港交所于 2020 年又进一步修订了《上市规则》,扩大现行不同投票权架构制度,允许具有法团性质的不同投票权架构而又符合若干规定的发行人进行上市,实施无纸化上市及认购制度,大大缩短新股由定价到上市所需的时间。

第二,对于符合新质生产力发展方向的上市企业申请再融资给予政策倾斜。狭义的再融资指的是上市公司通过配股、增发股票(包括公开增发和定向增发)、发行可转换公司债券等方式再次进行融资的行为。如果说 IPO 成功对于一家企业而言具有突破性意义,那么再融资则具有长期性意义,它能为企业持续提供发展所需的资金。直接影响上市公司能否融资及融资规模大小的关键在于再融资发行条件的设定。对符合新质生产力发展的企业及其项目适当放宽再融资发行条件,使该类企业获得低成本资金,有效解决资金瓶颈问题。广义的再融资还包括上市公司股东通过股权质押或发行可交换债券等方式进行融资的行为。一般而言,高科技上市公司股东(尤其是控股股东)往往是企业创始人和科技企业家,企业控股股东通常也具备较强的科技研发实力,通过质押上市公司股票取得资金,并投向更尖端的新质生产力项目研发,或在上市公司新质生产力项目基础上深入研发,或同上市公司新质生产力项目联动研发,可充分发挥科技企业家的能动作用,提高研发成功率,加快技术成果应用转化,并通过资金纽带实现"上市—再融资—科研投入—成果转化—估值提升—再融资"的良性循环,有效推动科技创新和新质生产力向纵深方向发展。

第三,对于符合新质生产力发展方向的企业开展并购重组及配套融资给予政策倾斜。高质量并购重组是优化经济资源配置的重要方式,是科技创新企业快速成长的重要手段。通过并购重组活动,淘汰落后产业,发展先进产业,有利于新质生产力形成;通过并购重组活动,实现强强联合,发挥规模经济优势,有利于新质生产力壮大。

第四,严格落实退市制度,缩减退市时间,提升退市效率,形成"有进有出、进退有序、优胜劣汰"的股市生态格局。同生产力发展模式类似,企业发展也同样经历迭代更新的过程。在 IPO 上市时代表当时新质生产力的企业,因无法跟上科技创新步伐、不能适应市场变化和经济变革,在现阶段就可能退化成为旧质生产力的形态。为加快推动新质生产力发展,实现新旧质生产力顺利转换,就必须逐步有序地将旧质生产力企业和产业清退出股票市场,为更多符合新质生产力发展方向的企业腾出空间和资源。因此,落实股票退市制度,就是淘汰旧质生产力和发展新质生产力,就是旧质生产力让位于新质生产力的迭代更新过程。从表 10-1 中我国沪深两市历年股票退市数量和退市率来看,我国股票市场基本上处于只进不出的状态。尽管从 2018 年开始监管部门确立了从严退市的监管基调,退市率有所提升,但仍低于 1%。同国际发达资本市场相比,两者差距明显。根据世界证券交易所联合会(WFE)数据显示,2007—2017年,美国纳斯达克和纽交所的年均退市数量分别达到 236 家和 158 家,退

市率约为 6.9%、8.3%。而如表 10-1 所示,同期我国沪深两市年均退市
数量分别为 3 家和 2 家,退市率仅为 0.3%、0.14%。1980—2017 年不到
40 年时间里,美国上市公司数量累计达到 26505 家,退市公司达到 14183
家,退市公司数量占到全部上市公司的 54%。表 10-2 为中国香港交易
所和日本证券交易所的公司退市数量与退市率情况。由此可知,强化我
国股票市场退市管理,严格落实股票退市制度,促进新、旧质生产力有序
转换,既是今后的工作重点,也是需要弥补的薄弱环节。

表 10-1　2001—2023 年沪深两市的股票退市数量与退市率情况

年份	上交所股票退市情况			深交所股票退市情况			沪深两市股票退市率（%）
	退市股票数量（只）	年末上市股票总数（只）	沪市退市率（%）	退市股票数量（只）	年末上市股票总数（只）	深市退市率（%）	
2001	2	690	0.29	3	550	0.55	0.40
2002	1	759	0.13	7	551	1.27	0.61
2003	2	822	0.24	2	548	0.36	0.29
2004	4	881	0.45	7	578	1.21	0.75
2005	7	878	0.80	5	586	0.85	0.82
2006	4	886	0.45	7	621	1.13	0.73
2007	7	904	0.77	3	712	0.42	0.62
2008	2	908	0.22	0	782	0.00	0.12
2009	3	914	0.33	3	872	0.34	0.34
2010	5	938	0.53	0	1211	0.00	0.23
2011	2	975	0.21	1	1453	0.07	0.12
2012	3	998	0.30	1	1581	0.06	0.16
2013	2	997	0.20	5	1577	0.32	0.27
2014	1	1039	0.10	2	1657	0.12	0.11
2015	4	1125	0.36	6	1784	0.34	0.34
2016	2	1226	0.16	0	1908	0.00	0.06

续表

年份	上交所股票退市情况			深交所股票退市情况			沪深两市股票退市率（%）
	退市股票数量（只）	年末上市股票总数（只）	沪市退市率（%）	退市股票数量（只）	年末上市股票总数（只）	深市退市率（%）	
2017	1	1440	0.07	4	2127	0.19	0.14
2018	3	1494	0.20	3	2172	0.14	0.16
2019	4	1615	0.25	8	2242	0.36	0.31
2020	7	1843	0.38	13	2390	0.54	0.47
2021	14	2079	0.67	9	2614	0.34	0.49
2022	21	2213	0.95	26	2778	0.94	0.94
2023	14	2302	0.61	32	2879	1.11	0.89
合计	115	—	—	147	—	—	—

资料来源：东方财富 Choice 金融终端，并经笔者整理。

表 10-2 2018—2022 年中国香港、日本证券交易所的
公司退市数量与退市率情况

年份	香港交易所股票退市情况			日本证券交易所股票退市情况		
	当年退市公司数量（家）	年末上市公司总数（家）	退市率（%）	当年退市公司数量（家）	年末上市公司总数（家）	退市率（%）
2018	21	2315	0.91	62	3657	1.70
2019	49	2449	2.00	47	3708	1.27
2020	65	2538	2.56	59	3758	1.57
2021	64	2572	2.49	94	3824	2.46
2022	65	2597	2.50	81	3871	2.09
合计	264	—	—	343	—	—

资料来源：WFE：*Annual Statistics Guide*，并经笔者整理。

（二）发挥好债券市场的科创功能

优化股债比例，突出债券融资对成熟型科创企业及现代化产业体系构建的支持作用非常必要。与股权融资相比，债券融资综合成本和隐形代价更低；与银行贷款相比，债券融资具有期限长、单笔融资规模大、利率

固定、附加条件少等优势,与新质生产力产业项目投资周期长、投资规模大等特点具有天然适配性。因此,推进债券注册制改革,优化公司债券审核发行流程,是发挥债券市场支持新质生产力发展的关键所在和迫切之需。此外,在进一步优化股债比例、做大债券规模的同时,还要注重优化产业类公司债和城投债之间的比例关系。着力提升产业类公司债规模,强化产业类公司债在支持科创企业和战略性新兴产业发展中的作用,是金融支持新质生产力发展的重要内容。

从表 10-3 可以看出,尽管公司债余额逐年递增,但其占我国公司信用类债券总余额的比重并不高。而且其中的企业债基本上为地方政府融资平台发行的"城投债"。投向科技企业或新兴产业项目的债券资金比例不足 1%。显然,该等比例债券发行量难以有效支撑大规模发展新质生产力的资金需求。因此,要创设支持新质生产力发展的专项债券,创新专项债券的增信方式,有效提升科创型企业的债券融资规模,适时适量补充新质生产力项目资金需求;提高可转换债券等股债结合型债券品种发行量,着力解决初创科技型企业融资难问题。

表 10-3　2019—2023 年我国公司信用类债券构成及余额情况①

（单位:万亿元）

债券类型	2019 年余额	2020 年余额	2021 年余额	2022 年余额	2023 年余额
企业债	22907.01	21749.08	21465.27	20233.98	18026.05
公司债	67561.55	86139.89	95076.90	99785.12	106470.69
中期票据	65111.65	74508.04	80152.23	88815.68	92961.79
短期融资券	20124.76	20843.23	24234.91	22029.09	20923.49
合计	175704.97	203240.24	220929.31	230863.87	238382.02

资料来源:东方财富 Choice 数据终端。

---

①　本书所指的公司信用类债券主要包括企业债、公司债、中期票据和短期融资券四类,其中公司债包括一般公司债和私募债,短期融资券包括一般短期融资券和超短期融资券,统计数据也采取相同口径。

第三节　政策性金融与商业性金融的有机结合

为推动新质生产力发展,在强化政策性金融执行力度的同时,需关注商业性金融和政策性金融的平衡关系,既要充分发挥商业性金融的市场化作用,也要积极发挥政策性金融的导向性作用。

一、发挥政策性金融的导向性作用

政策性金融指为贯彻落实国家产业政策等特定的发展目标而采取的特殊性资金融通行为,即为了培养特定的产业或实现特定的目的,在利率等方面予以优惠,并有选择地提供资金。政策性金融机构和非政策性金融机构是动态转化的,且存在同时兼具的可能性。例如,商业银行在执行央行结构性货币政策和国家产业扶持政策时,就属于政策性金融机构,而不能固化地认为商业银行就是非政策性金融机构,政策性银行就是政策性金融机构。政策性金融在支持科技创新、现代化产业建设等方面主要发挥"信号"作用和"示范"效应,通过政策性金融的引导,带动银行信贷和社会资本进入新质生产力相关领域。

结构性货币政策能引导资金向国家关注的重点行业和重要领域倾斜,实现向特定领域和金融机构投放基础货币,增强目标行业和领域的融资可得性,从而实现产业结构调整的目的。政策性银行可在各自业务范围和政策范畴内实施支持新质生产力发展的具体政策,如国家开发银行可加大对战略性新兴产业和未来产业的贷款投放规模,延长贷款期限,并给予利率优惠;农发行可加大对农业与生物科技领域的贷款投放规模,延长贷款期限,并给予利率优惠。

商业银行作为我国金融机构的主体,应着力创新信贷增信方式,在贷款风险整体可控的前提下,加大对新质生产力项目的信贷资金投放,并强化贷后资金监管,确保信贷资金用于国家支持的新科技、新能源等新质生产力项目,同时积极执行中央银行的结构性货币政策和窗口指导意见,并配合国家相关部委落实诸如"专精特新"小巨人计划的资金支持等。非银行金融机构在支持新质生产力发展方面也应有所作为,例如保险公司可研发针对新质生产力项目的保险产品,分散原本由单一企业或单个科技企业家承担的投资风险,保险公司还可研发针对新质生产力项目贷款的担保增信产品,降低银行信贷投放回收风险;证券公司可重点辅导和保荐承担新质生产力研发项目的科创企业上市融资,也可通过创投子公司重点投资战略性新兴产业企业,还可通过资管子公司设立资产管理产品购买支持新质生产力发展的专项债券等。

各级政府可通过设立包括产业引导基金、园区专项产业引导基金等各类引导基金支持新质生产力的发展。发展新质生产力的产业政策实施,既需要发挥市场在资源配置中的决定性作用,即有效市场,也需要发挥政府的组织和引领作用,即有为政府。设立政府产业引导基金并投向新兴产业或重点项目,并以此撬动社会资本投资,是政府实施产业政策和发展新质生产力的重要方式,具有显著的导向和带动作用,表10-4显示了2020—2022年我国政府引导基金数量、规模情况。政府产业引导基金投资的项目,一方面得到了资金,更重要的是政府背书所带来的"信号效应"和"示范效应",它能进一步促使被投资企业获得银行信贷支持和民间资本跟投,畅通后续融资渠道。为有效支持新质生产力发展,必须充分发挥政府引导基金的示范作用,首先要增加政府引导基金的规模,这是政府引导基金发挥"四两拨千斤"作用的前提条件;其次要规范政府引导基金的出资和管理,有条件的聘请专业团队进行封闭运作更佳;最后要提升政府引导基金的投资效率,充分发挥其杠杆作用。另一方面,要充分发挥园区专项产业引导基金对产业园区(或科技园区)入驻企业的资金和服务支持。园区专项产业引导基金对园区内符合要求的相关企业(即准入驻企业)进行专门投资扶持,做大做强新质生产力项目,并吸引下一代新质生产力项目和企业入园,是快速有效发展新质生产力的重要举措。

表 10-4　2020—2022 年我国政府引导基金数量、规模情况

政府引导基金	2020 年年末	2021 年年末	2022 年年末
私募股权、创业投资政府引导基金数量(只)	1621	1728	1814
私募股权、创业投资基金数量(只)	39800	45311	50876
政府引导基金数量占比(%)	4.07	3.81	3.57
私募股权、创业投资政府引导基金规模(万亿元)	0.98	1.05	1.15
私募股权、创业投资基金规模(万亿元)	11.56	13.14	14.01
政府引导基金规模占比(%)	8.48	7.99	8.21

资料来源:《中国证券投资基金业年报》(2021—2023 年),并经笔者整理。

二、发挥科技信贷的风险投资作用

科技信贷的特殊性在于兼具政策性金融和商业性金融的双重特征。我国是以银行业为主的金融体系结构[①],银行信贷资金在支持国民经济发展中起着不可替代的作用,同时也是发展新质生产力的主要资金源泉。根据中国人民银行公布的《2023 年金融机构贷款投向统计报告》,截至2023 年年末,获得贷款支持的科技型中小企业为 21.2 万家,获贷率为

---

① 根据中国人民银行公布的数据,截至 2023 年第三季度末,我国金融业机构总资产为452.82 万亿元,其中银行业总资产为 409.77 万亿元,占比高达 90.49%。

46.8%,本外币贷款余额为 2.45 万亿元;获得贷款支持的高新技术企业为 21.75 万家,获贷率为 54.2%,本外币贷款余额为 13.64 万亿元。根据同期金融机构本外币企(事)业单位贷款余额 157.07 万亿元的规模来计算,获得贷款支持的科技型中小企业和高新技术企业贷款余额占比分别为 1.56%和 8.68%。对比欧美发达国家情况,截至 2022 年年底,美国主要银行(即美国总资产排名前四的银行)仅向(科技、媒体和通信)(TMT)行业贷款投放在全部对公贷款投放中的占比为 9.48%,德国计算机业贷款在全部企业贷款中的占比为 8.19%。可见,与世界科技强国相比,我国仍需提高科技信贷的投放力度,主要努力方向在于提高银行风险承受能力以及如何在现有监管框架下拓展商业银行功能。

一是引导商业银行介入科技创新活动,需要为之提供相应的信贷保险或担保,分担或分散商业银行的信贷风险。在信贷市场存在摩擦的前提下,创新创业企业的高风险性使商业银行在信贷投放中存在畏难情绪。考虑到新思想、新技术孵化的部分公共品性质以及投资收益向私人收敛的困难,需要为进入科技创新前端的科技金融提供担保和保险。提供担保或保险服务的可以是政府组建的创新创业担保公司或科技保险机构,也可以是企业;另一种方式为设立贷款损失补偿基金,在贷款发生损失后抵补银行贷款损失,借此提高银行发放科技贷款的意愿。

二是考虑科技创新活动的高风险性,监管当局应适当提高科技贷款风险容忍度,防止刚性监管政策弱化商业银行介入的积极性。创新创业企业的高风险性意味着不能用统一的监管标准来约束科技贷款投放行为,监管部门应从提高科技贷款性价比的高度权衡顶层监管设计,降低科技贷款的加权风险系数和资本占用比例,放宽科技贷款拨备覆盖政策。在不良贷款处置方面,应在防范道德风险的前提下,为科技贷款打包转让、核销、不良资产证券化营造宽松的政策环境。

　　三是在无法突破分业经营限制的政策环境下,有两种方式可以拓展商业银行功能,增强商业银行对科技创新活动的支持。第一种方式是投贷联动模式,建立商业银行与风险投资机构间的利益共享与风险分担机制,提高商业银行支持创新型企业的积极性;第二种方式是加快信贷产品的创新与业务流程再造,根据科技创新活动融资需求的多元化特点,加强与其他机构的合作、信息共享,创设新的信贷产品,提供更丰富的服务内容。

附录　新质生产力:文献综述与研究展望

　　生产力是人类社会发展的最终决定力量,人类社会的发展进步必然伴随着生产力的高度发展。2023 年 7 月以来,习近平总书记在四川、黑龙江、浙江、广西等地考察时提出要形成新质生产力。[①] 概念一经提出就引起了广泛的关注,学术界和实际工作部门对新质生产力进行了多方面的研究,形成了丰富的研究成果。2024 年,政府工作报告再一次明确要求:"大力推进现代化产业体系建设,加快发展新质生产力"[②],又掀起了研究新质生产力的新高潮。本书沿着当前新质生产力的研究主线,对新质生产力领域的研究文献进行系统的梳理和评述,力图勾画出现有研究的发展脉络,并在此基础上对未来新质生产力领域的研究方向进行展望。

一、新质生产力的理论内涵

　　生产力作为人类社会进步的代表,是推动人类社会实现现代化的重要动力。

---

　　① 习近平:《发展新质生产力是推动高质量发展的内在要求和重要着力点》,《求是》2024 年第 11 期。
　　② 李强:《政府工作报告——2024 年 3 月 5 日在第十四届全国人民代表大会第二次会议上》,人民出版社 2024 年版,第 17 页。

以科技创新为动力的新质生产力的发展,推动了经济社会在生产方式、产业发展、经济结构等方面的根本性变革。新质生产力是马克思主义生产力理论的创新与发展,是生产力发生量变和质变的过程,也是人创造性认识和改造自然的现实能力(张开、高鹤鹏,2024)①。要深刻认识到新质生产力的重大理论意义,形成新质生产力的理论体系,用理论指导实践,以新质生产力的发展推进我国科技创新水平的进一步提升,构建现代化产业体系。

(一)新质生产力是在传统生产力基础上的跃升

新质生产力作为新发展阶段先进生产力的具体形式,是马克思主义政治经济学生产力理论的中国化和时代化成果,是结合中国国情对马克思主义生产力理论的创新和实践。新一代信息技术的持续创新、新一轮科技革命与产业变革的深入发展,推动了生产力发展和生产关系的变革。刘志彪等(2023)②认为,新质生产力本质上是以"算力"为代表的新质态的生产力。在数字经济的发展背景下,数字技术与新要素的结合创造了生产力发展的新的形态,是以科技创新为主导、实现关键性颠覆性技术突破而产生的生产力(周文、叶蕾,2024)③。孟捷和韩文龙(2024)④指出,新质生产力的发展不仅涉及生产力系统内部的革命,而且具有深刻的社会经济内涵。新发展阶段,传统的经济增长模式不再适应时代的发展趋势,新一轮科技革命和产业变革的深入发展,为推动我国产业转型升级,

---

① 张开、高鹤鹏:《新质生产力的三重逻辑》,《山东大学学报(哲学社会科学版)》2024年第2期。

② 刘志彪、凌永辉、孙瑞东:《新质生产力下产业发展方向与战略——以江苏为例》,《南京社会科学》2023年第11期。

③ 周文、叶蕾:《新质生产力与数字经济》,《浙江工商大学学报》2024年第4期。

④ 孟捷、韩文龙:《新质生产力论:一个历史唯物主义的阐释》《经济研究》2024年第3期。

发展新质生产力提供了历史机遇,为传统生产力的质变提供了新的发展路径。新质生产力的发展是传统生产力的一种能级跃升①,周文和许凌云(2024)②认为,新质生产力的形成过程,是在对传统生产力继承的基础上,实现关键性技术和颠覆性技术创新的过程。发展新质生产力要正确认识新质生产力与传统生产力之间的相互关系。

(二)新质生产力是生产力构成要素的质的提升

马克思在其著作《资本论》中指出:"劳动过程的简单要素是:有目的的活动或劳动本身,劳动对象和劳动资料。"③就其本质而言,新质生产力属于马克思主义生产力的范畴,是生产力构成要素质的不断提升的过程中呈现出来的更为先进的生产力形式(李政、崔慧永,2024)④。蒲清平和向往(2024)⑤认为,新质生产力主要包含"高素质"的劳动者、"新介质"的劳动资料和"新料质"的劳动对象,是生产力的高级形态。同时,王国成和程振锋(2024)⑥认为,新质生产力的核心内涵在于劳动者、劳动资料和劳动对象及三者优化组合的质变。数字经济时代,数字技术的迭代更新为生产力的发展培育了具有数字化技能和更高素质的劳动者,提供了数字化和技术含量更多的劳动资料,进而作用于更广范围的劳动对象,实

① 许恒兵:《新质生产力:科学内涵、战略考量与理论贡献》,《南京社会科学》2024 年第 3 期。
② 周文、许凌云:《再论新质生产力:认识误区、形成条件与实现路径》,《改革》2024 年第 3 期。
③ 《马克思恩格斯选集》第 2 卷,人民出版社 2012 年版,第 170 页。
④ 李政、崔慧永:《基于历史唯物主义视域的新质生产力:内涵、形成条件与有效路径》,《重庆大学学报(社会科学版)》2024 年第 1 期。
⑤ 蒲清平、向往:《新质生产力的内涵特征、内在逻辑和实现途径——推进中国式现代化的新动能》,《新疆师范大学学报(哲学社会科学版)》2024 年第 1 期。
⑥ 王国成、程振锋:《新质生产力与基本经济模态转换》,《当代经济科学》2024 年第 4 期。

现了数字经济与经济社会再生产各环节的深度融合,推动了生产力的
跃迁。

(三)新质生产力是生产力"新"与"质"的结合

新质生产力的提出是对我国生产力发展规律的新认识,对新质生产
力的理解,要注重其理论的延伸。新质生产力不仅在其"新",更在其
"质"。张辉和唐琦(2024)[①]认为,新质生产力的"新"主要体现在新的生
产要素和新的要素结合方式,"质"表现为高质量的产业基础和发展动
能。蒋永穆和乔张媛(2024)[②]认为,新质生产力的"新"主要体现在新要
素、新技术、新产业,其"质"体现在高质量、多质性、双质效,其"力"表现
为数字、协作、绿色、蓝色和开放五大生产力。新质生产力的发展是以科
技创新作为关键驱动要素,通过技术革新促进传统生产力质态的转变,重
塑传统生产力系统。王勇(2024)[③]指出,新质生产力的内涵是以科技创
新驱动产业发展,"新"在新技术与新产业,"质"在高效能与高质量。新
质生产力的形成是一个系统的复杂的过程,是在数字技术的持续创新下,
不断夯实生产力发展的坚实基础,形成更多的原创性和颠覆性创新,推动
生产力发展质态的转变。

综合已有研究成果,本书认为,新质生产力是数字经济时代生产力发
展质态的转变,是以科技创新为主导,符合新发展理念和高质量发展要求
的生产力,是传统生产力的一种跃迁。新质生产力的"新"表现在充分发
挥科技创新的驱动作用,以创新引领变革,通过生产技术、生产方式、生产
模式的创新,突破传统生产方式的局限,基于新一代信息技术的深入发

---

① 张辉、唐琦:《新质生产力形成的条件、方向及着力点》,《学习与探索》2024年第1期。
② 蒋永穆、乔张媛:《新质生产力:逻辑、内涵及路径》,《社会科学研究》2024年第1期。
③ 王勇:《深刻把握新质生产力的内涵、特征及理论意蕴》,《人民论坛》2024年第6期。

展,实现生产力的新的飞跃。新质生产力的"质"体现在,通过数字技术与先进制造技术的深度融合,全面提升制造业生产效率,优化制造业生产流程和管理方式等,提高制造业供给质量,推动经济的可持续发展。新质生产力究其本质是属于马克思主义生产力的范畴,最终要落脚于"生产力",主要体现在以科技创新为核心要素的发展模式,加快了传统产业数字化转型的步伐,以创新引领战略性新兴产业的发展,培育未来产业,为提升我国产业链竞争力提供有力支撑,为实现高质量发展奠定坚实的基础。

二、新质生产力的发展特征

新质生产力区别于传统生产力的最鲜明的特征在于,新质生产力是以科技创新为核心要素,摆脱传统的生产力发展路径和经济增长方式,融合了新技术、新领域、新模式、新业态、新要求、新功能,同时体现了高效率、高质量、高科技等基本特征。人类社会发展的历史进程,就是生产力不断发展的过程。第一次工业革命蒸汽机的出现,机器取代了手工;第二次工业革命电力和内燃机的应用,使人类社会进入了"电气时代";第三次工业革命推动人类社会进入了"信息时代",进一步促进了社会生产力的提升。新质生产力作为新发展阶段先进生产力的具体表现形式,是科技持续创新的突破性成果,是契合高质量发展要求的生产力,具有其特有的时代特征。李晓华(2023)①认为,新质生产力呈现出的不仅具有颠覆性创新、产业链条新、发展质量高的一般特征,同时在新的时代背景下,新质生产力还具有数字化、绿色化的时代特征。新质生产力是生产力的质

---

① 李晓华:《新质生产力的主要特征与形成机制》,《人民论坛》2023 年第 21 期。

的飞跃,是在数字技术持续创新、新一轮科技革命和产业变革深入发展的背景下,以科技创新为内核,更具融合性、更能体现新时代经济发展内涵的生产力。杜传忠等(2023)①认为,新质生产力的特征主要表现在其突出的创新性、广泛的渗透性、高效的提质性、明显的动态性和显著的融合性。同时,胡莹(2024)②也指出了新质生产力创新性、融合性、引领性和超越性的特点。此外,令小雄等(2024)③基于马克思的"一般智力"理论,指出了新质生产力的内在发展性、数智性和具象性的特征。胡莹和方太坤(2024)④指出了新质生产力以脑力劳动者为主的主体特征、颠覆性创新驱动的技术特征、多要素渗透融合的结构特征、数智化和绿色化产业的形态特征。随着数字经济和新一轮科技革命与产业变革的深入发展,数字技术的持续创新与深入应用,推动了生产方式的深刻变革,实现了生产方式的自动化、智能化、数字化转型,形成了以创新能力为关键要素的知识经济,而知识经济是新质生产力的表现特征之一。

生产力的发展能反映一定的时代特征。数字经济发展催生的新技术、新要素、新业态、新模式等,为解放和发展生产力提供了坚实的基础支撑,同时也是新时代生产力的具体表现。张森、温军(2024)⑤指出了新质生产力所具有的人民性、协调性和开放性的特征。新质生产力是战略性新兴产业和未来产业发展催生的生产力,是科技创新驱动下生产力发展

① 杜传忠、疏爽、李泽浩:《新质生产力促进经济高质量发展的机制分析与实现路径》,《经济纵横》2023 年第 12 期。

② 胡莹:《新质生产力的内涵、特点及路径探析》,《新疆师范大学学报(哲学社会科学版)》2024 年第 5 期。

③ 令小雄、谢何源、妥亮等:《新质生产力的三重向度:时空向度、结构向度、科技向度》,《新疆师范大学学报(哲学社会科学版)》2024 年第 1 期。

④ 胡莹、方太坤:《再论新质生产力的内涵特征与形成路径——以马克思生产力理论为视角》,《浙江工商大学学报》2024 年第 2 期。

⑤ 张森、温军:《数字经济赋能新质生产力:一个分析框架》,《当代经济管理》2024 年第 2 期。

的必然结果,实现高质量发展需要新质生产力的支撑。潘建屯、陶泓伶(2024)①指出,新质生产力的内涵特征在于科技创新、新兴产业和未来产业、高质量发展。同时,孙绍勇(2024)②指出了新质生产力具有颠覆性创新、较强融合性和高质量效能的特征。新质生产力的发展不仅是对产业体系的重构,同时也是提升经济发展质量、优化经济结构的重要动力。在科技创新驱动下形成的新质生产力,可以进一步推动产业的转型升级,摆脱传统经济增长路径,实现低能耗、高效率和可持续,以新质生产力赋能经济高质量、可持续发展。姚树洁、张小倩(2024)③认为,作为新质生产力,必须具备"科技创新驱动""产业高效低耗和环境可持续""高品质生活和社会服务均等化""数字赋能""国家治理能力现代化"等特征。而盛朝迅(2024)④认为,新质生产力作为马克思主义政治经济学中国化和时代化的重要理论成果,其特征主要表现在涉及领域新、技术含量高、要素配置优和环境友好等特征。在当前发展阶段,新质生产力的形成具有一定的客观必然性,新一代信息技术持续创新与数字经济浪潮的历史性交汇,形成了新质生产力发展的技术基础。生产力的进步是一定时期科技创新水平的体现,新质生产力的形成加速了新一代信息技术创新成果向生产力的转化,不仅表现出高科技、高效能、高质量的基本特征。同时,在数字经济时代,互联网、大数据、云计算、人工智能等新一代信息技术的发展,推动了劳动力、劳动资料和劳动对象的优化组合,促进了生产方式、生产流程和生产

---

①　潘建屯、陶泓伶:《理解新质生产力内涵特征的三重维度》,《西安交通大学学报(社会科学版)》2024 年第 2 期。

②　孙绍勇:《发展新质生产力:中国式经济现代化的核心要素与实践指向》,《山东社会科学》2024 年第 1 期。

③　姚树洁、张小倩:《新质生产力的时代内涵、战略价值与实现路径》,《重庆大学学报(社会科学版)》2024 年第 1 期。

④　盛朝迅:《新质生产力的形成条件与培育路径》,《经济纵横》2024 年第 2 期。

管理等层面的优化升级,进一步赋能产业转型升级。因此,新发展阶段,新质生产力还表现出了数字化、智能化、网络化、数据化等时代特征。

三、新质生产力的形成逻辑

新质生产力是新发展阶段生产力现代化的具体表现,是新时期高水平、高效率、高科技、高质量、可持续的生产力。从经济学的角度来看,新质生产力就是生产力的一种跃迁,是生产力由量变的积累,到实现质变的发展过程,其形成是生产力代际革命和生产力跃迁的体现(彭绪庶,2024)①。方敏和杨虎涛(2024)②指出,新质生产力的发展有赖于"创造性破坏",通过"创造性转型"实现"有序的撤退"。新质生产力依靠科技创新驱动,区别于传统的生产力,是契合高质量发展要求的生产力,新质生产力的形成,需要新的跃升逻辑,其形成不是在原有基础上的叠加。一部分学者基于马克思主义生产力理论的视角,认为新质生产力的形成是对马克思主义生产力理论的继承和发展。例如,张林、蒲清平(2023)③认为,新质生产力开辟了马克思主义政治经济学中国化时代化的新境界。新质生产力的形成不仅是对马克思主义生产力理论的继承和创新,同时与我们党的实践探索也密不可分(魏崇辉,2023)④。改革开放以来,我们党领导中国人民不断解放和发展生产力,实现了从站起来、富起来到强起

---

① 彭绪庶:《新质生产力的形成逻辑、发展路径与关键着力点》,《经济纵横》2024年第3期。

② 方敏、杨虎涛:《政治经济学视域下的新质生产力及其形成发展》,《经济研究》2024年第3期。

③ 张林、蒲清平:《新质生产力的内涵特征、理论创新与价值意蕴》,《重庆大学学报(社会科学版)》2023年第6期。

④ 魏崇辉:《新质生产力的基本意涵、历史演进与实践路径》,《理论与改革》2023年第6期。

来的伟大飞跃。新质生产力概念的提出,是我们党在不断探索和实践中总结的发展经验,是符合中国国情、代表中国先进生产力发展方向的生产力理论,是对马克思主义政治经济学的重大理论创新。张占斌(2024)①指出,新质生产力概念的提出,凝聚了我们党统领经济社会发展的深邃理论洞见和丰富实践经验。新发展阶段,信息技术的发展要求生产力发展水平的进一步提升,发展新质生产力,已经成为数字经济时代实现中国式现代化的必由之路。新的发展模式需要新的理论体系的支撑,新质生产力概念的提出适逢其时,既是对马克思主义生产力理论的继承和创新,也是对我们党解放和发展生产力经验的总结,是马克思主义生产力理论中国化和时代化的最新成果。

另一部分学者基于经济学的角度,从新质生产力发展的经济社会基础出发探讨新质生产力的形成逻辑。例如,高帆(2023)②从"供给"和"需求"两个层面探讨了新质生产力的形成逻辑,认为从"供给"层面而言,自改革开放以来,我国生产力的发展进步,为新质生产力的形成奠定了坚实基础,从"需求"层面来看国内外发展环境的变化,以及新一轮科技革命和产业变革的深入发展引致新质生产力的形成和质态的变化。新质生产力的形成是以传统生产力为基础,是传统生产力的质态的转变,是生产力从量变到质变的质的飞跃。传统生产力向新质生产力的演进包含着整个生产范式的转变(柳学信等,2024)③,科技的创新发展推动了传统生产力质态的转变,是在传统生产力发展的基础上,引入新科技、新业态、

---

① 张占斌:《发展新质生产力的逻辑与推动东北全面振兴的路径》,《社会科学辑刊》2024年第3期。

② 高帆:《"新质生产力"的提出逻辑、多维内涵及时代意义》,《政治经济学评论》2023年第6期。

③ 柳学信、曹成梓、孔晓旭:《大国竞争背景下新质生产力形成的理论逻辑与实现路径》,《重庆大学学报(社会科学版)》2024年第1期。

新模式等,促进生产力发展范式的转变。周绍东和胡华杰(2023)①认为,成熟的国内大市场是新质生产力的量变基础。同时,杜传忠(2023)②指出,新一轮科技革命和产业变革的深入发展,以及数字经济发展过程中催生的新产业、新业态、新模式等,是新质生产力形成的产业基础和驱动力。新一轮科技革命和产业变革的深入发展,促进了生产方式的深刻变革,推动了生产力内涵和本质的变化,进而形成新质生产力(蔡万焕、张晓芬,2024)③。刘文祥和赵庆寺(2024)④强调了科技创新是新质生产力的驱动要素,战略性新兴产业、未来产业等"新业态"是新质生产力的主要场域。同时,王宇(2024)⑤也指出战略性新兴产业和未来产业是形成新质生产力的核心载体和主要阵地。产业的发展是生产力实现跃升的具体领域,战略性新兴产业和未来产业的发展是形成新质生产力的重要载体,新质生产力的形成过程,同时也是未来产业不断兴起和壮大的过程。当前,数字经济的发展已经融入经济生活的各个环节,技术创新驱动下形成的新质生产力在经济社会发展进程中扮演着重要的角色,新一代信息技术的快速发展奠定了新质生产力的发展基础。

四、新质生产力的形成实践

新质生产力概念的提出,不仅体现了我国产业的发展方向,同时也凸

① 周绍东、胡华杰:《新质生产力推动创新发展的政治经济学研究》,《新疆师范大学学报(哲学社会科学版)》2023 年第 5 期。
② 杜传忠:《新质生产力形成发展的强大动力》,《人民论坛》2023 年第 21 期。
③ 蔡万焕、张晓芬:《新质生产力与中国式现代化——基于产业革命视角的分析》,《浙江工商大学学报》2024 年第 2 期。
④ 刘文祥、赵庆寺:《习近平关于新质生产力重要论述的深刻内涵、重大意义与实践要求》,《江西财经大学学报》2024 年第 2 期。
⑤ 王宇:《以新促质:战略性新兴产业与未来产业的有效培育》,《人民论坛》2024 年第2 期。

显了新时期经济发展的新动能。新的发展阶段，新质生产力代表着新起点、新业态、新动能，决定着未来产业的发展方向。当前，新一轮科技革命和产业变革向纵深推进，世界经济下行压力加大，大力发展新质生产力，是把握发展机遇、掌握发展主动权，增强我国产业核心竞争力的关键环节，新质生产力概念的提出具有重要的实践意义。

（一）发展新质生产力是推动高质量发展的核心内容和重要动力

对新质生产力实践意义的研究，部分学者认为新质生产力的发展是推进高质量发展的重要动力。习近平总书记强调："高质量发展需要新的生产力理论来指导，而新质生产力已经在实践中形成并展示出对高质量发展的强劲推动力、支撑力，需要我们从理论上进行总结、概括，用以指导新的发展实践。"[1]在《求是》文章中，习近平总书记深刻阐述了高质量发展与新质生产力之间的相互关系。新质生产力是新时代符合高质量发展需要的生产力，在经济社会发展的进程中，要重视新质生产力的发展，以新质生产力赋能高质量发展。石建勋和徐玲（2024）[2]认为，新质生产力的发展可以进一步提升科技水平，促进产业转型升级，最终实现经济的高质量发展。任保平和王子月（2023）[3]指出，数字经济时代，数字新质生产力作为新质生产力的一种表现形式，为经济高质量发展提供了新的生产力基础要素。沈坤荣等（2024）[4]认为，新质生产力作为新时代先进生

---

① 习近平：《发展新质生产力是推动高质量发展的内在要求和重要着力点》，《求是》2024年第11期。

② 石建勋、徐玲：《加快形成新质生产力的重大战略意义及实现路径研究》，《财经问题研究》2024年第1期。

③ 任保平、王子月：《数字新质生产力推动经济高质量发展的逻辑与路径》，《湘潭大学学报（哲学社会科学版）》2023年第6期。

④ 沈坤荣、金童谣、赵倩：《以新质生产力赋能高质量发展》，《南京社会科学》2024年第1期。

产力的具体形式,数字技术的持续创新加速了生产方式的变革,进而赋能高质量发展。新质生产力与高质量发展之间存在着深层的逻辑关系,是推动高质量发展的核心动力和内在要求(贾若祥等,2024)①。韩喜平和马丽娟(2024)②指出,新质生产力在形成过程中推动我国经济实现量的合理增长和质的有效提升。新质生产力与高质量发展相互促进,高质量发展需要新质生产力的支撑。新质生产力的发展,加快了新一代信息技术创新成果向生产力的转化,推动了产业转型升级和经济发展方式的转变,进而实现高质量发展目标。

(二)发展新质生产力是实现中国式现代化的重要环节

生产力的不断发展是实现中国式现代化的根本动力(张林,2024)③,从发展的本质来看,新质生产力与中国式现代化在关键任务、价值遵循、发展要求、实践原则等层面体现出高度的内在一致性,发展新质生产力是中国式现代化的主要推动力(任保平,2024)④。新质生产力是生产力现代化的最新体现,是中国式现代化进程中生产力现代化转型的实践创新。⑤ 在新一轮科技革命和产业变革深入发展的过程中,新质生产力逐渐成为推动中国式现代化发展的重要力量(周文、李吉良,2024⑥;周文、

---

① 贾若祥、王继源、窦红涛:《以新质生产力推动区域高质量发展》,《改革》2024 年第 3 期。

② 韩喜平、马丽娟:《发展新质生产力与推动高质量发展》,《思想理论教育》2024 年第 4 期。

③ 张林:《新质生产力与中国式现代化的动力》,《经济学家》2024 年第 3 期。

④ 任保平:《以新质生产力赋能中国式现代化的重点与任务》,《经济问题》2024 年第 5 期。

⑤ 任保平:《生产力现代化转型形成新质生产力的逻辑》,《经济研究》2024 年第 3 期。

⑥ 周文、李吉良:《新质生产力与中国式现代化》,《社会科学辑刊》2024 年第 2 期。

何雨晴,2024①)。新质生产力的形成,体现了坚持创新是引领发展第一动力的发展理念,通过新质生产力的形成与发展,加快建设现代化产业体系,提升产业链核心竞争力,强化创新的驱动作用,以现代化产业体系建设推动中国式现代化的高质量发展。任保平和王子月(2024)②强调了新质生产力作为新科技革命背景下的先进生产力,为中国式现代化的发展提供了新的生产力基础要素、新的生产模式和新的发展动能。当前阶段,世界各国都重视颠覆性技术的突破,意图在新的发展格局中掌握发展的主动权。在新的发展环境中实现中国式现代化的高质量发展,就要加快形成新质生产力,提高我国各领域自主创新能力,实现高水平科技自立自强,抢占发展的制高点,培育新时期我国参与国际竞争的新优势,通过发展新质生产力为中国式现代化提供持久动能③。

（三）发展新质生产力是建设现代化产业体系的必然要求

新质生产力的发展与建设现代化产业体系之间二者相辅相成、相互促进,一方面,新质生产力的发展,加速了科技创新成果向生产力的转化,以数字技术的创新应用为契机,推动产业的智能化、数字化转型,进一步促进现代化产业体系的建设;另一方面,现代化产业体系的发展需要新质生产力的支撑,现代化产业体系的构建,为新质生产力的发展提供了产业载体和良好的发展环境。刘伟(2024)④指出,新质生产力的核心在于提

---

① 周文、何雨晴:《新质生产力:中国式现代化的新动能与新路径》,《财经问题研究》2024年第4期。
② 任保平、王子月:《新质生产力推进中国式现代化的战略重点、任务与路径》,《西安财经大学学报》2024年第1期。
③ 黄卫平:《以全面深化改革促进新质生产力发展》,《人民论坛》2024年第6期。
④ 刘伟:《科学认识与切实发展新质生产力》,《经济研究》2024年第3期。

升全要素生产率,载体在于构建现代化产业体系。洪银兴(2024)①②强调了发展新质生产力是建设现代化产业体系的核心内容,要通过发展新质生产力,进一步建设现代化产业体系。黄群慧和盛方富(2024)③指出,新质生产力从其结构承载而言,就是新兴产业和未来产业等主导发展形成的现代化产业体系。邓州等(2024)④指出,要加快发展工业领域新质生产力,推动构建现代化产业体系。新质生产力代表着新时期生产力发展的新方向,是产业发展新形态、新路径、新模式等的综合表述,加快形成和发展新质生产力,是建设现代化产业体系的重要组成部分和必然要求。万长松等(2024)⑤指出发展新质生产力就是要在建设现代化产业体系的过程中,进一步实现科技创新与产业创新的良性互动。新质生产力形成和发展的关键就在于以科技创新推动产业创新,新质生产力的发展不仅是对生产力理论的创新,同时也是新时代生产方式、生产要素、生产结构等的变革。要集中力量推进科技创新,特别是原创性和颠覆性创新,整合科技创新资源,以科技创新推动产业创新,以产业创新提升我国产业核心竞争力,加快构建现代化产业体系,推进生产力的跃升。

(四)发展新质生产力是推动新型工业化的必由之路

新质生产力与新型工业化都是在新一轮科技革命和产业变革深入发展的背景下形成的,新型工业化体现了信息化、数字化、智能化等新要求。

---

① 洪银兴:《发展新质生产力 建设现代化产业体系》,《当代经济研究》2024年第2期。

② 洪银兴:《新质生产力及其培育和发展》,《经济学动态》2024年第1期。

③ 黄群慧、盛方富:《新质生产力系统:要素特质、结构承载与功能取向》,《改革》2024年第2期。

④ 邓洲、吴海军、杨登宇:《加速工业领域新质生产力发展:历史、特征和路径》,《北京工业大学学报(社会科学版)》2024年第2期。

⑤ 万长松、徐志源、柴亚杰:《新质生产力论》,《河南师范大学学报(哲学社会科学版)》2024年第2期。

任保平（2024）①认为，新型工业化与新质生产力是双向互动的关系，发展新质生产力就是通过建设现代化产业体系，来进一步推动新型工业化。新发展阶段，新型工业化对形成和发展新质生产力提出了新要求，同时新质生产力的发展为推进新型工业化提供了新的发展基础。数字经济的蓬勃发展赋予了新型工业化新的内涵、特征和要求，数字经济与实体经济的深度融合，充分地发挥了数字经济对实体经济的赋能，提升实体经济发展质量，推动工业化朝着智能化、数字化和绿色化的方向发展。张姣玉等（2024）②指出，推动新质生产力发展的根本载体就在于数字经济与实体经济的深度融合，发展新质生产力是实现新型工业化的必由之路。数字经济与实体经济的融合，其目的就是要通过数字经济的发展改造传统产业，构建现代化产业体系，大力发展战略性新兴产业和未来产业，形成新质生产力发展的产业载体，进一步推动新型工业化。

五、新质生产力的发展路径

新质生产力的发展是一个跨越式的发展过程，是在传统生产力基础上的质的跃升。改革开放以来，随着经济社会的快速发展，我国在科技创新水平上有了一定的提高，但目前世界正经历百年未有之大变局，数字经济浪潮和新一轮科技革命与产业变革，同我国转变经济发展方式等的历史性交汇，为新时期发展新质生产力提供了重要的战略机遇。马克思在其资本论中指出："劳动生产力是随着科学和技术的不断进步而不断发

①　任保平：《以数字新质生产力的形成全方位推进新型工业化》，《人文杂志》2024年第3期。

②　张姣玉、徐政、丁守海：《数实深度融合与新质生产力双向交互的逻辑机理、战略价值与实践路径》，《北京工业大学学报（社会科学版）》2024年第2期。

展的。"①科学技术的突破式创新,必然引发生产力发展内涵和发展特征的变化,推动生产力发展要素的变革。新质生产力的形成就是以科技创新为核心要素,并辅以战略性新兴产业及未来产业的发展载体,进而在新时代培育高质量发展的新动能。新质生产力的跨越式发展路径,要从技术创新、产业升级、政策支撑等多个方面进行探索和推进。

(一)加强科技创新,营造新质生产力发展的创新生态

科技创新是引领经济社会发展的第一动力,新质生产力的形成与发展是以科技创新为核心要素,以创新引领生产力发展质态的转变。杨丹辉(2023)②指出要坚持创新驱动,进一步加快和发展新质生产力。张夏恒、马妍(2024)③指出生成式人工智能技术对新质生产力发展的赋能,要以生成式人工智能技术的发展为契机,开辟新质生产力发展的新赛道。新一代信息技术的突破式创新,加速了生产方式的变革,传统生产方式正在被更高效、更智能、更新型的生产方式所替代,创造出新的生产力发展形式。科学技术的持续性创新和深入应用,促进生产要素向生产能力的转化,进而引发生产力的深刻变革。杜传忠和李钰葳(2024)④认为,突破性技术创新对新质生产力的形成具有重要的推动作用。以物联网、人工智能、云计算等技术为代表的数字技术的创新,推进了数字技术与其他先进技术的协同,实现传统生产方式、生产流程、生产模式的颠覆性创新。数字经济时代,数字技术的发展已经融入生产、分配、交换、消费的各个环

① 《马克思恩格斯选集》第 2 卷,人民出版社 2012 年版,第 271 页。

② 杨丹辉:《科学把握新质生产力的发展趋向》,《人民论坛》2023 年第 21 期。

③ 张夏恒、马妍:《生成式人工智能技术赋能新质生产力涌现:价值意蕴、运行机理与实践路径》,《电子政务》2024 年第 4 期。

④ 杜传忠、李钰葳:《强化科技创新能力加快形成新质生产力的机理研究》,《湖南科技大学学报(社会科学版)》2024 年第 1 期。

节,要通过打造数字核心技术,强化科技创新能力,特别是原创性和颠覆性的科技创新,以原创性颠覆性技术的创新培育新质生产力发展的新动能。

(二)强化制度保障,为新质生产力的发展营造良好制度环境

对于新质生产力跨越路径的研究,很多学者基于制度分析的视角,探讨如何在制度层面为新质生产力的形成与发展提供保障,通过深化体制机制改革,进一步优化资源配置,为新质生产力的形成营造良好的发展环境。曾立和谢鹏俊(2023)[①]指出,要以新型举国体制确保关键核心技术攻关,形成新质生产力的现实形态。宋葛龙(2024)[②]提出,要进一步通过深化改革,完善新质生产力发展的体制机制保障。新质生产力的发展不仅要求技术层面的创新,同时也要推进制度创新,完善新质生产力发展的体制机制。新质生产力作为新时代先进生产力发展的具体形式,要通过技术和制度的组合创新,为新质生产力的形成与发展提供制度保障。赵峰和季雷(2024)[③]指出,加快形成和发展新质生产力,要充分认识制度的作用,发挥制度对新质生产力发展的保障作用。金碚(2024)[④]也强调了新质生产力的发展不仅要有科技创新的要素结构,同时也要配备创新担当和允许试错的制度安排。因此,在新发展阶段,发展新质生产力,不仅要重视技术创新,更要重视制度的创新,在制度层面为新质生产力的形成

① 曾立、谢鹏俊:《加快形成新质生产力的出场语境、功能定位与实践进路》,《经济纵横》2023年第12期。
② 宋葛龙:《加快培育和形成新质生产力的主要方向与制度保障》,《人民论坛·学术前沿》2024年第3期。
③ 赵峰、季雷:《新质生产力的科学内涵、构成要素和制度保障机制》,《学习与探索》2024年第1期。
④ 金碚:《论"新质生产力"的国家方略政策取向》,《北京工业大学学报(社会科学版)》2024年第2期。

和发展提供保障,营造新质生产力发展的创新生态。

(三)深化体制机制改革,形成与新质生产力相适应的生产关系

新质生产力的提出是对当前世界经济发展形势,对我国未来产业发展方向的精准把握。形成和发展新质生产力,就是要发挥科技创新的驱动作用,推动传统生产力发展质态的转变,同时要加快形成与新质生产力相适应的生产关系,实现生产力与生产关系的协同,推动经济高质量发展。周文和许凌云(2023)[①]指出,新质生产力是对传统生产力的超越,发展新质生产力,要形成与新质生产力相适应的新的生产关系。同时,胡洪彬(2023)[②]指出,新时期发展新质生产力,要重视生产关系的优化和调整。习近平总书记在中共中央政治局第十一次集体学习时强调:"生产关系必须与生产力发展要求相适应。发展新质生产力,必须进一步全面深化改革,形成与之相适应的新型生产关系。"[③]在当前发展背景下,发展新质生产力要加快推进生产关系的变革(李军鹏,2024)[④],充分发挥数据作为新型生产要素的作用,通过深化体制机制改革,进一步调整和优化生产关系。姜奇平(2024)[⑤]指出,对于新质生产力的认识要从生产力与生产关系相结合的角度出发,充分激活数据要素的发展潜能。尹西明等(2024)指出数据已经成为形成和发展新质生产力的关键新型生产要素[⑥],要通过全面深化改革,形成与新质生产力相适应的生产关系,充分

① 周文、许凌云:《论新质生产力:内涵特征与重要着力点》,《改革》2023 年第 10 期。
② 胡洪彬:《习近平总书记关于新质生产力重要论述的理论逻辑与实践进路》,《经济学家》2023 年第 12 期。
③ 习近平:《发展新质生产力是推动高质量发展的内在要求和重要着力点》,《求是》2024 年第 11 期。
④ 李军鹏:《发展新质生产力是创新命题也是改革命题》,《人民论坛》2024 年第 6 期。
⑤ 姜奇平:《新质生产力:核心要素与逻辑结构》,《探索与争鸣》2024 年第 1 期。
⑥ 尹西明、陈劲、王冠:《场景驱动:面向新质生产力的数据要素市场化配置新机制》,《社会科学辑刊》2024 年第 2 期。

释放新质生产力的发展动能①。肖巍（2024）②指出，新质生产力的形成与发展对生产力各要素提出更高更新的质量要求，要加快形成与新质生产力发展相适应的新型生产关系。新质生产力的形成是一个系统性的过程，不仅要在科技创新的驱动下加快传统生产力质态的转变，同时也要进一步深化改革，形成与新质生产力相适应的生产关系，发挥新型生产关系对形成和发展新质生产力的推动作用，进一步打造发展新质生产力的新的竞争优势。

六、研究展望

综上所述，新质生产力这一概念自提出以来就受到学术界的广泛关注，对于新质生产力的理论内涵、发展特征与形成逻辑、实践意义及跨越路径等的研究，已经形成了丰硕的研究成果。现有关于新质生产力的研究文献，为我们理解新质生产力的理论内涵和形成逻辑提供了丰富的研究视角和深刻的见解。自改革开放以来，我们党领导中国人民不断解放和发展生产力，经济发展经历了一个从高速增长阶段迈向高质量发展的阶段，同时生产力的发展也迈向了一个新的发展质态。唯物主义视域下，生产力是人类社会发展的基础，新质生产力的发展代表着我国经济社会的发展水平，是我们党在不断探索中总结的发展经验，是马克思主义生产力理论的中国实践。因此，学者们对于新质生产力理论的持续探索，为我国加快形成和发展新质生产力，建设现代化产业体系，实现高质量发展提供了理论支撑。未来的研究要着重于以下几个方面：

---

① 尹西明、陈劲、王华峰、刘冬梅：《强化科技创新引领 加快发展新质生产力》，《科学学与科学技术管理》2024 年第 2 期。
② 肖巍：《从马克思主义视野看发展新质生产力》，《思想理论教育》2024 年第 4 期。

（一）对新质生产力作系统的学理化阐释

新发展阶段,新质生产力在理论和实践上都有其明确的内涵和外延,要进一步深化对新质生产力的认识,不能只是对新质生产力概念内涵的简单定义,要正确把握新质生产力的发展方向,对新质生产力作系统的学理化阐释。进入新发展阶段,实现经济高质量发展需要新的理论体系的支撑,要加快形成新质生产力的理论体系研究,用新质生产力的理论体系来指导新的发展实践。新质生产力是以科技创新为核心要素,契合高质量发展要求和新发展理念的生产力,是新时代先进生产力的具体形式。对于新质生产力的研究,要充分认识创新的驱动作用,正确理解新质生产力发展的边界和特征,新质生产力是以传统生产力的发展为基础,是传统生产力在技术创新驱动下生产力发展质态的转变,不能抛开传统生产力的基础去探讨新质生产力的发展。

（二）结合中国经济未来的发展战略研究新质生产力

未来对新质生产力的研究,要充分结合中国经济未来的发展战略,包括新科技革命、中国式现代化、高质量发展、新发展格局、数字经济发展、经济发展新动能转换、新增长培育、高水平对外开放等。随着经济社会的快速发展,未来中国经济的发展方向要向更具有附加值和竞争力的方向延伸,要重点关注数字技术应用、人才培养、产业转型升级、绿色发展、绿色生产力等方面的研究,结合经济发展战略,明确新质生产力发展的战略重点,进一步推进高质量发展,培育经济增长新引擎和新动能。

（三）因地制宜研究新质生产力

要进一步探讨各地区发展新质生产力的差异化路径,发展新质生产力要因地制宜,结合地区发展实际,找准形成和发展新质生产力的着力

点。要充分认识各地区在产业基础、经济基础等层面的发展落差,挖掘地
方发展潜力,结合新质生产力的发展特征,探寻各地区发展新质生产力的
最优路径,挖掘各地区发展潜能,发挥地方比较优势,推动各地区产业协
同发展,培育新时期推进高质量发展的新动能。

(四)加强新质生产力形成条件的研究

新质生产力的形成是需要一定条件的,需要加强新质生产力形成条
件的研究。一方面,要突出研究进一步深化体制机制改革,形成与新质生
产力相匹配的生产关系。突出加快战略性新兴产业及未来产业的培育与
发展的研究,打造符合高质量发展需要的智能化、绿色化和现代化的产业
体系。另一方面,突出新质生产力要素跃升的研究。新质生产力的发展
对实现产业链供应链的优化升级,推进数字经济的创新发展,深化数字经
济与实体经济的融合具有重要作用。新质生产力的发展是以科技创新作
为核心驱动要素,要通过科技创新来推动产业创新,实现创新链、产业链、
人才链的融合,促进教育、科技、人才的良性循环,加强未来产业发展前瞻
性布局,为全球生产力的创新发展作出中国经济学的原创性贡献。

(五)加强新质生产力的实证研究

现有文献对新质生产力的探讨多集中于理论层面,实证分析较少。
从统计维度上探讨新质生产力发展的逻辑关系,构建科学合理的评价指
标体系,对新质生产力的发展水平进行科学度量,可以为加快新质生产力
的发展提供现实依据。实证研究并不是对相关变量的简单回归,更重要
的是要基于经济理论和经济模型,探究变量之间的经济联系,要把新质生
产力放入经济增长模型中,从经济增长理论的视角去探讨新质生产力的
发展。

参考文献

1. 毛泽东:《毛泽东选集》第1—4卷,人民出版社1991年版。

2. 邓小平:《邓小平文选》第三卷,人民出版社1994年版。

3. 习近平:《之江新语》,浙江人民出版社2007年版。

4. 习近平:《论坚持全面深化改革》,中央文献出版社2018年版。

5. 习近平:《习近平谈治国理政》第一卷,外文出版社2018年版。

6. 习近平:《习近平谈治国理政》第二卷,外文出版社2017年版。

7. 习近平:《习近平谈治国理政》第三卷,外文出版社2020年版。

8. 习近平:《把握新发展阶段,贯彻新发展理念,构建新发展格局》,《求是》2021年第8期。

9. 习近平:《高举中国特色社会主义伟大旗帜为全面建设社会主义现代化国家而团结奋斗》,《人民日报》2022年10月26日。

10. 习近平:《不断做强做优做大我国数字经济》,《求是》2022年第2期。

11. 习近平:《发展新质生产力是推动高质量发展的内在要求和重要着力点》,《求是》2024年第11期。

12. [美]阿历克斯·英格尔斯:《人的现代化》,殷陆君编译,四川人民出版社1985年版。

13. [英]保罗·梅森:《新经济的逻辑》,熊海虹译,中信出版社2017年版。

14. [美]布莱恩约弗森·麦卡菲:《第二次机器革命:数字化技术将如何改变我们的经济与社会》,蒋永军译,中信出版社2014年版。

15. 钞小静、王清:《新质生产力驱动高质量发展的逻辑与路径》,《西安财经大学学报》2024年第1期。

16. 陈琳琳、夏杰长、刘诚:《数字经济市场化监管与公平竞争秩序的构建》,《改革》2021年第7期。

17. 方敏、杨虎涛:《政治经济学视域下的新质生产力及其形成发展》,《经济研究》

2024 年第 3 期。

18. ［英］弗里曼、佩蕾丝：《技术革命与金融资本》，田方萌等译，中国人民大学出版社
2007 年版。

19. 高培勇、黄群慧：《中国式现代化的理论认识、经济前景与战略任务》，《经济研究》
2022 年第 8 期。

20. 关永强、张东刚：《"斯密型增长"——基于近代中国乡村工业的再评析》，《历史研究》2017 年第 2 期。

21. 郭晗、侯雪花：《新质生产力推动现代化产业体系构建的理论逻辑与路径选择》，《西安财经大学学报》2024 年第 1 期。

22. 郭克莎：《深入理解推进新型工业化》，《财贸经济》2024 年第 2 期。

23. 韩保江、李志斌：《中国式现代化：特征、挑战与路径》，《管理世界》2022 年第 11 期。

24. 韩峰、姜竹青：《集聚网络视角下企业数字化的生产率提升效应研究》，《管理世界》2023 年第 11 期。

25. 何传启：《中国现代化报告 2011：现代化科学概论》，北京大学出版社 2011 年版。

26. 贺俊：《新兴技术产业赶超中的政府作用：产业政策研究的新视角》，《中国社会科学》2022 年第 11 期。

27. 洪银兴：《发展经济学与中国经济发展》，高等教育出版社 2005 年版。

28. 洪银兴：《以人为本的发展观及其理论和实践意义》，《经济理论与经济管理》2007 年第 5 期。

29. 洪银兴：《转型经济学》，高等教育出版社 2008 年版。

30. 洪银兴：《科技金融及其培育》《经济学家》2011 年第 6 期。

31. 洪银兴：《中国的发展经济学需要与时俱进——兼论经济发展理论的创新》，《经济学动态》2013 年第 3 期。

32. 洪银兴：《社会主义现代化读本》，江苏人民出版社 2014 年版。

33. 洪银兴：《市场秩序和规范》，上海三联书店 2015 年版。

34. 洪银兴：《现代化理论和区域率先基本现代化》，《经济学动态》2015 年第 3 期。

35. 洪银兴：《构建解放、发展和保护生产力的系统性经济学说》，《经济学家》2016 年第 3 期。

36. 洪银兴：《中国式现代化论纲》，江苏人民出版社 2022 年版。

37. 洪银兴：《论中国式现代化的经济学维度》，《管理世界》2022 年第 4 期。

38. 洪银兴：《新质生产力及其培育和发展》，《经济学动态》2024 年第 1 期。

39. 洪银兴：《新质生产力与建立现代化产业体系》，《当代经济研究》2024 年第 2 期。

40. 洪银兴、高培勇:《新质生产力发展新动能》,江苏人民出版社 2024 年版。

41. 洪银兴、任保平:《经济新常态下发展理论创新》,经济科学出版社 2017 年版。

42. 洪银兴、任保平:《新时代发展经济学》,高等教育出版社 2019 年版。

43. 洪银兴、任保平:《数字经济与实体经济深度融合的内涵和途径》,《中国工业经济》2023 年第 2 期。

44. 洪银兴、王慧颖、王宇:《完善市场经济基础制度研究》,《经济学家》2023 年第 11 期。

45. 黄群慧:《把高质量发展的要求贯穿新型工业化全过程》,《求是》2023 年第 20 期。

46. 黄群慧:《论新型工业化与中国式现代化》,《世界社会科学》2023 年第 2 期。

47. 黄群慧、盛方富:《新质生产力系统:要素特质、结构承载与功能取向》,《改革》2024 年第 2 期。

48. 江小涓:《数字时代的技术与文化》,《中国社会科学》2021 年第 8 期。

49. [美]杰拉尔德·迈耶、[美]约瑟夫·斯蒂格利茨:《发展经济学前沿:未来展望》,本书翻译组译,中国财政经济出版社 2003 年版。

50. 金碚:《论"新质生产力"的国家方略政策取向》,《北京工业大学学报(社会科学版)》2024 年第 2 期。

51. [美]卡尔·夏皮罗哈尔·瓦里安:《信息规则:网络经济的策略指导》,张帆译,中国人民大学出版社 2000 年版。

52. [德]库钦斯基:《生产力的四次革命:理论和对比》,洪善楠译,商务印书馆 1984 年版。

53. [以]拉兹·海飞门、习移山、张晓泉:《数字跃迁》,机械工业出版社 2020 年版。

54. 李建平、黄瑾:《生产力理论》,经济科学出版社 2023 年版。

55. 李梦欣、任保平:《新中国 70 年生产力理论与实践的演进》,《政治经济学评论》2019 年第 5 期。

56. 李晓华:《深刻把握推进新型工业化的基本规律》,《人民论坛》2024 年第 2 期。

57. 李永强:《发挥创新主导作用加快发展新质生产力》,《红旗文稿》2024 年第 6 期。

58. [美]里夫金:《第三次工业革命》,张体伟译,中信出版社 2012 年版。

59. 刘诚、夏杰长:《数字经济发展与营商环境重构——基于公平竞争的一般分析框架》,《经济学动态》2023 年第 4 期。

60. 刘伟:《科学认识与切实发展新质生产力》,《经济研究》2024 年第 3 期。

61. 刘元春:《中国式现代化情境下推进新型工业化的着力点》,《财贸经济》2024 年第 2 期。

62. 刘志毅:《智能经济:用数字经济学思维理解世界》,电子工业出版社 2019 年版。

63. 刘志彪、凌永辉、孙瑞东:《新质生产力下产业发展方向与战略——以江苏为例》,《南京社会科学》2023 年第 11 期。

64. 罗荣渠:《现代化新论》,华东师范大学出版社 2018 年版。

65. 马俊、袁东明等:《数字经济制度创新》,中国发展出版社 2022 年版。

66. 马克思:《资本论》第 1—3 卷,人民出版社 2004 年版。

67. 孟捷、韩文龙:《新质生产力论:一个历史唯物主义的阐释》,《经济研究》2024 年第 3 期。

68. 莫基尔:《富裕的杠杆:技术革新与经济进步》,陈小白译,华夏出版社 2008 年版。

69. 宁吉喆:《中国式现代化的方向路径和重点任务》,《管理世界》2023 年第 3 期。

70. [法]皮凯蒂:《21 世纪资本论》,巴曙松、陈剑等译,中信出版社 2014 年版。

71. 蒲清平、黄媛媛:《习近平总书记关于新质生产力重要论述的生成逻辑、理论创新与时代价值》,《西南大学学报(社会科学版)》2023 年第 11 期。

72. 蒲清平、向往:《新质生产力的内涵特征、内在逻辑和实现途径——推进中国式现代化的新动能》,《新疆师范大学学报(哲学社会科学版)》2024 年第 1 期。

73. [美]钱纳里:《工业化与经济增长的比较研究》,吴奇等译,上海三联书店 1989 年版。

74. 秦光远、张嘉一、刘伊霖:《社会信用体系数字化转型:一个文献评述》,《农村金融研究》2023 年第 12 期。

75. 任保平:《经济高质量发展中生产力质量的决定因素及其提高路径》,《经济纵横》2018 年第 7 期。

76. 任保平:《改革开放 40 年来我国生产力理论的演进轨迹与创新》,《政治经济学评论》2018 年第 11 期。

77. 任保平:《生产力现代化转型形成新质生产力的逻辑》,《经济研究》2024 年第 3 期。

78. 任保平:《以数字新质生产力的形成全方位推进新型工业化》,《人文杂志》2024 年第 3 期。

79. 任保平、豆渊博:《数据、算力和算法结合反映新质生产力的数字化发展水准》,《浙江工商大学学报》2024 年第 3 期。

80. 任保平:《以新质生产力赋能中国式现代化的重点与任务》,《经济问题》2024 年第 5 期。

81. 任保平、李梦欣:《新时代中国特色社会主义绿色生产力研究》,《上海经济研究》2018 年第 3 期。

82. 任保平、王子月:《数字新质生产力推动经济高质量发展的逻辑与路径》,《湘潭大学学报(哲学社会科学版)》2023 年第 6 期。

83. 任保平、王子月:《新质生产力推进中国式现代化的战略重点、任务与路径》,《西安财经大学学报)》2024 年第 1 期。

84. 史丹、李晓华等:《新型工业化内涵特征、体系构建与实施路径》,《中国工业经济》2023 年第 3 期。

85. [美]斯蒂格利茨:《社会主义向何处去》,周立群、韩亮、余文波译,吉林人民出版社 1998 年版。

86. 宋保仁:《生产力的科学发展》,世界图书出版公司 2013 年版。

87. [加]唐·塔普斯科特:《区块链革命:比特币底层技术如何改变货币、商业和世界》,凯尔孙铭周沁园译,中信出版社 2016 年版。

88. 王德成:《生产力经济学》,中国农业大学出版社 2005 年版。

89. 王忠宏等:《新型工业化基地》,中国发展出版社 2023 年版。

90. 魏炳义:《生产力研究的突破与创新》,青岛出版社 2005 年版。

91. 谢富胜:《中国道路的政治经济学》,中国人民大学出版 2023 年版。

92. [美]约瑟夫·熊彼特:《经济发展理论》,贾拥民译,中国人民大学出版社 1990 年版。

93. 熊映悟:《生产力经济学》,黑龙江人民出版社 1987 年版。

94. 许涤新、吴承明:《中国资本主义发展史》第三卷,人民出版社 2007 年版。

95. 许纪霖:《中国现代化史》第 1 卷,上海三联书店 1995 年版。

96. 杨耕:《东方的崛起:关于中国式现代化的哲学思考》,华东师范大学出版社 2022 年版。

97. 余东华、马路萌:《新质生产力与新型工业化:理论阐释和互动路径》,《天津社会科学》2023 年第 6 期。

98. 虞和平:《中国现代化历程》第 1—3 卷,江苏人民出版社 2007 年版。

99. 张林、蒲清平:《新质生产力的内涵特征、理论创新与价值意蕴》,《重庆大学学报(社会科学版)》2023 年第 11 期。

100. 张秀荣:《中国化马克思主义与中国现代化发展研究》,知识产权出版社 2022 年版。

101. 张翼成、吕林媛、周涛:《重塑:信息经济的结构》,四川人民出版社 2018 年版。

102. 中共中央文献研究室:《习近平关于科技创新论述摘编》,中央文献出版社人民出版社 2016 年版。

103. 中共中央文献研究室:《习近平关于社会主义经济建设论述摘编》,中央文献出版社 2017 年版。

后　记

新质生产力概念是习近平总书记的首创,是党中央面向全球经济新趋势和新一轮科技革命新机遇推动经济高质量发展而提出的新命题,标明了中国式现代化的新航向。

新质生产力概念一提出,各个方面尤其是理论界反响热烈。2023年11月,南京大学举办的江苏高层发展论坛第39次会议就以"江苏如何发展新质生产力"为主题进行研讨。江苏省委书记、省人大常委会主任信长星,省长许昆林,省政协主席张义珍,省委副书记沈莹等江苏省委、省政府主要到会领导与省内外重量级专家学者进行研讨。会后,江苏人民出版社以我和中国社会科学院高培勇等专家在论坛上的发言稿为基础迅速出版了《新质生产力:发展新动能》,该书一出版就入选2024年3月"中国好书"。

2024年春节前,人民出版社经济与管理编辑部主任郑海燕编审约我写一本新质生产力方面的专著。我想人民出版社这样的高端出版社约稿,出版的著作不只是要赶热浪,应该是更深入,有一定的理论深度。我就把新质生产力与中国式现代化联系起来研究,书名确定为《新质生产力赋能中国式现代化》。以此为切入点有两个考虑:第一,在中国式现代化的大框架中,新质生产力是中国式现代化的新动能。第二,我在中国式现代化和新质生产力方面都有一定的研究基础。在党的二十大召开不久就出版了专著《中国式现代化论纲》，该书入选 2023 年年度"中国好书"。而对新质生产力理论也已经有了一定的研究基础，除了在江苏人民出版社出版的著作外，发表了多篇关于新质生产力研究的论文。在此基础上可能写出更有深度并且符合中国实际的专著。

本书的另一位作者是任保平教授，他参加了《中国式现代化论纲》和《新质生产力：发展新动能》的写作，更重要的是，他是研究数字经济的专家。我们合作写作本书，不仅使本书的写作加快了速度，而且使本书的水准得到了进一步的提升。

本书共计十章，在逻辑上分为三个部分：

第一部分为导论及第一章、第二章，在全面、准确理解习近平总书记关于新质生产力理论的基础上阐述新质生产力作为新动能与推进中国式现代化的关系。

第二部分为第三章、第四章、第五章、第六章，分别从科技创新、产业创新、绿色发展、数字经济等方面阐述新质生产力在推进中国式现代化中的应用场景。

第三部分为第七章、第八章、第九章、第十章，分别从创新机制、生产关系、人才支撑和金融创新等方面阐述适应和促进新质生产力发展的制度安排。

随着本书的写作，我们对新质生产力理论的认识也逐步深入，突出表现在以下三个方面：

第一，对新质生产力的内涵需要从两个方面去认识。一方面，从其动能作用去认识，新质生产力表现为颠覆性新科技、新能源、新产业和数字经济；另一方面，从生产力要素的跃升去认识，新质生产力反映劳动者、劳动资料和劳动对象的优化跃升和组合。

第二，需要明确把新质生产力质的规定性和发展新质生产力内容的广泛性区分开。一方面,不能把新质生产力的内涵泛化,把任何一个科技和创新都称为新质生产力。这样会淹没掉新质生产力的真谛。另一方面,又要明确发展新质生产力的广泛途径,这就要求不断地创新。由质变到量变的创新反映新质生产力效应的扩大,由量变到质变的创新就可能孕育出新质生产力。

第三,对新型生产关系需要区分适应新质生产力的生产关系调整和促进发展新质生产力的生产关系调整。例如进入数字经济时代需要与之相适应的生产关系,而要促进发展新质生产力就需要在教育、科技、人才多个方面建立新型生产关系。

以上三个方面的新认识实际上是在学习习近平总书记关于新质生产力讲话中悟出的关于生产力和生产关系的政治经济学理论的创新。将这些思想贯穿在书中,就形成本书的特色。

人民出版社经济与管理编辑部主任郑海燕在选题和编校方面给予了精准的支持,我的博士生姜集创提供了第十章的初稿,苏州校区数字经济与管理学院的博士生豆渊博提供了附录文献综述的初稿。在此一并表示感谢。

洪银兴

2024 年 4 月